THE ANTIDOTE

THE ANTIDOTE
Copyright ⓒ 2012 by Oliver Burkeman
All Rights reserved including the rights of reproduction in whole or in part in any form.
Korean Translation Copyright ⓒ 2025 by THEBOOKMANGROUP
Korean edition is published by arrangement with Janklow & Nesbit(UK)Ltd.
through Imprima Korea Agency

이 책의 한국어판 저작권은 Imprima Korea Agency를 통해
Janklow&Nesbit(UK)Ltd.와의 독점 계약으로 책읽어주는남자에 있습니다.
저작권법에 의해 한국 내에서 보호를 받는 저작물이므로 무단전재와 무단복제를 금합니다.

행복 중독

THE ANTIDOTE

행복 과잉 시대에서 잃어버린 진짜 삶을 찾는 법

올리버 버크먼 지음 **정지인** 옮김

북플레저

한국어판 서문

행복으로 가는
조금은 괴상하지만
확실한 길

내가 처음 행복에 이르는 '부정적 경로'를 따라가 보기로 작정했던 이유는 아주 단순하다. 여타 다양한 접근법들이 아무 효과도 내지 못하는 경우를 너무 많이 봐왔기 때문이다. 수천 권의 책과 자기계발 분야의 숱한 권위자가 행복해지는 법, 부자가 되는 법, 유명해지는 법을 가르쳐 주겠다고 호언장담한다. 그러나 그중 대다수가 단순히 '낙관론 숭배'를 복창하는 데 그친다. 즉 행복해지고 부자가 되고 유명해지는 가장 좋은 방법은 이 목표에 직접적으로 그리고 열성적으로 집중하는 것뿐이라고 주장한다.

하지만 실제 현실 속에서 나타나는 증거들은 그들의 주장과 정반대의 이야기를 들려준다. "긍정적으로 사고하라"는 슬로건은 사람들의 심기만 언짢게 하고, 한 가지 목표에 너무 집착하면 오히려 좋은 성과를 내는 데 더 방해가 되기도 한다. 또한 '동기 부여'에 너무 목매달다 보면 실제로 행동은 하지 않고 미루기만 하는 나쁜 습관이 더 심해질 수도 있다. 이 외에도 낙관론 숭배의 부작용을 보여주는 사례는 얼마든지 널려 있다.

그렇다면 우리는 행복해지거나 성공하겠다는 생각 자체를 모조리 던져버려야 하는 걸까? 나는 그렇게 생각하지 않는다. 부정적인 감정과 상황을 향해 다가서는 일(대부분의 사람이 그토록 회피하려고 애쓰는 바로 그 일)이 훨씬 더 효과적이고 더욱 즐거울 수도 있다. 이 책에서는 이 가능성을 탐색하고자 한다.

물론 그 길을 가는 것이 쉽지만은 않다. 나는 처음 명상을 시도했을 때 지독히 힘들었다. 불안정함과 실패를 직시하는 것은 고통스러운 일이다. 또한 '나는 반드시 죽을 것'이라는 사실을 깊이 생각해 보는 것이 행복을 얻기 위한 기술이라고 말하면 무슨 괴상한 소리를 하느냐고 의아해할 사람도 많을 것이다. 그러나 지금까지 자기계발 업계가 보여준 성과가 얼마나 미미한지 돌아보면, 지금 필요한 건 바로 이런 괴상한 접근법인지도 모른다.

현재 한국도 그렇지만 세계 곳곳이 경제와 정치, 환경 등 모든 면에서 어려운 시기를 보내고 있다. 우울증도 유행병처럼 급증하고 있다. 이런 상황이니 '부정적 경로'란 무슨 일이 있어도 피하고 봐야 하는 것이라는 생각이 들 수 있다. 그러나 부정적 경로는 바로 지금과 같은 상황에서 가장 강력한 힘을 발휘한다. 나쁜 일은 절대 일어나지 않을 것이라고 자신을 속이는 일이 불가능해지는 이때 '긍정적 사고'가 얼마나 효과 없는 공염불인지 분명해지기 때문이다. 행복을 연구하는 철학은 부정성만이 우리를 구원할 유일한 답이라고 주장한다.

철학자 앨런 와츠가 설명했듯 우리가 몹시 불안정한 시대에 살고 있다고 느끼는 가장 주된 이유는 안정감을 느끼려고 안간힘을 쓰기 때문이다. 불안정과 불안감 앞에서, 비관론과 슬픔 앞에서 여유를 가질 수 있다면 긍정적 사고가 결코 제공해 주지 못했던 유연하고 탄력적인 길을 따라 행복을 향해 걸어갈 수 있게 될 것이다.

차례

한국어판 서문 행복으로 가는 조금은 괴상하지만 확실한 길 005

1장 행복 강박에 시달리는 사람들

긍정적으로 생각하면 삶이 정말 달라질까 013
행복으로 향하는 새로운 방법 019
아무리 나를 다독여도 자존감이 낮아지는 이유 028
무조건적인 긍정의 최후 036
행복이라는 이름의 함정 041

2장 비관적인 사람들이 행복을 찾는 방법

지하철역 이름 외치기 045
최악의 상황 떠올리기 048
스토아 철학자로 살아보기 062
내가 어쩌지 못하는 일은 받아들이기 072
그리고 아무 일도 없었다 081

3장 절대 긍정은 절대 안 돼

삶의 고통은 집착으로부터 시작된다 085
집착으로부터 달아나는 단순한 방법 094
미루기의 달인이 되는 데는 이유가 있다 105
부정적인 생각도 긍정적인 생각도 모두 흐른다 111

4장 목표에 미칠 때 생기는 일

목표에 대한 집착이 불러온 참극 119
불안이 만들어낸 장밋빛 미래 130
불확실함까지 끌어안을 때 생기는 일 144

5장 행복이라는 감정에 앞서 '내'가 있었다

내가 사라지다 155
나는 생각한다 고로 존재할까 161
생각들보다 현재의 순간이 더 중요하기에 168
어디까지가 나인가 180
지나친 자기 방어가 가져온 무시무시한 일들 186

6장 안전하고 평화로운 삶을 살면 행복할까

일어나지도 않을 사고를 걱정하며 사는 이유 191
안정된 삶이 행복한 삶은 아니다 201
돈만 있으면 행복해질까 206
삶의 또 다른 이름, 불안정 218

7장 실패를 기억하고 인정할 것

세상에서 가장 씁쓸한 곳 227
왜 인간은 본능적으로 실패를 지우려고 할까 235
부자를 똑같이 따라해도 부자가 될 수 없는 이유 242
명백한 실패에서도 자부심을 찾는 사람들 249
만들어진 실패자 255

8장 반드시 죽기에 반드시 죽음을 기억하라

나만은 죽지 않을 거라고 생각하는 까닭 267
죽음에 대한 근거 없는 두려움 279
죽음을 받아들여라, 메멘토 모리 288

맺음말 아프지만 행복한 삶은 가능하다 302
감사의 말 312
주 314

나는 '노력 역행의 법칙' 혹은
'역행 법칙'에 늘 관심이 많았다.
물 위에 떠 있으려고 발버둥치면 물밑으로 가라앉지만
가라앉으려고 애쓰면 떠오른다.
……불안이란 안전해지려고 기를 쓸 때 생기는 부산물이다.
……우리는 자신을 구원할 방법 같은 건 없다는 사실을
철두철미하게 인식해야만 구원과 건강한 정신을 얻을 수 있다.
— 앨런 와츠(Alan Watts)
《배고프면 먹고 피곤하면 잠자라(The Wisdom of Insecurity)》 중에서

《적극적 사고방식(The Power of Positive Thinking)》을
사려고 하는데 문득 이런 생각이 들었다.
'거기서 대체 무슨 도움을 얻겠다는 거지?'
— 로니 셰이크스(Ronnie Shakes), 스탠드업 코미디언

1장

행복 강박에 시달리는 사람들

THE ANTIDOTE

"'흰곰을 생각하지 마라'는 과제에 도전해 보라.

그러면 그 짜증 나는 녀석은

매순간 당신의 머릿속으로 파고들 것이다."

―표도르 도스토예프스키,《백야》중에서

긍정적으로 생각하면
삶이 정말 달라질까

잠시 후 나에게 행복의 비밀을 가르쳐주겠노라고 큰소리치는 저 남자. 여든세 살의 나이에 주황색으로 탄 피부는 보기만 해도 불안해서 있던 믿음도 달아날 판이다.

여덟 시가 조금 넘은 12월의 어느 아침, 나는 텍사스 주 샌안토니오 외곽의 어둑한 농구장에 와 있다. 저 주황색 노인장의 말에 따르면 이제 나는 '내 인생을 영원히 바꿔놓을 지혜 하나'를 배우게 될 거란다.

썩 믿음이 가는 건 아니지만 평소의 나와 비교해 보면 그나마 의심의 강도가 약한 편이다. 미국에서 가장 인기 있는 동기 부여 세미나라고 알려진 이 '동기를 부여하라' 세미나에는 나 말고도 1만 5,000여 명에 달하는 인파가 자리를 채우고 있다. 그 많은 참가자들의 열성적인 분위기가 어느새 내게도 옮겨온 탓일까?

"여러분, 알고 싶지요?"

청중에게 묻고 있는 저 80대 노인은 오랫동안 자기계발 분야에 몸담아온 권위자이자 긍정적 사고의 힘을 칭송하는 책을 서른다섯 권 이상 쓴 로버트 H . 슐러 박사다. 그는 교회를 세운 목사이기도 한데, 그의 교회는 미국에서 전체를 유리로만 지은 건물 중 가장 큰 규모를 자랑한다. 청중은 함성으로 긍정의 답을 대신했다. 지나친 일반화일지도 모르지만 어쨌든 뭉뚱그려 말하자면 나처럼 어딜 가나 어색해하는 영국인이 농구장에서 열린 동기 부여 세미나 같은 곳에 참석해 함성을 지르며 동의를 표시하는 일은 극히 드물다. 그런데 그곳의 분위기가 내 과묵함마저 앗아가 버렸는지 나도 모르게 그 함성에 작은 소리를 보탰다.

슐러 박사는 '동기를 부여하라!', '성공하라!'라고 적힌 거대한 현수막 두 개와 미국 국기 열일곱 개 그리고 꽤 많은 화분으로 장식한 무대 위를 뻣뻣한 걸음걸이로 왔다 갔다 하며 다시 말문을 열었다.

"그렇다면, 자……. 이제 이 말이 여러분의 인생을 바꿔놓을 겁니다."

그는 큰 소리로 한마디를 내뱉었다.

"삭제하세요!"

그런 다음 극적 긴장감을 높이려는 듯 잠시 뜸을 들이다가 말을 이었다.

"여러분의 인생에서 '불가능'이라는 단어를. 삭제하세요! 영원히!"

청중은 열화와 같이 응답했다. 나는 실망감을 억누를 길이 없었지만 애초에 모든 초점을 긍정적 사고의 힘에 맞추는 그런 이벤트에서 별

다른 것을 기대한 게 잘못인지도 모른다.

"여러분은 자기 운명의 주인입니다!"

슐러 박사의 말은 계속 이어졌다.

"원대하게 생각하고, 꿈은 더 원대하게 꾸세요! 던져버린 희망을 되살리세요! …… 긍정적 사고는 삶의 모든 영역에서 효과를 발휘합니다!"

슐러의 철학이 내세우는 논리는 '긍정적 사고 만능설'의 알맹이만 추린 것으로 딱히 복잡할 것도 없다. 요컨대 행복과 성공을 성취하겠다고 결심하고 슬픔과 실패의 유령들을 모조리 몰아내면 행복과 성공이 저절로 따라온다는 얘기다. 그런데 그 세미나의 번들거리는 팸플릿에 이름을 올린 연사 중에는 그 믿음을 뒷받침하기에 무리가 따르는 인물도 제법 있다.

몇 시간 뒤 기조연설을 할 조지 W. 부시는 보편적 관점에서 성공한 대통령과는 거리가 멀다. 이와 관련해 슐러 박사에게 이의를 제기하면 모르긴 해도 그런 게 바로 '부정적 사고'라며 무시해 버릴 것이다. 긍정적 사고를 비판하는 것 자체가 그것을 전혀 이해하지 못했음을 보여주는 증거라고 할지도 모른다. 제대로 이해했다면 더 이상 그 일을 문제 삼아 툴툴거리지 않을 거라고 말이다. 아니, 어떤 일에도 툴툴거리지 않을 거라고 할 수도 있다.

주최자들은 그 행사를 '동기 부여 세미나'라고 표현한다. 하지만 마이너리그 인생 상담 코치들이 칙칙한 호텔 무도회장에서 선수들을 모아놓고 연설하는 듯한 인상을 주는 그 표현은 이 행사의 규모와 거창함을 제대로 전달하지 못하는 것 같다. 사실 그 행사는 북미 지역의 각 도시를 순회하며 한 달에 한 번 정도 열린다. 또한 전 세계적으로 호황을 누리는 긍정적 사고 업계의 정점에 있으며, 유명 인사들이 연사로 참여해 깊은 인상을 더해준다. 미하일 고르바초프, 루돌프 줄리아니, 콜린 파월 그리고 다소 어울리지 않지만 윌리엄 샤트너도 단골 연사다. 한때 국제정치계에서 두각을 나타내던 인물(혹은 윌리엄 샤트너 같은 배우) 중 요즘 좀 조용하다 싶은 사람이 있다면 '동기를 부여 하라!' 세미나에서 낙관주의 복음을 전파하는 그들을 발견할 가능성이 크다.

유명 인사들의 위상에 걸맞게 무대 연출에는 몇 겹으로 줄지어 강렬하게 내리비추는 스포트라이트 조명을 사용한다. 여기에다 사운드 시스템이 록음악을 우렁차게 뿜어내며 분위기를 띄우고, 화려한 불꽃 효과가 칙칙함 따위는 한 방에 날려버린다. 연사들이 나올 때마다 무대를 불꽃과 연기로 뒤덮는 특수 효과는 청중의 흥분을 한껏 자아낸다. 비록 그들 중 다수가 그 행사에 참가하는 것을 '직장을 하루 쉴 기회'로만 여기더라도 크게 문제될 것은 없다. 사실 많은 직장인이 그런 세미나에 참여하는 것을 일종의 실무 훈련으로 여긴다.

'훈련'이란 단어가 좀 더 격렬한 활동을 의미하는 미국 군대에서도 관점은 다르지 않다. 실제로 샌안토니오 농구장의 좌석 중 수십 개는 근처 육군 부대에서 온 군복 차림의 젊은이들이 차지하고 있다.

엄밀히 말해 나는 지금 잠입취재 중이다. 자칭 '세계 제일의 여성 동기 부여 연사'이자 남편과 함께 '동기를 부여하라!' 세미나 주관사를 운영하는 타마라 로는 부정적 사고방식에 젖어 있기로 악명 높은 족속인 기자들의 출입을 막는다는 비난을 받아왔다.[1] 그녀는 사실이 아니라고 주장하지만 나는 만약의 경우를 대비해 직업란에 '자영업자'라고 썼다. 뒤늦게 깨달았지만 이 작전은 내게 어딘지 구린 데가 있는 사람이 된 듯한 느낌만 주었을 뿐이다. 번거롭게 그런 속임수를 쓸 필요도 없었다. 막상 가보니 내 자리는 무대에서 너무 멀어 노트에 뭘 끼적거려도 안전요원들 눈에 띌 턱이 없었기 때문이다.

내 티켓에는 '일등석'이라고 적혀 있었는데 알고 보니 이 역시 정신 나간 긍정성의 또 다른 사례였다. '동기를 부여하라!'에는 일등석과 특등석, 귀빈석밖에 없었다. 내 자리는 엉덩이가 배기는 딱딱한 플라스틱 의자였다. 차라리 '코피 터지는 좌석'이라는 게 더 어울릴 것 같았다. 하지만 내게는 오히려 잘된 일이었다. 그 농구장 전체를 통틀어 몇 명밖에 없을 법한 냉소적인 인물이 내 옆자리에 앉아 있었기 때문이다. 짐이라는 이름의 기골이 장대한 공원경비원이었는데, 그는 강연 사이사이에 벌떡 일어나서는 잔뜩 빈정대는 말투로 "나, 동기 부여 대박 받았네!" 하고 외쳤다. 고용주인 미국 국립공원관리청의 지시로 참가했다는 그에게 그 기관이 공원경비원들에게 유급 근무시간을 이런 식으로 쓰게 하는 이유가 뭐냐고 물었더니 자기도 "당최 알 수가 없다"고 말했다.

그사이 슐러 박사의 설교에도 속도가 붙고 있었다.

"제가 어렸을 때는 사람이 달 위를 걷는다거나 한 사람의 심장을 꺼내 다른 사람의 가슴 속에 넣는다는 것은 불가능한 일이었습니다. …… '불가능'이란 아주 멍청한 단어라는 게 증명된 셈이죠!"

그는 실패는 필수가 아니라는 자신의 주장을 뒷받침할 보다 그럴

듯한 증거를 제시하는 일에는 별로 시간을 할애하지 않았다. 《불가능은 없다(Move Ahead with Possibility Thinking)》와 《고통의 날은 결코 영원하지 않다(Tough Times Never Last, But Tough People Do!)》의 저자인 이 양반은 논증보다는 영감을 불어넣는 일이 더 적성에 맞는 게 분명했다. 사실 그날 그의 역할은 주요 연사들을 위해 분위기를 띄우는 것에 불과했다. 15분이 지나자 그는 긍정적 사고의 승리를 상징하듯 청중을 향해 개선장군처럼 불끈 쥔 주먹을 들어 보이고는 과찬과 불꽃놀이 세례 속에서 성큼성큼 퇴장했다.

그로부터 몇 달 뒤 나는 뉴욕에 있는 집에서 커피를 마시며 신문을 훑어보다가 유리만으로 지은 미국에서 가장 큰 교회가 파산 신청을 했다는 소식을 접했다. 슐러 박사가 깜빡 잊고 자기 사전에서 파산이라는 단어는 삭제하지 않은 모양이었다.[2]

행복으로 향하는
새로운 방법

우리는 행복에 집착하는 문명 속에서 살아가면서도 그 목표를 달성하는 일에는 꽤 서툰 것 같다. '행복의 과학'이 발견한 내용 중 가장 잘 알려진 것은 현대의 삶이 낳은 무수한 혜택이 우리의 집단적 분위기에 활력을 주는 데는 별로 효과가 없다는 점이다. 경제가 성장한다고 해서 반드시 사회가 더 행복해지는 건 아니라는 사실[3]이 그 난감한 진실의 정체다. 개인의 수입이 일정 수준 이상으로 늘어난다고 해서 더 행복한 건[4] 아닌 것처럼 말이다. 몇몇 연구에 따르면 높은 교육 수준 역시 더 행복하기 위한 조건이 아니다.[5] 소비재의 선택 폭이 넓거나[6] 집이 크고 고급스럽다고 더 행복해지지도 않는다.[7] 오히려 이 경우에는 우울함을 느낄 공간만 더 넓어질 뿐이다.

현대의 행복 추구에서 거의 정점에 자리한 자기계발서가 우리를 행복하게 만들어주지 못한다는 것은 굳이 말할 필요도 없다. 분명히 말하건대 그런 책이 큰 도움을 주는 경우는 드물다는 것을 여러 연구 결과가 밝히고 있다.[8] 자기계발서 출판업자들 사이에 '18개월 법칙'[9]이라는 말이 떠도는 이유도 바로 여기에 있다. 어떤 자기계발서든 한 권이라도 살 가능성이 있는 사람은 이전 18개월 사이에 자기계발서를 산 경험이 있는 사람이라는 얘기다. 그렇다면 이전에 구입한 책이 모든 문제를 해결해 주지 못한 게 분명하다. 냉철하고 공정한 시각으로 자기계발서 진열대를 바라보면 그건 그리 놀라운 일도 아니다.

살아가면서 발생하는 문제를 책 한 권 분량으로 깔끔하게 정리할 수 있는 해결책이 있다면 얼마나 좋을까? 우리가 이러한 책을 갈망하는 것은 충분히 이해할 만하다. 그런데 마치 모든 문제를 해결해 줄 듯한 표지 글에 이끌려 그 내용을 들여다봐도 대체로 거기 담긴 메시지는 지극히 평범하다. 《성공하는 사람들의 7가지 습관》이 우리에게 들려주는 본질적인 이야기는 자기 인생에서 가장 중요한 일이 무엇인지 판단해 그 일을 하라는 것이다. 《데일 카네기의 인간관계론》은 독자에게 불쾌감을 주는 사람이 아닌 호감을 주는 사람이 되고, 타인의 이름을 많이 불러주라고 조언한다. 지난 몇 년간 가장 크게 성공한 경영 지침서 《펄떡이는 물고기처럼》은 직장에서 '행복과 생산성 높이기'를 목표로 가장 열심히 일하는 직원에게 작은 물고기 장난감을 나눠주라고 제안한다.

앞으로 보게 되겠지만 메시지가 그보다 더 구체적일 경우에는 자기계발 분야의 권위자들도 과학적으로 증명되지 않은 주장을 내놓는 경향이 있다. 가령 분노를 표출하는 것이 분노를 제거해 주지는 못하고[10] 자기 목표를 시각적으로 그려본다고 해서 그 목표를 이룰 가능성이 더 커지는 것 같지도 않다. 비교적 정기적으로 발표하는 국가별 행복도 조사를 보면 '가장 행복한' 나라는 자기계발서가 가장 많이 팔리는 나라도, 전문적인 심리치료사가 널리 활동하는 나라도 아니다. 우리가 그 의미를 어떻게 이해하든 결과는 매우 충격적이다. '행복 산업'이 번창한다고 해서 국민이 무조건 행복해지는 건 아니다. 오히려 그 때문에 문제가 더 악화한다는 우려도 터무니없지는 않다.

오늘날 사람들이 쓰는 행복 추구 전략이 비효율적이라는 것은 행복이 안고 있는 이런 문제에서 아주 사소한 부분에 지나지 않는다. 그보다 먼저 '행복을 추구한다'는 개념 자체에 결함이 있음을 의심해 봐야 하는 건 아닐까? 도대체 누가 행복을 목표로 삼는 것이 타당하다고 말한 걸까? 어느 종교든 적어도 현세에 관한 한 드러내놓고 행복을 강조한 적이 없다. 철학자들 역시 행복에 대해 각자 다른 견해를 내놓았다. 또한 어느 진화심리학자에게 물어봐도 우리가 번식의 의지를 잃어버릴 만큼 무기력하거나 비참해지지만 않는다면, 진화는 우리가 행복하든 말든 별 관심이 없다고 말해줄 것이다.

일단 행복을 '가치 있는 목표'라고 치더라도 더 지독한 함정이 기다린다. 어쩐지 행복에는 그걸 목표로 삼으면 절대로 행복해질 수 없는 내재적 속성이라도 있는 것 같다. 철학자 존 스튜어트 밀은 행복하냐고 자문하기 시작하는 순간 행복은 끝난다고 말했다. 아무리 좋게 생각해도 행복은 똑바로 응시할 수 없고 곁눈질로 흘끔 엿보기만 해야 하는 대상인 듯하다(우리는 현재 행복하다고 의식하기보다 과거에 행복했던 기억을 떠올리는 경우가 더 많으니까). '행복'을 도저히 말로 정의할 수 없을 것 같은 느낌도 상황을 더 어렵게 만든다. 만약 행복을 정의한다면 지구상의 인구만큼 다양한 정의를 얻게 되지 않을까.

이 모든 걸 감안할 때, 혹시 '어떻게 하면 행복할 수 있을까?'라는 질문 자체가 잘못된 것은 아닐까? 그 답을 찾는 걸 단념하고 차라리 더 생산적인 다른 일을 하는 게 낫지 않을까? 관점을 바꿔서, 아무 효과도 없는 해결책을 헛되이 따라하거나 포기하는 것 말고 제3의 가능성은 없는 것일까? 저널리스트로서 여러 해 동안 심리학 분야와 관련된 글을 써온 나는 문득 그럴 수도 있겠다는 생각이 들었다. 이치에 닿는 개념을 제시해온 모든 심리학자와 철학자, 심지어 자기계발계의 일부 권위자까지 하나로 묶는 뭔가가 있을 듯했다.

각자 방식은 다르지만 그들이 도달한 뜻밖의 결론은 행복하고자 애쓰는 것 자체가 우리를 불행하게 만드는 주범인 경우가 많다는 사실이다. 다시 말해 불안정과 불확실함 혹은 실패 같은 부정적 요소를 모조리 제거하려는 노력이 우리에게 자신감 상실, 두려움, 불안감, 슬픔을 안겨준다는 얘기다. 그런데 그들은 그 결론을 암울하게 받아들이는 것이 아니라 도리어 그것이 하나의 대안적 접근법, 즉 행복에 이르는 부정적 경로를 가르쳐 준다고 주장한다.

그 접근법을 따르자면 우리 대다수가 평생 피하려 애써온 것에 대해 근본적으로 다른 태도를 취해야 한다. 예를 들면 불확실성 즐기기, 불안정 포용하기, 긍정적 사고방식이 아닌 실패에 익숙해지기, 심지어 죽음에 가치 두기 등이 있다. 한마디로 그들은 정말로 행복하려면 부정적인 감정도 기꺼이 경험해야 한다고 말한다. 최소한 그 감정들로부터 너무 강박적으로 달아나려 애쓰지 않아야 한다고 조언한다. 그러나 이 주장들은 우리가 행복해지겠다고 동원하는 여러 방법뿐 아니라, 우리가 생각하는 '행복'의 진정한 의미까지 의문시하기 때문에 어리둥절해질 수밖에 없다. 이 주장들은 실제로 언론에서도 긍정적인 태도를 유지하라는 조언에 비해 덜 다뤄진다.

그러나 이 관점은 놀라울 정도로 길고 중요한 역사를 가지고 있다. 상황이 나빠질 가능성을 항상 염두에 두라고 강조하는 시각은 고대 그리스와 로마 스토아 철학자들의 글에서도 발견할 수 있다. 불교의 핵심에도 진정한 평안은 불안을 고스란히 감싸안는 것, 즉 우리가 서 있는 토대는 견고하지 않으며 결코 견고할 수 없음을 인정하는 것에 있다는 사상이 깊게 깔려 있다. 언제나 죽음을 염두에 둠으로써 오히려 생기를 얻을 수 있음을 강조하는 중세의 '메멘토 모리(memento mori, 죽음을 기억하라)' 전통에서도 그러한 관점이 토대를 이룬다.

에크하르트 톨레를 비롯한 뉴에이지 저술가들과 긍정적 사고가 문제를 야기한다는 주류 인지심리학의 최근 연구 성과를 연결하는 것도 그 관점이다. 마음챙김 명상으로 큰 도움을 받았다는 사람들이 그토록 많은 이유, 일부 경영사상가가 목표 설정에 대한 집착을 버리고 불확실함을 포용하라고 기업에 충고하는 이유, 또 최근 몇몇 심리학자가 비관주의가 낙관주의 못지않게 건강하고 생산적일 수 있다는 결론에 도달한 이유를 설명하는 데도 행복에 대한 '부정적' 접근법이 도움이 된다.

이 모든 것의 밑바탕에는 1950년대와 1960년대에 반문화 철학자 앨런 와츠가 올더스 헉슬리를 인용하며 '노력 역행의 법칙' 혹은 '역행 법칙'이라고 부른 것이 자리 잡고 있다. 그것은 개인적인 삶에서부터 정치에 이르기까지 어떤 종류의 맥락에서든, 잘못된 일의 상당 부분은 '모든 걸 잘하려는 노력'에서 기인한다는 생각이다. 와츠의 말을 인용하자면 "물위에 떠 있으려고 발버둥치면 물밑으로 가라앉지만 가라앉으려고 애쓰면 떠오른다. 불안이란 안전해지려고 기를 쓸 때 생기는 부산물이다."[11] 헉슬리는 많은 경우 "무언가를 해내려고 의식적으로 노력할수록 성공 가능성은 작아진다"고 했다.[12] 그렇다고 행복에 이르는 부정적인 경로가 삐딱하게 반대로만 가려는 태도를 옹호하는 것은 결코 아니다. 이를테면 달려오는 버스를 피하지 않고 그 앞으로 다가갔을 때 얻을 것은 하나도 없다. 또한 그것을 낙관주의는 무조건 잘못되었다는 말로 받아들여서도 안 된다. 그보다는 낙관주의와 긍정성이 행복에 닿는 유일한 길이라는 생각에 사로잡힌 우리의 문화에 반드시 필요한 균형추로 이해하는 것이 사실에 가까울 것이다.

긍정적 사고방식에 대해 건전한 회의를 품고 있는 사람은 많다. 그러나 철학자 피터 버네즈가 '낙관주의 숭배'라고 표현한 것[13]을 조롱하는 사람들도 대부분 의도치 않게 낙관주의를 은근히 지지하게 된다는 사실은 짚고 넘어가야 할 것 같다. 그들은 자신이 낙관주의를 지지 할 수 없거나 지지하지 않을 것이므로 자기가 할 수 있는 건 단념하고 우울하게 살거나 성미 괴팍한 사람으로 사는 것뿐이라고 생각한다. '부정적 경로'는 이런 이분법을 거부하며, 완전한 쾌활함으로 부정성을 씻어

내려 애쓰는 대신 부정성을 거쳐 얻는 행복을 추구한다. 긍정성에 대한 집착이 하나의 병이라면 이 접근법은 그 집착에 대한 해독제다.

물론 이 '부정적 경로'도 포괄적으로 깔끔하게 정리된 하나의 철학 이론은 아니다. 해독제는 만병통치약이 아니다. 긍정적 사고를 비롯해 행복에 관한 여러 접근법의 가장 큰 맹점은 이처럼 커다란 문제를 몇 가지 비결이나 실천 계획으로 무리하게 끼워 맞춰 해결하려는 성급한 욕심이다. 부정적 경로는 단 하나의 해결책을 제시하지 않는다. 어떤 이들은 부정적인 감정과 생각을 끌어안으라고 강조하고, 또 어떤 이들은 그에 무심한 태도를 옹호한다. 철저하게 비전통적인 기법에 초점을 맞춰 행복을 추구하는 사람도 있고, 행복을 다르게 정의하거나 아예 행복을 추구하지 않는 쪽에 초점을 맞추는 사람도 있다.

여기에서는 '부정적'이라는 단어도 이중적 의미를 지니는 경우가 많다. 그 말은 불쾌한 경험과 감정을 가리킬 수도 있으며, 어떤 철학은 행복이 '하지 않음(무위)'의 기술을 터득하는 것과 관련된다는 점을 들어 '부정적'이라고 표현한다. 예컨대 긍정적 감정을 지나치게 적극적으로 추구하지 않는 법을 배우는 것도 그런 의미에서 부정적이다. 이처럼 '부정적'이라는 말에는 많은 역설이 담겨 있고 탐색하면 할수록 그 역설은 깊어진다.

그런데 만약 궁극적으로 행복에 이르게 하는 감정이나 상황이라면 정말로 '부정적'이라고 말할 수 있을까? '긍정적' 태도를 취하는 것이 우리를 행복하게 해주지 않는다면 그걸 '긍정적'이라고 말하는 게 과연 옳을까? 부정성을 포용하는 방향으로 행복을 재정의할 경우 그래도 그것이 여전히 행복일까?

　이들 질문에서 깔끔하게 해결할 수 있는 것은 없다. 그 이유 중 하나는 부정적 경로를 주장하는 사람들이 공유하는 것이 하나의 엄격한 믿음 체계가 아니라, 삶을 바라보는 전반적 방식이기 때문이다. 또한 그 접근법의 가장 중요한 핵심이 바로 행복에는 역설이 따른다는 사실이기 때문이기도 하다. 우리가 아무리 간절히 원해도 모든 문제를 단번에 해결할 방법은 없다.

　이 책은 살아 있는 사람과 세상을 떠난 사람을 통틀어 행복에 이르는 부정적 경로를 따라간 사람들의 세계, 즉 '역행 법칙'이 작용하는 세계를 살펴본 기록이다. 그 과정에서 나는 매사추세츠 주의 외딴 숲 속에서 일주일 동안 묵언 수행을 했고, 죽음을 회피가 아닌 기려야 할 대상으로 여기는 멕시코도 여행했다. 하루하루를 불안정 속에서 보내는 나이로비(케냐의 수도) 외곽의 절망적인 빈민가도 가보았다. 또한 오늘날의 스토아 철학자와, '실패라는 예술'의 전문가, 전문적인 염세주의자, 부정적 사고의 힘을 옹호하는 사람들을 만났는데 그중 다수는 놀랍게도 무척 쾌활했다.

　내가 이 여정을 샌안토니오에서 시작하기로 한 것은 가장 극단적인 형태의 낙관주의 숭배를 먼저 경험해 보고 싶었기 때문이다. 나는 로버트 슐러 박사가 주장하는 긍정적 사고는 행복에 관한 우리의 편파적 믿음의 과장된 형태라고 생각했다. 그렇지만 그것이 사실이라면 그 문제를 가장 정제한 형태로 살펴보는 것이 의미가 있을 것 같다.

　이것이 내가 그 어두운 농구장의 극단적인 분위기 속에 앉아 있게 된 사정이다. 마침 진행자가 들뜬 목소리로 모두가 참여하는 '춤 경연'을 시작한다고 선포하는 바람에 나는 엉거주춤 자리에서 일어났다. 어디선가 거대한 비치볼들이 튀어나와 청중의 머리 위를 떠다니고 오디오에서 요란한 음악이 흘러나오자 사람들은 어색하게 몸을 흔들었다. 1등을 한 사람에게는 디즈니월드 무료입장권을 주는데, 춤을 가장 잘 추는 사람이 아니라 동기를 가장 잘 부여받은 사람에게 준다는 설명이 들려왔다. 나로서는 그 둘의 차이가 뭔지 알 수 없었다. 나는 이 모든 상황이 너무 곤혹스러워 마지못해 몸을 건성으로 흔들었다. 상은 어느 군인에게 돌아갔다. 강한 동기 부여를 인정해서라기보다 그 지역의 애국적 자부심에 영합한 결정이 아닐까 하는 의심이 들었다.

춤 경연이 끝나고 조지 부시가 도착하기 전의 휴식시간에 나는 엄청나게 비싼 핫도그를 하나 사 들고 또 다른 참가자와 대화를 나눴다. 자신을 헬렌이라고 소개한 그녀는 우아하게 차려입은 은퇴한 교사였다. 왜 이 행사에 참가했느냐고 묻자 경제 사정이 좋지 않아서라고 대답했다. 다시 직장을 구할 계획이라는 그녀는 '동기를 부여하라!'가 자신에게 동기를 부여해 주기를 기대하고 있었다. 지금까지 나온 연사들에 대해 이야기하던 중 헬렌이 말했다.

"사실 저 사람들이 말하는 대로 좋은 생각만 하면서 살기는 좀 어렵지 않아요?"

헬렌은 잠시 괴로운 표정을 지었다. 그러다가 곧 회복했는지 마치 자신을 꾸짖듯 선생님답게 손가락을 흔들며 말했다.

"하지만 그런 식으로 생각해서는 안 되죠!"

아무리 나를 다독여도
자존감이 낮아지는 이유

긍정적 사고의 문제를 분석하는 연구자 중 가장 중요한 인물로 꼽히는 심리학 교수 대니얼 웨그너는 하버드대학에서 '정신 통제 실험실'을 운영하고 있다. 이름만 들으면 CIA의 자금으로 세뇌 기술을 연구하는 기관 같지만 그런 건 전혀 아니다. 웨그너는 우리가 특정한 생각이나 행동을 억압하려 애쓰면 역설적으로 그것이 더 우세해지는 현상을 연구하는데, 이는 '역설적 과정 이론'이라 불린다.

나는 웨그너 교수와 시작부터 매끄럽지 못했다. 내가 어느 신문 칼럼에서 'Wegner'라는 그의 성을 'Wenger'로 잘못 쓰는 실수를 범했기 때문이다. 그러자 그는 내게 '오타를 정정하시오!'라는 무뚝뚝한 메일을 보냈다. 나는 그 오타가 정확히 그가 연구하는 종류의 실수를 보여주는 흥미로운 예시가 아니냐며 어물쩍 넘어가려 했지만 그에게는 먹히지 않는 것 같았다. 이후로도 우리의 대화는 다소 껄끄럽게 이어졌다.

웨그너 교수가 자기 경력의 상당 부분을 바쳐 몰두해 온 문제는 간단하면서도 심하게 짜증스러운 실내 게임에서 비롯됐다. 그것은 적어도 그 게임으로 자기 동생을 괴롭혔다고 주장한 도스토예프스키 시절까지 거슬러 올라간다. 도전 형식을 띤 이 게임은 당하는 사람에게 '1분 동안 흰곰을 생각하지 않을 수 있는가?'라고 묻는다. 그 답은 안 해봐도 충분히 알겠지만, 그래도 일단 시도해 보면 꽤 많은 걸 깨달을 수 있다. 지금 한번 시도해 보라. 손목시계를 들여다보거나 초침이 있는 시계를 찾아 10초만이라도 흰곰과 무관한 것을 생각해 보라. 자, 시작!

당신의 실패에 심심한 위로를 보낸다. 역설적 과정 이론과 관련해 웨그너가 초창기에 수행한 연구는 대부분 대학생들에게 이런 과제를 제시하고, 그것을 시도하는 동안 마음속에 떠오르는 생각을 소리 내 말하게 하는 것이었다. 이는 사고 과정을 알아내는 방법치고는 꽤 부실하지만 그래도 구술 내용 중 하나를 읽어보면 학생들의 시도가 얼마나 헛된 것인지 생생하게 느낄 수 있다.

> 물론 지금부터 나는 흰곰만 생각하겠지. …… 흰곰은 생각하지 말자. 흠, 아까 내가 무슨 생각을 하고 있었더라? 가만 있자, 나는 꽃을 자주 생각해. …… 좋아. 내 손톱 정말 엉망이로군. …… 나는 계속해서, 그러니까…… 으흠…… 뭔가 말하려고, 생각하려고,

그러니까 흰곰은 생각하지 않으려고 하지만 그럴수록 흰곰 생각만 더 나네.[14]

이쯤 되면 여러분은 사회심리학자라는 사람들은 왜 일부러 돈을 써가며 빤한 것을 증명하려 하는지 궁금해할지도 모른다. 당연히 흰곰 도전에서 성공하는 건 거의 불능이다. 그러나 웨그너에게 이는 시작에 불과했다. 깊이 파고들수록 흰곰 생각을 억누르려는 노력을 방해하는 내적 기제가 우리의 정신 활동과 외적 행동 영역 전체를 좌지우지할 거라는 그의 심증은 점점 굳어졌다.

흰곰 게임은 인생에서 잘 안 풀리는 일들에 관한 하나의 은유다. 우리가 마치 자석에 이끌리듯 도달한 결과가 그토록 피하려 했던 그 일인 경우가 얼마나 많은가. 웨그너가 어느 논문에서 '정확히 반직관적인 실수'라고 부른 이 효과는 '상상할 수 있는 최악의 상황, 너무 끔찍해서 절대 일어나지 않게 하겠다고 결심한 그 상황을 우리가 자초하는 것'을 말한다.[15] 길에 푹 파인 바퀴자국이 있어서 그걸 피해야겠다고 생각하면 꼭 자전거를 그 자국 속으로 몰아간다. 남의 아픈 부분이니 절대 입 밖에 내지 않겠다고 생각한 그 말을 무심코 내뱉고는 온몸을 움츠리며 경악한다. 유리잔을 조심스레 들고 내내 '쏟으면 안 돼'라고 생각하며 거실을 가로지르다 집주인이 보는 앞에서 카펫 위에 쏟는다.

역설적 실수의 범위를 보면 그것은 완전무결한 우리의 자기통제가 이따금 삐끗하는 게 아니라, 우리의 핵심적 특성과 가까운 영혼 깊숙한 곳에 도사리고 있는 것 같다. 에드거 앨런 포는 이를 동명의 단편소설에서 '삐딱한 꼬마도깨비'라고 불렀다. 가파른 절벽의 가장자리를 따라 걷거나 고층건물의 전망대에 올라가면 자살 충동이 일어서가 아니라 떨어지면 끝장이라는 생각 때문에 거기서 몸을 던지고 싶어진다. 여기에 뭐라고 이름을 붙이기는 어렵지만 이는 누구나 가끔 느끼는 분명한 충동이다. 그 삐딱한 꼬마도깨비는 사회적 상호관계에서도 성가신 훼방꾼 노릇을 한다.

웨그너의 주장에 따르면 이때 벌어지는 일은 인간만의 특이한 메타인지, 즉 생각에 관한 생각이 일으킨 오작동이다. 웨그너는 "메타인지는 생각이 생각 자체를 대상으로 삼을 때 일어난다"고 설명한다.[16] 사실 이것은 매우 유용한 기술이다. 예를 들어 우리가 비이성적으로 굴 때나 우울감에 빠져들 때, 불안에 사로잡힐 때 그러한 자신을 알아차리고 그에 대처하도록 해준다. 그렇지만 우리가 메타인지를 일상적인 '대상 수준' 사고를 통제하는 데 사용할 때는 문제에 부딪친다. 즉 흰곰의 이미지를 억누르려 하거나 우울한 생각을 행복한 생각으로 덮으려 하면 문제가 생긴다.

웨그너는 "메타사고는 자기가 하는 대상 수준 사고를 두고 자신에게 내리는 명령이지만 우리는 때로 자신의 지시도 따르지 못한다"고 표현한다.[17] 억지로 다른 생각을 떠올리면 흰곰을 생각하지 않는 데 어느 정도 성공할 수 있다. 하지만 그와 동시에 메타인지가 감시 과정을 작동해 우리가 실제로 그 과제에 성공하는지 실패하는지 증거를 찾고자 머릿속을 훑기 시작한다. 바로 이 시점에 상황이 위태로워진다. 노력이 과하면(혹은 웨그너의 연구가 보여주듯 너무 피곤하거나 스트레스를 받거나 우울하거나 동시에 여러 과제를 수행하려 할 때, 또 그 밖의 정신적 부하로 고통받을 때) 메타인지가 오작동을 일으키는 일이 잦기 때문이다. 그 감시 과정이 인지의 무대 위에서 합당한 정도 이상으로 집중적인 조명을 받으면서 의식의 전면으로 튀어나오는 것이다. 그때부터는 생각하지 않으려고 아무리 애를 써도 흰곰 외에는 아무것도 생각할 수 없다.

혹시 역설적 과정 이론이 행복을 추구하는 우리의 노력 중 잘못된 부분을 밝혀주지 않을까? 우리가 긍정적 감정을 느끼려고 노력할수록 빈번하게 그 반대의 결과가 벌어지는 것에 관해서 말이다. 초창기의 흰곰 실험 이후 웨그너를 비롯한 다른 이들의 연구가 이러한 가정을 뒷받침하는 증거를 더 많이 내놓았다. 예를 들어 피실험자들에게 어떤 불행한 사건 이야기를 들려주고 슬퍼하지 않도록 노력하라고 지시하면 그들은 똑같은 이야기를 듣고 감정에 관해 아무 지시도 받지 않은 사람들에 비해 훨씬 더 불편한 감정을 느꼈다.[18] 또 다른 연구에서는 공황장애를 앓는 환자들 중 긴장을 풀어주는 오디오테이프를 들은 환자가 '긴장을 풀어주는' 내용이 없는 오디오북을 들은 환자에 비해 심장이 훨씬 빨리 뛰었다.[19] 가족을 잃은 사람들 가운데 비통함을 느끼지 않으려고 가장 많이 노력하는 이들이 상실감에서 회복하는 데 가장 오래 걸린다는 것을 밝힌 연구도 있다.[20] 성적인 부분에서도 정신적 억압 노력은 실패한다. 피부의 전기 전도도를 측정하는 연구에 따르면 섹스를 생각하지 말라고 지시받은 사람들은 그렇지 않은 사람들에 비해 훨씬 더 많이 성적으로 흥분했다.[21]

그렇다면 자기계발 분야에서 선호하는 행복과 성공을 이루는 기술(긍정적으로 생각하기, 목표를 시각적으로 그려보기, 동기 부여 등)에는 한 가지 거대한 결함이 있는 셈이다. 긍정적으로 생각하려면 자신의 머릿속에 부정적인 생각이 없는지 끊임없이 살펴봐야 하는데(긍정적인 생각만 하는 데 성공했는지 측정할 다른 방법은 없으므로), 그러기 위해서는 부정적인 생각에 관심을 집중해야 한다. 그 과정에서 긍정적인 생각에 실패하면 충분히 긍정적으로 생각하지 않았다는 자기비하적 사고의 물꼬가 터질 수 있다. 이 경우 부정적인 생각이 더 우세해지면서 악순환이 시작돼 더욱 나쁜 상황이 벌어질 수 있다.

가령 우리가 슐러 박사의 제안에 따라 '불가능'이라는 단어를 우리의 사전에서 없애버리기로 결심했다고 해보자. 아니면 보다 일반적으로 성공적인 결과에만 집중하고 제대로 풀리지 않는 일은 더 이상 생각하지 않기로 결심했다고 해보자. 이러한 접근법에는 온갖 문제점이 내포되어 있다. 가장 기본적인 문제는 자신이 결심을 제대로 실행했는지 감시하는 행위로 인해 실패할 수 있다는 점이다.

자기감시가 자기를 방해하는 문제가 긍정적인 사고방식의 유일한 위험 요소는 아니다. 2009에 캐나다의 심리학자 조앤 우드가 반복해서 말하면 기운을 북돋워주는 자기만족적이고 기운찬 문구인 '긍정적 확언'의 효과를 알아보는 실험을 했을 때 또 하나의 반전이 드러났다.[22] 긍정적 확언은 19세기 프랑스의 약사 에밀 쿠에의 저술에 처음 등장한 것으로, 그는 "나는 매일 모든 면에서 점점 좋아지고 있다"는 유명한 말을 남겼다.

대부분의 확언은 상당히 낯간지럽고 아무 효과도 없을 거라는 의심이 든다. 그렇다면 그 외에 다른 해는 끼치지 않을까? 우드는 이 점을 확신할 수 없었다. 우드의 추론은 웨그너의 이론과도 양립하지만 기본적으로 자기비교 이론으로 알려진 다른 심리학적 전통에 바탕을 두고 있다. 이 이론은 우리가 자신에 대해 긍정적 메시지를 듣고 싶어 하기는 하지만, 그보다 먼저 모순이 없고 일관성 있는 자아감각을 더 강렬히 원한다고 말한다. 그러니까 현재의 자아감각과 어긋나는 메시지는 안정감을 뒤흔들기 때문에 그 메시지를 거부하는 경우가 많다는 의미다. 비록 그 메시지가 긍정적이고 심지어 자기 자신에게서 나온 것이라고 하더라도 말이다.

우드는 긍정적 확언을 필요로 하는 사람은 본질적으로 자존감이 낮은 사람일 거라고 생각했다. 그리고 그런 이유로 자아상과 충돌하는 메시지가 담긴 확언에 거부 반응을 보일 거라고 예상했다. 이를테면 '나는 매일 모든 면에서 점점 좋아지고 있다'는 메시지는 자신을 한심하다고 여기는 자아상과 모순되므로 일관된 자아감각을 위해 거부한다는 말이다. 우리는 새로 들어오는 메시지에 맞서 어떻게든 기존의 자아상을 확고히 유지하려 하기 때문에 그렇지 않아도 낮은 자아상이 더 악화할 수도 있다.

실제로 우드의 연구에서는 그 예측대로 결과가 나왔다. 일련의 실험에서 연구진은 사람들을 자존감이 높은 집단과 낮은 집단으로 나눈 다음 일기를 쓰게 했다. 그리고 벨이 울릴 때마다 '나는 사랑받을 만한 사람이다'라는 말을 반복하게 했다. 여러 가지 교묘한 방법으로 측정한 결과를 보면 자존감이 낮은 상태에서 실험을 시작한 사람들은 기분이 눈에 띄게 나빠졌다. 애초에 그들은 자신이 사랑받을 만한 사람이라고 생각하지 않았고, 자기 생각과 다른 내용을 주입하려는 노력은 부정적인 면만 더 두드러지게 했다. '긍정적 사고'가 오히려 불쾌감을 안겨준 것이다.

무조건적인 긍정의
최후

조지 부시가 곧 샌안토니오의 무대 위에 등장하리라는 사실은 갑자기 그의 특별 경호원들이 나타난 것으로도 알 수 있었다. 검은 양복에 이어폰을 낀 그 남자들은 어디에 있어도 눈에 띌 테지만, '동기를 부여하라!'에서는 융통성 없이 찌푸린 그 인상 때문에 두 배는 더 튀어 보였다. 하긴 전직 대통령 경호는 밝은 면만 보고 잘못될 일은 전혀 없다고 생각하는 것만으로 해결할 수 있는 문제가 아니다.

그들과 대조적으로 부시는 만면에 웃음을 머금고 무대 위로 뛰어 올라갔다. 이미 수차례 반복했을 게 빤한 연설을 시작하기 전에 부시는 이렇게 입을 뗐다.

"그게 말입니다. 은퇴라는 게 그리 나쁜 것만은 아니더군요. 특히 텍사스에서 은퇴생활을 한다면 말입니다."

그는 먼저 퇴임 후에 자기 집 개의 뒤치다꺼리를 하며 시간을 보낸다는 소탈한 일화부터 시작했다("제가 8년 동안 맞을까 봐 피해온 바로 그걸 내 손으로 집어 담고 있지 뭡니까!"). 그러다 잠시 언젠가 대통령 집무실의 카펫을 골라야 했던 일이 그날 연설의 주제인 것처럼 느껴졌다("전속으로 '대통령 임기 동안에는 의사결정이라는 경험을 하게 되겠군!' 하고 생각했죠").

하지만 그가 말할 진짜 주제가 낙관주의라는 건 금세 드러났다.

"저는 미래가 더 좋아지리라고 낙관하지 않는 사람은 가족이든 학교든 시든 주든 국가든, 그것들을 결코 이끌어갈 수 없다고 생각합니다. 그리고 이걸 알아주시기 바랍니다. 제가 대통령직을 수행하는 동안 가장 암울하던 시기에도 저는 우리 국민과 세계의 미래는 과거보다 더 좋아질 거라고 낙관했다는 것을 말입니다."

미국의 43대 대통령에 관해 구체적인 정치적 의견이 없는 사람이라도 그가 '낙관주의 숭배'의 근본적인 기묘함을 몸소 보여주고 있음을 충분히 알아차렸을 것이다. 부시는 자기 정부가 수많은 논란거리를 낳았다는 사실을 모르는 척하지는 않았다. 악의적인 질문은 하지 않을 동조적인 청중 앞에서 동기 부여 연설을 하는 상황이라 그런 전략을 쓸 수 있었을 것이다. 나아가 그는 그 논란거리들을 자신의 낙관적인 태도를 뒷받침하는 증거로 재정의했다.

부시는 자신이 대통령으로 있을 때 행복하고 성공적이던 시기는 당연히 낙관적인 전망의 덕을 본 것이고, 심지어 불행과 실패의 시기조차 그 덕을 본 것이라고 생각했다. 상황이 나빠질 때는 낙관주의가 더욱더 필요하다는 얘기다. 달리 말하면 일단 긍정적 사고의 이데올로기를 포용하기로 했으니 어떤 결과를 얻든 무조건 긍정적 사고를 합리화하는 방향으로 해석할 길을 찾겠다는 뜻이다. 자기 행동이 어떻게 잘못될 수 있는지 생각하느라 시간을 허비할 필요는 절대 없다는 것이다.

결과에 상관없이 어떤 경우에든 긍정성을 유지하려는 이런 태도는 뜻밖에도 그 그릇됨을 증명하기가 몹시 어렵다. 그렇다면 그 이데올로기가 실제로 위험한 결과를 초래할 수도 있을까? 부시 행정부의 외교정책을 반대한 사람이라면 그렇게 생각할 이유가 충분할 것이다. 이는 사회비평가 바버라 에런라이크가 2010년에 《미소 지을래, 죽을래?: 긍정적 사고는 미국과 세계를 어떻게 기만했나(Smile or Die: How Positive Thinking Fooled America and the World)》에서 제기한 주장의 일부이기도 하다. 이 책에서 에런라이크는 회의 석상에서 실패 가능성을 제기하는 것은 고사하고 혼자 생각하는 것조차 낯 뜨겁고 부적절한 실수라고 여기는 미국 경제계의 문화를 꼬집는다. 또한 사람들은 제대로 인식하지 못했지만 이것이 바로 2000년대 말 세계 경제위기를 불러온 원인 중 하나라고 주장한다.

원대한 야망을 무엇보다 높이 사는 문화의 부추김을 받아 나르시시즘에 푹 빠진 은행가들은 자신의 자만심이 부풀린 환상과 구체적인 결과를 구별하는 능력을 상실했다. 사람들은 자신이 간절하게 원하기만 하면 뭐든 가질 수 있다고(이런 주장을 하는 《시크릿》 같은 책을 대체 얼마나 많은 사람이 읽은 것일까?) 여기며 갚을 능력도 없는 대출금을 끌어다 집을 샀다. 금융권은 비논리적인 낙관론에 깊이 빠져 있었고 낙관론 유포자(연사, 자기계발 구루, 세미나 개최자들)는 아무런 거리낌 없이 한층 더 그것을 부추겼다. 에런라이크는 "긍정적 사고는 그 자체로 하나의 산업이 되었다"라고 썼다.

"그 산업의 주요 고객은 정신적 노력만으로 모든 것이 가능하다는 달달하고 꿈같은 소리를 열렬히 소비해 주는 경제계였다. 이는 21세기로 접어들 무렵 고용 안정성이 떨어진 상태에서 줄어든 수당을 받고도 더 많이 일해야 하는 직장인들에게 잘 먹히는 메시지였다. 동시에 경영자들에게도 해방감을 주는 이데올로기였다. 좋은 일이 일어날거라고 예상하는 낙관적인 사람에게 좋은 일이 일어나게 되어 있는 거라면, 재무상태표와 지루한 위험 분석으로 골머리를 썩을 필요가 어디 있겠는가? 생각만 해도 어지러운 부채 액수와 채무불이행으로 이어질 가능성을 뭐 하러 사서 걱정하겠는가?"

에런라이크는 긍정적 태도의 기원을 19세기에 생겨난 '신사상(New Thought)'이라는 사이비 종교 운동에서 찾는다. 신사상은 당시 지배적이던 미국식 칼뱅주의의 암울한 메시지에 반발해 생겨났다. 칼뱅주의는 쉼 없이 일하는 것을 모든 기독교도의 의무로 규정했고, 그럼에도 영원히 지옥에서 살도록 정해져 있을지도 모른다는 분통 터지는 예정설까지 덧붙였다. 반면 신사상은 정신의 힘으로 행복과 세속적 성공을 성취할 수 있다고 말했다. 신사상과 같은 뿌리에서 싹튼 크리스천 사이언스라는 신흥종교는 그러한 정신력이 육체적 질병까지 치료할 수 있다고 주장한다.

그러나 에런라이크가 분명히 밝혔듯 신사상은 그들 특유의 가혹

한 비판 체계를 강요하며 칼뱅주의의 노역 의무를 긍정적 사고의 의무로 대체했을 뿐이다. 부정적인 생각은 맹렬한 비난의 대상이 되며, 이는 "죄에 대한 옛 종교의 단죄"를 떠올리게 하고 "자기검열이라는 끊임없는 내적 노역을 고집한다." 에런라이크는 사회학자 미키 맥기의 말을 인용해 낙관주의라는 교리에서는 "자신을 부단히 설득하는 것을 성공으로 향하는 길이자 일종의 세속적 구원으로 제시한다"고 말한다.

그렇다면 결과에 개의치 않는 낙관주의의 중요성을 강조한 조지 부시는 그저 영광스러운 전통을 이어가고 있을 뿐이다. '동기를 부여하라!'에서 그의 연설은 시작하기가 무섭게 끝나버렸다. 그는 종교적 뉘앙스를 살짝 풍기며 9·11 테러와 관련된 모호한 일화 하나와 군대를 찬미하는 몇 마디를 던지고는 경호원들에게 둘러싸인 채 손을 흔들며 작별인사를 했다.

"고맙습니다, 텍사스. 고향은 역시 좋군요!"

귀가 먹먹한 환호성 속에서 나는 공원경비원 짐이 안도의 한숨을 내쉬는 소리를 들었다.

"그래. 나 진짜로 동기 부여 제대로 받았어."

그는 딱히 누구에게랄 것도 없이 중얼거렸다.

"이제 진짜 맥주 좀 마셔야겠군."

행복이라는
이름의 함정

이디스 워튼의 어느 단편소설 속 등장인물은 이렇게 말한다.

"불행해지는 방법은 아주 많지만 편안해지는 방법은 딱 하나요. 행복을 좇는 짓을 그만두면 되지."[23] 이 말은 '낙관주의 숭배'가 지나쳐 긍정성 자체를 망치는 역설적이고도 자멸적인 노력에 얽힌 문제를 예리하게 포착하고 있다. 동시에 낙관주의와는 근본적으로 다르지만 보다 희망적으로 행복에 접근하는 대안적 방법을 암시한다. 그 첫걸음은 집요한 긍정성 추구를 그만두는 일이다. 행복에 이르는 '부정적 경로'의 여러 주창자는 한 발 더 나아가 우리가 부정적이라고 생각하는 것 속으로 더 깊이 뛰어드는 것이 진정한 행복을 위한 전제조건이라고 주장한다. 역설적이고도 설득력 있는 주장이다.

그 기원이 중국이 아니라는 증거도 있지만, 아무튼 '중국식 평거

트랩'을 이 기묘한 철학 전체를 표현하는 생생한 은유로 볼 수도 있다. 역효과를 낳는 긍정적 사고를 거침없이 비판하는 심리학자 스티븐 헤이스는 네바다대학의 연구실 책상 위에 이 장난감을 한 상자나 갖다 두고 그것을 자기 논지의 실례로 사용한다.

핑거 트랩은 가는 대나무 띠를 관 모양으로 엮어 만든 것으로 속이 비어 있으며 양쪽 끝에 손가락만 한 구멍이 있다. 아무것도 모르는 사람이 거기에 검지를 넣으면 손가락이 끼어 꼼짝 못한다. 손가락을 빼려고 잡아당기면 관의 양쪽 끝이 오그라들면서 손가락을 더 단단히 압박한다. 세게 잡아당길수록 덫은 더 강하게 옥죈다. 빠져나오려는 시도를 멈추고 손가락을 더 깊이 밀어 넣으면 그제야 관의 양쪽 끝이 넓어지면서 손가락을 빼낼 수 있다.

헤이스는 중국식 핑거 트랩의 경우 "합리적이라고 생각하는 일을 하면 오히려 역효과를 낳는다"[24]고 말한다. 행복에 이르는 부정적 경로를 따라간다는 것은 그와 반대되는 일, 즉 비합리적이라고 여겨지는 일을 하는 것이다.

2장

비관적인 사람들이 행복을 찾는 방법

THE ANTIDOTE

"비관주의도 익숙해지기만 하면

낙관주의 못지않게 마음을 편하게 해준다."

―아널드 베넷,
《내 관심을 불러 일으킨 것들(Things That Have Interested me)》 중에서

지하철역
이름 외치기

어느 평범한 봄날 아침, 런던 지하철 중앙선 안에서 있었던 일이다. 여느 때처럼 서비스에 '약간의 지연'이 있었고, 빽빽하게 들어찬 통근자들은 묵직한 절망감을 발산하고 있었다. 평소와 다른 점이라면 잠시 후 내가 평생 가장 끔찍한 경험이 될 거라 예상하는 일을 순전히 자발적으로 하리라는 것뿐이었다. 나는 지하철이 챈서리 레인 역으로 접근하고 있을 때, 지하철 내 방송 시스템이 자동으로 그 사실을 알려주기 전에 큰 소리로 "챈서리 레인!" 하고 외칠 작정이었다. 지하철이 홀번과 토트넘 코트 로드 역을 지나고 옥스퍼드 서커스와 그다음 역으로 갈 때도 나는 각 역의 이름을 계속 알릴 생각이었다.

물론 그 행동이 상상할 수 있는 가장 끔찍한 일은 아니라는 것쯤은 나도 알고 있다. 해적에게 인질로 잡혀 봤거나 산 채로 매장된 적 있는 독자라면, 혹은 유난히 험한 난기류를 뚫고 비행을 마쳐 본 독자라면 내가 지금 드라마의 주인공처럼 과장한다고 비난한다 해도 충분히 이해한다. 어쨌든 내 손바닥은 땀으로 흥건해졌고, 심장 박동은 대책 없이 빨라졌다. 그렇지 않아도 창피한 상황을 잘 견디지 못하는 주제에 일부러 그런 상황을 자초하는 걸 괜찮은 아이디어라고 생각했던 내가 그저 원망스러울 뿐이었다.

나는 왜 그렇게 고의적으로 자기 모욕 의식을 치러야 했을까? 2007년에 세상을 떠난 심리학자 앨버트 엘리스의 제안을 받아들였기 때문이다. 엘리스는 행복에 이르는 길이 부정성에 바탕을 두고 있을지도 모른다고 처음 제안한 고대 스토아 철학을 생생하게 알려 주고자 그 일을 구상했다. 그 '지하철역 연습'은 본래 그가 뉴욕에서 치료하던 환자들에게 처방한 것으로, 우리가 불쾌한 경험에 얼마나 비합리적으로 접근하는지 밝혀 준다. 또한 그 방법은 기꺼이 볼 마음만 있다면 우리가 그런 경험 속에서도 예기치 못한 이점을 발견할 수 있음을 보여 준다.

그리스에서 태동해 로마에서 무르익은 스토아 철학을 오늘날 우리가 흔히 사용하는 '스토아적'이라는 단어의 의미와 혼동하면 안 된다. 오늘날에는 불평하는 데도 지쳐 체념한 상태를 '스토아적'이라고 표현하는 것 같은데, 이는 나와 함께 지하철을 타고 있던 승객들의 태도를 묘사하는 데 훨씬 더 적합하다. 진짜 스토아 철학은 그보다 더 강인한 정신을 바탕으로 하며, 시련이 닥쳐도 강건하게 평정을 유지하도록 정신을 단련하는 일과 관련이 있다. 또한 이것은 엘리스가 제안한 그 괴로운 연습의 목적이기도 하다. 나는 창피함과 자의식에, 그리고 다른 사람들이 나를 보며 어떤 생각을 하리라는 내 암묵적 예상에 정면으로 부딪쳐 볼 생각이었다.

그 일은 분명 내가 두려워하는 불쾌감을 안겨 줄 터였다. 그 상황에 얽힌 흥미로운 어떤 점, 즉 그 일이 지독하게 끔찍하리라는 내 믿음이 실제로는 사실과 부합하지 않음을 깨닫게 해줄 거라는 생각도 당시에는 전혀 도움이 안 되었다. 부끄러움을 전혀 모르는 사람이 아니라면 분명 내 걱정을 이해하리라.

그런데 곰곰이 생각해 보면 내가 그 상황을 부정적으로 보는 건 뭔가 좀 이상하다. 따지고 보면 그 지하철 안에 나와 개인적으로 아는 사람이 아무도 없으므로 그들이 나를 미쳤다고 생각해도 내가 잃을 것은 하나도 없었다. 더구나 과거의 내 경험상 지하철에서 누군가가 큰 소리로 혼잣말을 해도 모두들 그냥 무시하고 넘어갔다. 그렇다면 나에게 일어날 최악의 상황은 고작 무시당하는 정도일 것이다. 나는 큰 소리로 횡설수설하는 사람과 달리 역 이름을 알려 주는 게 아닌가.

이건 공공 봉사 활동에 가까운 일이다. 그보다는 지금 내 주위의 아이팟 헤드폰에서 새어 나오는 소리가 훨씬 더 짜증스러울 게 분명하다. 그럼에도 지하철이 거의 감지할 수 없을 정도로 속도를 살짝 늦추며 챈서리 레인 역에 접근하고 있을 때, 뱃속이 뒤집힐 것 같은 느낌이 든 이유는 무엇일까?

최악의 상황 떠올리기

잘 알려진 행복 접근법의 뒤에는 대개 '일이 잘 풀리는 상황에 집중하기'라는 단순한 철학이 자리 잡고 있다. 자기계발 분야에서 이 관점을 가장 극명하게 표현한 것은 '긍정적 시각화'로 알려진 기법이다. 일이 잘 풀려가는 상황을 상상하면 그렇게 될 가능성이 부쩍 커진다는 것이 그들의 논리다. 뉴에이지 개념으로(얼핏 그럴듯해 보이는) '끌어당김의 법칙'은 한 발 더 나아가 부와 원만한 인간관계, 건강을 얻는 데 필요한 것도 시각화뿐이라고 말한다.

"인간의 본성에는 시각적으로 상상하는 대로 되려는 강력한 경향이 존재합니다."

《적극적 사고방식(The Power of Positive Thinking)》의 저자 노먼 빈센트 필이 1980년대 중반 투자은행 메릴 린치의 경영진 앞에서 강

연할 때 한 말이다.[1]

"자신을 잔뜩 긴장하고 초조해하고 좌절한 모습으로 그리면 당신은 그렇게 될 겁니다. 어떤 면으로든 자신이 열등하다고 보고 그런 자아상을 의식 속에 심으면 그 이미지는 인식의 삼투 과정을 통해 무의식으로 스며듭니다. 그리고 당신은 스스로 머릿속에 그리는 존재가 됩니다. 반대로 자신을 체계적이고 통제가 잘되는 학구적인 사색가이자 일꾼으로 보고 자신의 재능 및 능력과 자기 자신을 믿는다면 당신은 그러한 존재가 될 것입니다."

2008년 금융위기가 발생했을 때 뱅크 오브 아메리카는 무너진 메릴 린치를 인수했다. 이 일이 주는 교훈은 독자들이 직접 판단하기 바란다.

노먼 빈센트 필의 설교에 코웃음 치는 사람도 그 바탕에 깔린 관점에 반박하기는 쉽지 않다. 스스로 감당할 수만 있다면 미래를 낙관적으로 보는 것이 제일 좋다는 생각 말이다. 또한 '그렇게 되지 않았으면' 하는 상황보다 '그렇게 되기를 바라는' 상황 쪽에 초점을 맞추는 것이 스스로 동기를 부여하고 성공 가능성을 높이는 합리적인 방식으로 보인다. 면접을 보러 갈 때는 좀 지나치더라도 합격할 수 있다고 가정하고 가는 편이 확실히 낫고, 누군가에게 데이트를 제안할 때는 받아들여지리라 생각하고 행동하는 편이 좋다.

희망적인 면을 보려는 경향은 인간의 생존과 긴밀히 얽혀 있어 진화가 우리를 그런 방향으로 틀어놓은 것은 아닌가 싶을 정도다. 영국의 신경과학자 탈리 샤롯은 2011년에 출간한 《낙관성 편향(The Optimism Bias》에 제대로 작동하는 정신은 일이 잘될 가능성을 실제보다 훨씬 크게 인식한다는 사실을 보여주는 증거를 모아 놓았다. 여러 연구에 따르면 건강하고 행복한 사람은 우울증을 앓는 사람에 비해 자신의 능력을 지나치게 낙관적으로, 그러니까 전반적으로 덜 정확하게 파악하는 것으로 나타났다.[2] 하지만 낙관적 관점에는 일이 잘되지 않았을 때 실망하는 것 말고도 여러 가지 문제가 내포돼 있는데, 긍정적 시각화의 문제가 특히 심각하다.

독일 태생의 심리학자 가브리엘레 외팅엔과 그 동료들은 지난 몇 년간 '미래에 관한 긍정적 환상'과 관련된 진실을 밝혀내기 위해 일련의 실험을 실시했다. 그 결과는 놀라웠다. 일이 얼마나 잘될지 생각하는 데 시간과 에너지를 쏟는 것은 실제로 사람들이 그 일을 성취하는 데 필요한 동기를 떨어뜨리는 것으로 나타났다. 가령 앞으로 업무 실적이 좋은 한 주를 보낼 거라고 생각하도록 요청받은 실험 참가자들은, 특별한 방향을 제시하지 않고 그냥 다가올 한 주를 생각해 보라고 요청받은 참가자들에 비해 업무 성취도가 낮았다.[3]

또 다른 기발한 실험에서 외팅엔은 실험 참가자 중 일부를 살짝 갈증이 나는 상태로 유도한 뒤 상쾌한 얼음물을 마시는 상상을 하면서 운동을 하게 했다.[4] 그 결과는 시각화를 통한 동기 부여를 주장하는 자기계발서의 내용과 반대로 나타났다. 갈증을 느끼다가 물을 상상한 사람들은 혈압을 통해 측정한 에너지 수준이 유의미하게 감소했다. 수분을 공급하고자 더욱더 동기 부여를 하기는커녕 그들의 몸은 이미 갈증을 해소한 것처럼 이완되었다. 실험을 거듭해도 사람들은 시각화를 통해 긴장을 푸는 반응을 보였다. 성공을 시각적으로 상상한 것과 이미 성공을 이룬 상황을 무의식적으로 혼동하는 듯했다.

그렇다고 부정적인 시각화로 바꿔 일이 잘못될 수 있는 모든 방식에 초점을 맞추는 것이 좋다는 얘기는 아니다. 이것이 스토아 철학에서 나온 여러 결론 중 하나이긴 하지만 말이다. 아리스토텔레스 사망 이후 몇 년 뒤에 아테네에서 생겨난 스토아 철학은 거의 5세기 가까이 행복에 관한 서구의 사유를 지배해 온 철학 유파다.

최초의 스토아 철학자로 알려진 사람은 기원전 334년경 키프로스의 남쪽 해안, 즉 오늘날의 라르나카에서 태어난 제논이다. 3세기의 그리스 역사가 디오게네스 라에르티오스는 초기 스토아 철학자들에 관한 증언을 담은 《철학자 열전》에서 제논을 다음과 같이 묘사하고 있다.

"그는 항상 고개를 한쪽으로 기울이고 있었다. 마른 몸에 키가 매우 컸으며 피부는 검고 다리의 힘이 약했다. …… 신선하든 햇빛에 말린 것이든 무화과를 아주 좋아했다."

전해지는 이야기에 따르면 제논은 서른 살 즈음 아테네로 건너간 상인으로 그전에 끔찍한 난파 사고를 경험한 듯하다. 아테네에서 그는 키니코스 학파(부와 명예를 멀리하고 자연과 일체된 삶을 강조하는 고대 그리스의 금욕주의 학파-옮긴이 주)의 철학자 크라테스 밑에서 공부하기 시작했다. 라에르티오스는 제논이 크라테스 밑에서 공부하던 초기에 있었던 일화를 들려주는데, 이 일화는 '정신적 고통의 원인은 비논리적 믿음'이라는 스토아 철학의 핵심을 보여준다. 크라테스는 제논에게 콩죽 한 사발을 주고는 그것을 들고 아테네 거리를 돌아다니라고 명령한 뒤, 곧바로 지팡이로 사발을 깨뜨려 죽이 제논의 온몸에 튀게 만든다. 죽은 제논의 두 다리를 타고 흘러내렸다.

제논이 당황해서 달아나자 크라테스는 제논의 뒤에 대고 소리치며 그것을 부끄러운 일이라고 생각하는 제논을 조롱한다.

"네가 나쁜 짓을 한 것도 아닌데 왜 달아나는 것이냐!"

'스토아'라는 이름은 제논이 스스로 철학을 공부하기 시작했을 때 고대 아테네의 아고라 북쪽에 있는 스토아 포이킬레, 즉 채색한 회랑에 머물렀기 때문에 생긴 것이라고 한다. 이 학파의 영향력은 로마로 전파되었고 현존하는 스토아 저작들은 모두 에픽테토스와 세네카, 마르쿠스 아우렐리우스 황제를 비롯한 로마 스토아 철학자들이 남긴 것이다. 스토아 철학의 가르침은 초창기부터 근본적으로 이성을 중요시했다. 자연이 특별히 인간에게만 이성적 사고 능력을 부여했고, 인간에게 걸맞은 '고결한(virtuous)' 삶이란 이성과 합치하는 삶이라는 주장이었다.

로마의 스토아 철학자들은 여기에 심리적 측면을 덧붙였다. 이성에 합치하도록 고결하게 살면 내적 평온을 얻는다고 주장한 것이다. 스토아 철학 연구가인 윌리엄 어빈은 내적 평온이란 "슬픔과 분노, 불안 같은 부정적인 감정이 없고 기쁨 같은 긍정적인 감정이 존재하는 마음 상태"라고 썼다.[5]

바로 여기에 스토아 철학과 현대 '낙관주의 숭배'의 본질적인 차이가 있다. '긍정' 주창자들이 쓰는 행복이라는 단어는 대개 들뜨기 쉬운 쾌활함을 의미하지만, 스토아 철학자들이 주장한 이상적인 마음 상태는 '평온'이다. 평온은 기를 쓰고 즐거움을 추구하는 게 아니라 자신이 처한 환경을 담담하고 무심하게 받아들일 때 생긴다. 스토아 철학자들은 부정적인 감정 및 경험을 지향하는 것, 즉 회피하지 않고 면밀히 검토하는 것이 평온을 성취하는 한 가지 방법이라고 주장했다.

만약 부정적인 것에 초점을 맞추는 것이 비정상적으로 보인다면 스토아 철학자들이 처했던 삶의 여건을 고려해 보는 것도 좋다. 에픽테토스는 오늘날 튀르키예에 해당하는 곳에서 노예 신분으로 태어났다. 훗날 그는 그 신분에서 벗어났지만 주인의 잔인한 학대로 불구가 된 채 생을 마감했다. 반대로 세네카는 귀족의 아들로 태어나 로마 황제의 개인 교사로서 걸출한 삶을 살았다. 그러나 그 황제(불행히도 미친 황제 네로였다)는 별다른 증거가 없었음에도 세네카가 반란을 꾀했다고 의심해 자살할 것을 명령했다. 하긴 그 무렵 네로는 자기 어머니와 이복동생을 살해하고 어둠이 내리면 정원을 밝히기 위해 기독교도들을 화형에 처했다고 알려졌을 정도니 딱히 세네카에게만 유별나게 굴었던 것은 아니다.

세네카는 정맥을 끊어 네로의 명령을 따르려고 했지만 피를 뽑아도 숨이 끊어지지 않았다. 그러자 그는 독을 먹게 해달라고 요청했는데 이것 역시 그의 목숨을 앗아가지 못했다. 결국 숨이 막힐 정도로 자욱한 증기 속에서 목욕을 하고 나서야 숨을 거두었다고 한다.

에픽테토스가 처한 상황, 그리고 귀족으로 태어나도 운이 다하면 세네카 같은 운명을 맞이할 수밖에 없는 환경에서 나온 철학이 긍정적 사고 쪽으로 기울어지지 않은 것은 그리 놀랄 일이 아니다. 상황이 좋게 풀리지 않을 거라는 증거가 그렇게 많은데 매사가 좋게 풀릴 거라고 억지를 부려봐야 무슨 이점이 있겠는가.

그런데 기이하게도 부정성을 통해 행복에 다가가고자 하는 스토아 철학자들의 접근법은 노먼 빈센트 필이 지지할 만한 종류의 통찰에서 나온다. 바로 우리가 유쾌한가 침울한가는 우리의 판단에 달려 있다는 생각이다. 스토아 철학자들은 우리 중 다수가 특정한 사람이나 상황, 사건이 우리를 슬프고 불안하고 분노하게 만든다는 착각 속에서 살아간다고 지적한다. 쉴 새 없이 지껄이는 옆자리 동료 때문에 짜증이 날 경우, 우리는 자연스럽게 그 동료가 짜증의 원인이라고 단정한다. 소중한 친척이 병에 걸렸다는 소식을 들었을 때는 당연하다는 듯 그 병이 괴로움의 원인이라고 생각한다.

하지만 스토아 철학자들은 그때 우리의 경험을 자세히 살펴보면 그 외적인 사건이 그 자체로 '부정적'인 건 아니라는 결론에 도달한다고 말한다. 사실 그 무엇이든 우리 마음 바깥에 존재하는 것을 두고 부정적이니 긍정적이니 묘사하는 것은 타당하지 않다. 실제로 고통을 야기하는 것은 그것에 관해 우리가 품고 있는 생각이다. 옆자리 동료가 본래 짜증스러운 사람이어서가 아니라, 방해받지 않고 일해야 한다는 우리의 판단 때문에 그가 짜증스럽게 여겨진다는 얘기다. 친척이 병에 걸린 것도 '아프지 않은 것이 좋은 일'이라는 우리의 관점에 비춰볼 때만 나쁜 일이다(따지고 보면 매일 수백만 명이 병에 걸리지만 우리는 그 사실에 대해 별다른 생각을 하지 않고 괴로움을 느끼지도 않는다).

스토아 철학자인 마르쿠스 아우렐리우스 황제는 이에 관해 "만사가 영혼을 건드리는 것은 아니다"라고 표현했고, "마음의 동요는 우리

내면의 의견을 통해서만 생긴다"고 덧붙였다.⁶ 우리는 마음의 괴로움을 한 단계로 이루어진 과정으로 본다. 즉 외부 세계의 무언가가 내면 세계의 괴로움을 초래한다고 보는 것이다. 그 과정은 사실 두 단계로 이뤄진다. 외부의 사건과 내면의 감정 사이에 판단이 존재한다.

친척의 병이 나쁜 것이라고 판단하지 않는다면 우리는 과연 그 병 때문에 괴로워할까? 당연히 그렇지 않다. 셰익스피어는 햄릿의 입을 통해 "좋은 것도 나쁜 것도 존재하지 않는다. 생각이 그렇게 만들 뿐"이라는 지극히 스토아 철학자 같은 말을 남겼다.

그렇다고 스토아 철학이 부정적인 감정은 사실상 존재하지 않거나 중요하지 않다고 암시하는 것은 아니다. 순전한 의지의 힘만으로 그것을 쉽게 떨쳐버릴 수 있다고 말하지도 않는다. 스토아 철학자들은 그렇게 주장하지 않는다. 다만 괴로움이 일어나는 기제를 구체적으로 밝히고 있을 뿐이다.⁷ 들은 정말로 모든 괴로움이 그렇다고 생각한다. 이러한 관점에서는 집이나 직장, 사랑하는 사람을 잃는 일조차 그 자체로 부정적인 사건은 아니다. 그 자체로는 그저 하나의 사건에 불과하며 단지 우리가 거기에 반응할 뿐이다.

만약 그 사건이 정말로 나쁜 것이라면? 집이 없고 수입이 없으면 굶거나 체온 저하로 죽을 수도 있다. 그것은 확실히 나쁜 일이 아닌가. 여기에도 가차 없이 동일한 논리를 적용한다. 애초에 굶어 죽거나 체온 저하로 죽을 가능성은 왜 괴로운 일인가? 우리가 죽음을 불리한 점 혹은 불이익이라고 믿기 때문이다. 스토아 철학 연구가인 A. A. 롱은 감정의 작동 방식에 관한 이 관점은 현대의 인지 행동 치료에서도 밑바탕이 되는 통찰이라고 지적한다. 그는 내게 이렇게 말했다.

"그 모든 것이 거기(스토아 철학자들의 저작들)에 다 들어 있습니다. 특히 판단이 우리 힘의 범위 안에 있다는 생각, 우리의 감정은 판단이 결정한다는 생각, 언제든 한 걸음 물러나 '나를 괴롭히는 것이 다른 사람들인가, 아니면 다른 사람들에 대한 내 판단인가?' 하고 자문해 볼 수 있다는 생각이 그렇죠."

롱은 자신도 그런 사고방식을 적용해 일상에서 부딪히는 괴로움에 대처한다고 설명했다. 이를테면 운전 중에 다른 운전자와 다툼이 벌어졌을 때, 상대방이 정말로 '나쁘게' 행동하는 것인지 아니면 그들이 그렇게 행동하면 안 된다는 자신의 믿음 때문에 화가 난 것인지 생각해 본다고 한다.

이 구별은 아주 중요하다. 우리가 살펴본 대로 '괴로움을 초래하는 것은 궁극적으로 우리의 판단'이라는 생각은 스토아 철학자와 긍정적 사고 옹호자가 공유하는 관점이다. 물론 이 지점을 넘어서면 두 전통은 완전히 갈라진다. 특히 그 차이는 미래에 관한 믿음에서 극명하게 드러난다. 낙관주의 전도사는 미래에 관해 가급적 긍정적 기대를 많이 해야 한다고 주장한다. 언뜻 볼 때 이것은 좋은 생각이 아니다.

우선 가브리엘레 외팅엔의 실험이 보여주듯 자신이 바라는 결과에 초점을 맞추면 그 결과를 성취하기 위한 노력을 방해할 수 있다. 스토아 철학자라면 보다 일반적인 관점에서 볼 때 더 만족스런 행복을 느끼는 데 그것은 그리 좋은 방법이 아니라고 지적할 것이다. 미래에 대해 한결같이 낙관적인 태도를 유지할 경우 실제로 일이 잘못됐을 때 더 큰 충격을 받을 뿐이다. 긍정적으로 사고하는 사람은 미래에 대해 긍정적인 믿음만 유지하려 애를 쓴다. 그러다 보니 도저히 좋은 일로 인정하기 어려운 일이 벌어지면(그런 일은 으레 발생하게 마련이다) 그에 대처할 준비가 덜 되어 괴로움이 더 뼈아프게 느껴진다.

매사를 긍정적인 시각으로 보려는 태도를 유지하기 위해서는 지속적으로 많은 노력을 기울여야 하는 재충전이 필요하다. 그런데 예상치 못한 충격에 부딪혀 그 노력이 흔들리거나 불충분했음이 드러나면 더 깊은 침울 속으로 빠져들고 만다.

스토아 철학자들은 그러한 상황에 자신의 엄중한 합리성을 적용해 일이 잘못될 가능성에 대처하는 명쾌하고 지속 가능하며 차분한 방법을 제안한다. 예상하는 최악의 상황을 모조리 회피하려 애쓰기보다 그 상황을 직시하면서 적극적으로 깊이 생각해 보라는 것이다. 이는 행복에 이르는 부정적 경로에 서 있는 중요한 이정표 앞으로 우리를 데려다준다. 윌리엄 어빈은 이 심리적 전략을 "스토아 철학자들의 연장통에서 하나만 골라야 할 때 가장 가치 있는 도구"라고 강변하면서 그것을 "부정적 시각화"라고 표현한다.[7] 스토아 철학자들은 이것을 더 신랄하게 '나쁜 일 미리 생각해 보기'라고 불렀다.

상황이 나쁘게 틀어질 가능성을 곰곰이 생각해 볼 때 제일 먼저 얻을 수 있는 혜택은 간단명료하다. 심리학자들은 오래전부터 '쾌락 적응'이 행복의 커다란 걸림돌 중 하나라는 데 의견을 모아 왔다. 쾌락 적응이란 전자 기기처럼 사소한 것이든 결혼 같은 중대사든, 일단 새로운 쾌락의 원천을 얻으면 얼마 지나지 않아 그것에 시들해진다는 것으로,

충분히 예상할 수 있으면서도 여전히 속상하게 하는 현상이다. 새로운 행복의 원천을 얻어도 거기에 익숙해지면 더 이상 큰 기쁨을 느끼지 못한다는 말이다. 그렇다면 현재 우리가 누리는 것 중 무엇이든 잃을 수 있음을(사실상 우리는 죽음에 이르는 순간 모든 것을 잃는다) 주기적으로 떠올릴 경우 쾌락 적응 효과를 뒤집을 수 있다는 결론이 나온다.

우리가 소중하게 여기는 뭔가를 잃을 수 있음을 떠올리면 시들해져 삶의 배경으로 물러났던 것이 다시 무대의 중앙에 자리 잡고 기쁨을 안겨 준다. 에픽테토스는 이렇게 썼다.

"무언가에 애착이 생기면 그것이 절대 사라지지 않을 것처럼 행동하지 말고, 병이나 크리스털 잔처럼 대하라. …… 자식, 형제, 친구에게 입을 맞출 때는…… 반드시 죽을 존재를, 즉 당신의 소유가 아닌 존재를 사랑하고 있음을 되새겨라. 그는 지금은 당신 앞에 있지만 결코 헤어지지 않을 존재도 영원한 존재도 아니며 특정 계절에만 볼 수 있는 무화과나 포도 같은 존재다."

이 말은 아이에게 잘 자라고 뽀뽀해 줄 때는 그 아이가 내일 죽을 수도 있다는 가능성을 염두에 두라는 것이다. 부모라면 누구나 이 거북스러운 충고에 몸서리를 치겠지만 에픽테토스는 단호하다. 실제로 그렇게 하면 자녀를 더욱 사랑하는 동시에 그 끔찍한 사건이 실제로 일어났을 경우 충격이 그만큼 줄어든다고 말이다.

나쁜 일들을 미리 생각해 보는 일의 두 번째 혜택은 불안에 대한 해독제가 된다는 점이다. 이것은 더 미묘하지만 확실히 더욱 강력한 혜택이다. 우리가 미래에 대한 두려움을 없애기 위해 평소에 얼마나 노력하는지 생각해 보라. 우리는 모든 일이 잘될 거라고 자신을 설득할 수 있기를 기대하며 안심하게 해줄 대상을 찾는다. 그러나 안심을 주는 무언가는 양날의 칼이다. 단기적으로는 좋을 수 있지만 모든 유형의 낙관주의가 그렇듯 그것을 유지하려면 지속적인 관리가 필요하다.

불안감에 사로잡힌 친구를 안심시키고 나면 그 친구는 며칠 지나지 않아 더 큰 안심의 근거를 찾으려 한다. 더 나쁜 점은 안심이 실제로는 불안을 악화할 수 있다는 점이다. 친구가 두려워하는 최악의 상황이 벌어지지 않을 거라고 안심하게 할 경우, 자신도 모르게 그런 일이 일어나는 것은 정말로 큰 재앙이라는 친구의 믿음을 강화하고 만다. 친구가 안고 있는 불안의 올가미를 풀어 주는 게 아니라 오히려 더 조이는 셈이다.

스토아 철학자들이 지적했듯 상황이 최선의 방향으로 나아가지 않는 경우는 수시로 발생한다. 그러나 설령 일이 잘못되더라도 대개는 우리가 두려워하는 것만큼 지독한 상황은 아니다. 직장을 잃는다고 반드시 굶어 죽지는 않는다. 남자친구나 여자친구와 헤어졌다고 해서 평생 비참하게 살아갈 운명이 닥치는 것도 아니다. 그러한 두려움은 미래에 대한 비논리적인 판단에서 기인하며 대부분 그 일을 충분히 숙고하지 않기 때문에 발생한다. 회사에서 구조조정을 한다는 소문을 들으면 대뜸 극단적인 상황을 떠올리고, 애인이 냉정하게 굴면 평생을 외롭게 보내는 상상으로 비약한다.

나쁜 일 미리 생각해 보기는 그런 비논리적인 생각을 보다 합리적인 판단으로 대체하는 방법이다. 실제로 상황이 잘못될 경우 정확히 어떻게 잘못될지 생생하게 상상하면, 대개는 자신의 두려움이 과장돼 있음을 깨닫는다. 직장을 잃으면 새 직장을 구하는 구체적인 단계들을 밟으면 그만이다. 연인과 헤어지면 혼자 누리는 인생의 행복을 발견할 수 있다. 예상하는 최악의 시나리오를 직시하면 불안을 야기하는 생각의 상당 부분이 힘을 잃는다. 긍정적 사고를 통해 얻은 행복은 순식간에 지나가고 깨지기도 쉽지만 부정적 시각화는 훨씬 더 견고한 평온함을 가져다준다.

세네카는 이러한 사고방식에서 논리적 결론을 끌어낸다. 최악을 머릿속에 그려보는 일이 평온함의 원천이라면 의도적으로 최악의 맛을 경험해 보는 건 어떨까? 어느 편지에서 그는 내가 런던 지하철에서 창피함을 자초한 모험과 유사한 한 가지 연습을 제안했다. 그는 당신이 가장 두려워하는 것이 물질적 부를 잃는 것이라면 그런 일이 절대 일어나지 않을 거라고 자신을 안심시키려(이는 실패 가능성을 인정하지 않으려는 로버트 슐러 박사의 방식이다) 하지 말라고 충고한다. 오히려 이미 다 잃은 것처럼 행동해 보라고 권한다.

"며칠 시간을 내 아주 적은 양의 거친 음식과 허름한 옷으로 지내면서 '이것이 내가 그토록 두려워한 상태인가?'라고 자문해 보라."[8]

별로 재미있는 일은 아닐지도 모른다. 그러나 그 연습은 그것이 말할 수 없이 끔찍할 거라는 불안이 터무니없음을, 또 불쾌하긴 하지만 그 상태가 그리 큰 재앙은 아님을 깨닫게 한다. 다시 말해 최악의 시나리오가 충분히 대처할 만한 상황임을 알 수 있다.

이 모든 이야기를 이성적으로 충분히 이해한 나는 실제로 그 원칙에 따라 사는 사람이 있는지 알고 싶었다. 그러다가 세계 곳곳에 흩어져 살아가는 자칭 스토아 철학자들의 커뮤니티에 대한 소문을 들었다. 알아보니 '세계 스토아 포럼'이라는 인터넷 게시판에서 800여 명의 회원이 활동하고 있었다. 나는 그들을 통해 난폭한 범죄 조직원들을 상대할 때 평온을 유지하기 위해 스토아 철학의 원리를 적용한다는 시카고의 한 경찰관 이야기를 들었다. 또 다른 웹사이트는 플로리다의 어느 교사가 1998년에 키프로스에서 열린 '세계 스토아 학회'의 창립총회에 다녀온 일을 전하고 있었다.

그러는 내내 한 사람의 이름이 반복적으로 등장했다. 그 사람은 '세계 스토아 포럼' 사이트 운영자이자 그 시카고 경찰관의 지도 교사이며, 스토아 철학에 따라 살아갈 때 얻는 혜택을 이야기하는 수많은 게시물의 작성자였다. 현대의 스토아 철학자를 추적하던 나는 세네카가 말년에 그랬듯 그 사람도 사회와의 접촉을 꺼릴 거라고 생각했다. 예컨대 지중해 연안의 어느 화산 기슭에 지은 투박하고 간소한 집에서 지내며 낮에는 철학적 사색을 하고 저녁에는 레치나 포도주를 마시며 살아갈 거라고 상상했다. 그런데 내가 찾아낸 사람은 그런 생활과 거리가 멀었다. 이름이 키스라는 이 사람은 런던 중심부에서 열차를 타고 북서쪽으로 조금만 더 가면 나오는 왓퍼드에 살고 있었다.

스토아 철학자로
살아보기

왓퍼드에 살긴 했지만 키스 세던 박사에게는 다른 세상의 존재처럼 보이는 몇 가지 특징이 있었다. 그것은 그의 집만 봐도 단박에 느껴졌다. 높은 산울타리로 이웃과 차단된 그 집에서 나는 한참만에야 아주 작은 문 하나를 찾아냈다. 만약 톨킨이 《반지의 제왕》의 배경을 런던 교외로 정했다면 마법사의 오두막으로 구상했을 법한 집이었다. 내가 그를 방문한 때는 이른 오후였고 마침 세찬 비가 대지를 때리고 있었다.

커다란 창문으로 들여다보니 앞쪽 방에는 사람이 있었던 흔적이 없었고 넘어질 듯 불안하게 쌓인 책더미와 꽤 많은 파나마모자가 어지럽게 뒤섞여 있었다. 몇 번이나 초인종을 누른 뒤에야 내 앞에 나타난 세던은 딱 마법사 역할에 어울리는 모습이었다. 긴 회색 수염에 반짝이는 두 눈과 가죽조끼, 그리고 이 모든 것을 마무리하는 파나마모자가 무척 인상적이었다.

    그는 연달아 세 번이나 "들어와요"라고 말한 다음, 복도를 지나 가스난로와 소파 하나, 등받이가 높은 안락의자 두 개가 있는 작은 곁방으로 나를 안내했다. 안락의자 하나에는 그의 아내 조슬린이 앉아 있었다. 나머지 공간은 대부분 부족한 책장에 억지로 밀어 넣은 책이 차지하고 있었다. 읽은 독자가 얼마 안 될 것 같은 《이집트 제의의 서(The Book of Egyptian Ritual)》, 《요정 언어 입문(An Introduction to Elvish)》, 《세계의 만년필(Fountain Pens of the World)》 같은 책 사이에 철학 고전들이 끼어 있었다. 내게 소파를 권한 세던은 다이어트 콜라를 가지러 갔다.

    운명이 그 부부에게 호락호락하지 않았다는 것은 금세 알 수 있었다. 조슬린은 일찌감치 발병한 류머티즘 관절염으로 매우 쇠약한 상태였다. 겨우 50대 초반인데도 유리잔을 들어 입으로 가져가는 일조차 몹시 힘겨워했다. 그 동작을 위해 두 손을 모두 사용해야 했던 그녀는 심한 통증까지 느끼는 듯했다. 하루 종일 조슬린을 간호하는 키스도 근육통성 뇌척수염, 즉 만성 피로 증후군을 앓고 있었다. 둘 다 박사 학위 소지자로 본래 학계에서 활동하려 했지만 조슬린의 발병으로 뜻을 이루지 못했다. 미국의 여러 사립대학 학생들에게 인터넷으로 스토아 철학을 가르치는 키스의 일도 점점 줄어들고 있어서 경제 사정이 심히 곤궁했다.

    그런데 지나치게 따뜻한 그 방의 분위기는 침울함과는 거리가 멀었다. 조슬린은 남편과 달리 자신을 스토아 철학자라고 표현하지는 않았지만 사고방식은 남편과 다르지 않았다. 그녀는 자신의 병이 알고 보니 '어두운 선물'이었다고 말했다. 일단 다른 사람들이 병을 '이겨내라'거나 '긍정적으로 생각하라'고 말하는 걸 가볍게 무시할 줄 알게 되자, 자신이 다른 사람에게 의지하고 있다는 것이 일종의 축복임을 이해하게 되었다고 말하기도 했다. 조슬린은 차분해 보이는 반면 키스는 쾌활했다. 그는 "스토아 철학자로 산다는 것은 사실 대단히 불편한 위치에 자리를 잡는 겁니다"라고 명랑한 말투로 단언했다.

"어느 시대에나 사람들은 행복에 대해 커다란 착각을 하며 살아갑니다. 그런 상황에서 스토아 철학자들이 그 언저리에서 아니, 그 언저리에서도 한참 먼 곳에서 지평선 너머로 소리치는 거죠. '당신들은 모두 틀렸어! 모조리 틀렸다고!'라고요."

키스는 스무 살 무렵 런던 외곽에 있던 자기 집 근처의 공원을 산책하다가 기이한 경험을 한 것이 스토아 철학자가 된 계기라고 했다. 그는 그 경험을 '시점의 이동'이라고 표현했다. 그것은 흔히 '영적 경험'이라 일컫는, 순식간에 머리를 깨우치는 통찰이었다. 그는 회상했다.

"그건 상당히 짧았지요. 겨우 1분 아니면 2분일까? 그런데 그 1, 2분 때문에 나는 갑자기……"

그는 적합한 단어를 찾는지 잠시 말을 멈췄다가 다시 입을 열었다.

"나는 시간과 공간 안에서 모든 것이 서로 어떻게 연결돼 있는지 통째로 인식했어요. 마치 지구 밖으로 여행을 떠나 우주를 하나의 전체로 인지하고, 모든 것이 정해진 방식대로 완결되고 완전한 무엇처럼 연결돼 있음을 보는 것 같았죠."

나는 다이어트 콜라를 조금 홀짝이고는 잠자코 기다렸다.

"마치 프라모델 같았지요."

그는 화가 나서 내뱉듯 이 말을 하고는 고개를 절레절레 흔들었는데, 나는 그 동작을 사실 프라모델과는 전혀 다르다는 의미로 받아들였다.

"내가 받은 느낌은 모종의 손길이 그 모든 걸 어떤 의도에 따라 행했다는 것입니다. 이해하시겠습니까? 신이 우주 밖에서 줄을 조종하는 게 아니라요. 마치 만물 자체가 신인 것 같았어요."

그는 다시 말을 멈췄다가 이어갔다.

"우스운 건 당시에 나는 그걸 딱히 중요한 일로 여기지 않았다는 겁니다."

스무 살의 세던은 잠시 우주적 의식이라는 신비로운 영역에 들어갔다가 그것을 잊고 학위 공부를 계속했다. 그런데 시간이 흐른 후 그 2분의 기억이 다시 그의 내면으로 파고들기 시작했다. 그는 도교에서 실마리를 찾고자 《도덕경》을 읽었고 불교도 탐구했다. 결국 그의 마음을 사로잡은 건 스토아 철학이었다.

"그게 훨씬 더 견고하고 현실적으로 보였지요. '여기엔 내가 반박할 거리가 하나도 없구나' 하는 생각이 들더군요."

알고 보니 그가 공원에서 경험한 비전은 스토아 철학자들 특유의 종교적 믿음을 고스란히 반영하고 있었다. 그들 역시 우주가 신이라고 여겼고 어떤 거대한 계획이 존재하며, 모든 일에는 이유가 있다고 보았다. '이성에 따라 행동한다'는 스토아 철학의 목표는 그 우주적 계획에 부합하게 행동한다는 것을 의미했다.

　마르쿠스 아우렐리우스는 "언제나 우주를 하나의 실체와 하나의 영혼을 지닌 살아 있는 존재로 보라"고 했고 "일어난 일은 모두 일어나게 되어 있기 때문에 일어난 것"이라고 말했다.[9] 이것은 세속적인 현대인이 스토아 철학에서 가장 납득하기 어려워하는 부분이다. 우주를 '신'이라고 부르는 것은 어느 정도 받아들일 만하다. 단지 언어 표현의 문제일 뿐이라고 할 수도 있으니 말이다. 반면 모든 것이 어떤 하나의 계획에 따라 어딘가로 향한다는 것은 그렇지 않다. 실제로 키스는 '세계 스토아 포럼'에서 스토아주의자들 중 무신론자와 유신론자 사이에 늘 벌어지는 까다로운 다툼을 진화해야 한다며 한숨을 쉬었다. 그래도 훌륭한 스토아 철학자답게 그런 일로 마음이 크게 동요하도록 방치하지는 않는단다.

　일상에서 훨씬 더 중요한 의미를 지니는 스토아 철학의 이면을 이해하기 위해 반드시 그 '거대한 계획'의 개념을 받아들여야 하는 것은 아니다. 우리보다 거대한 어떤 행위 주체가 만사를 통제한다거나 우리 각자에게는 개별적으로 우주를 통제할 힘이 없다는 개념 말이다.

　키스와 조슬린은 힘겨운 과정을 거쳐 직접 그 사실을 체득했다. 물론 그들도 조슬린이 관절염을 앓지 않고 키스가 만성 피로에 시달리지 않으며 물질적 풍요 속에서 살아가는 쪽을 더 원했을 것이다. 그들이 청하지도 않았는데 상황은 그들에게 스토아 철학의 핵심적 통찰인 통제를 가르쳐 주고 자기 한계를 이해하는 지혜를 전수해 주었다.

　세네카가 종종 지적했듯 우리는 우리의 통제력이 실제보다 훨씬 큰 것처럼 행동한다. 사실은 건강이나 재정, 평판 같은 개인적인 일들조차 궁극적으로는 우리의 통제를 벗어나 있다. 우리는 그런 일에 영향을 미치려고 애쓰기도 하지만 뜻대로 풀리지 않는 경우가 많다. 물론 다른 사람의 행동을 통제하는 것은 더욱더 어렵다. 행복에 관한 대부분의 전통적인 관념(매사를 자신이 원하는 대로 만드는 것이 행복이라고 보는)에서 이 점은 특히 큰 문제를 일으킨다.

비교적 좋은 시절에는 우리가 통제할 수 있는 게 거의 없다는 사실을 쉽게 잊는다. 가령 직장에서 승진하거나 새로운 인간관계를 맺거나 노벨상을 수상하는 것은 순전히 자신의 총명함과 노력 덕분이라고 확신한다. 하지만 불운한 시절이 찾아오면 사태의 진실이 확연히 드러난다. 일자리는 사라지고 계획은 어그러지고 사람들은 죽는다. 이러한 일은 상황을 자기 의지대로 바꾸는 것이 행복을 얻는 전략이라고 여기는 사람에게 끔찍한 소식이다. 우리가 할 수 있는 최선은 힘든 일이 너무 많지는 않기를 기도하는 것과 상황이 힘들 때 생각을 다른 데로 돌리려 노력하는 것뿐이다.

스토아 철학자들의 관점에서 평온은 자신의 통제력이 제한적이라는 현실을 직시해야 얻을 수 있다. 세네카는 어머니에게 보낸 편지에 이렇게 썼다.

"나는 한 번도 운명의 여신을 신뢰한 적이 없습니다. 그녀가 평화로워 보일 때조차 나는 언제라도 그녀가 도로 내놓으라고 요구할 때 나를 방해하지 않고 가져갈 수 있는 곳에 그녀가 하사한 모든 것(돈, 관직, 영향력)을 두었지요."[10]

이 모든 것은 개인의 통제를 벗어나 있다. 그런 것을 행복의 기반으로 삼는 것은 다가올 몹시 불쾌한 충격을 자초하는 일이다. 스토아 철학자들은 우리가 정말로 통제할 수 있는 유일한 것은 처한 상황에 대한 우리의 판단이라고 주장한다. 이것은 그리 나쁜 소식이 아니다. 스토아 철학의 시각에서 우리에게 괴로움을 초래하는 것은 우리의 판단이다. 따라서 판단만 통제하면 괴로움 대신 평온함을 얻을 수 있다.

"누군가가 당신에게 욕을 했다고 칩시다. 정말로 기분 나쁜 모욕을 준 겁니다."

서서히 이야기의 주제에 몰입하던 키스가 안락의자에서 몸을 앞으로 기울이며 말했다.

"정통 스토아 철학자는 그럴 때 약이 오르거나 화가 나거나 속이 상하거나 마음이 복잡해지지 않습니다. 따지고 보면 나쁜 일이 일어나지 않았다는 걸 알기 때문이죠. 화가 난다는 건 상대방이 자신에게 해를 끼쳤다고 판단했다는 의미입니다. 문제는 사람들이 평생 이런 식의 판단을 내리도록 길들여져 있다는 겁니다."

이는 비교적 사소한 예다. 욕설을 듣는다고 반드시 직접적인 해를 입는 건 아니라는 점은 쉽게 이해할 수 있다. 그렇지만 이를테면 친구의 죽음 앞에서도 똑같은 주장을 하기는 대단히 어렵다. 스토아 철학을 철저히 받아들이는 데 '거대한 계획'의 개념이 근본적으로 중요한 이유가 여기에 있다. 죽음 앞에서 마음의 평온을 유지하려면 죽음이 그 거대한 계획의 일부임을 받아들이는 방법밖에 없다. 마르쿠스 아우렐리우스는 "죽음을 멸시하지 말고 마음껏 즐겨라. 그 또한 자연의 과정 중 하나니."[11]라고 말했다.

사실 이것은 무리한 주문이다. 이러한 상황에서 스토아 철학이 무신론자를 위해 해줄 만한 일은 그가 자기 판단을 어느 정도 통제할 수 있음을 인식하도록 돕는 것이다. 그러면 철저한 절망 속으로 휘말려드는 대신 자기 선택에 따라 이성적으로 진지하게 화낼 수 있음을 떠올릴 테니 말이다.

그렇다고 사소하고 일상적인 괴로움에 대한 스토아 철학의 접근 방식이 쓸모없다는 말은 아니다. 키스가 인터넷을 통해 학생들에게 가장 먼저 제안하는 것도 그 일상적인 접근 방식이다. 예를 들어 그는 슈퍼마켓에 다녀오는 동안 스토아 철학적으로 생각해 보라고 말한다. 찾는 물건이 떨어졌는가? 줄이 너무 긴가? 스토아 철학자라고 해서 그런 상황을 꼭 참아내야 하는 것은 아니다. 대신 다른 슈퍼마켓으로 갈 수도 있다. 그러나 스토아 철학의 관점에서 그처럼 동요하는 것은 판단 착오나. 그 상황은 자기가 통제할 수 있는 게 아니므로 현실에 분노하는 것은 비논리적이다. 만약 짜증을 낸다면 그 불편함이 자신에게 실질적인 해를 가했다는 억지스러운 생각을 한 셈인데, 사실 그 일을 개인적으로 받아들일 이유는 전혀 없다.

어쩌면 그것은 '나쁜 일 미리 상상해 보기'를 실천해 볼 기회인지도 모른다. 그 일로 발생할 수 있는 최악의 상황은 무엇일까? 이러한 질문을 하면 거의 언제나 그 상황에 대한 자신의 평가가 과장돼 있음을 알아차린다. 그리고 거품을 걷어내면 괴로움이나 짜증을 털어내고 평온을 찾을 가능성이 커진다. 여기에서는 수용과 체념의 차이를 이해하는 것이 무엇보다 중요하다. 상황에 휘둘려 마음이 흐트러지는 것을 이성의 힘으로 저지하라는 것은 상황을 바꾸려 시도해서는 안 된다는 뜻이 아니다. 예를 들어 폭력적인 상황에 놓인 스토아주의자의 현명한 행동은 그것을 참아내는 게 아니라 거기서 벗어나고자 행동을 취하는 것이다. 이때 스토아 철학은 그가 그런 상황은 있어서는 안 된다고 분통을 터뜨리는 대신, 상황의 현실을 직시하고 무엇이든 자신이 할 수 있는 조치를 취하게 한다. 마르쿠스 아우렐리우스는 다음과 같이 충고한다.

"오이가 쓴가? 그러면 오이를 내려놓아라. 길에 가시덤불이 있는가? 한쪽으로 비켜 지나가라. 그러면 됐지 '세상에 어째서 이런 게 생겼을까?' 하고 따질 필요는 없다."[12]

키스는 억울하게 유죄 판결을 받고 수감된 사람을 생각해 보라고 했다.

"그가 스토아주의자라면 부당한 투옥이 어떤 의미에서는 전혀 문제가 되지 않는다고 말할 겁니다. 중요한 것은 그 상황에 대처하는 방식이죠. 지금 이 시간, 여기에 있는 내가 할 수 있는 것은 무엇일까? 법전을 읽고 항소해 자유를 위해 싸워야 할지도 모릅니다. 그것은 분명 체념이 아닙니다. 그는 자신이 처한 현실을 이성적으로 받아들입니다. 그러면 '이런 일은 일어나지 말았어야 했다'는 판단으로 괴로워할 필요는 없죠. 어차피 그 일은 실제로 벌어지고 있기 때문입니다."

키스와 조슬린에게는 바로 이 점이 절절하게 와 닿았다. 그는 조슬린과 자신을 가리키며 조용히 말했다.

"스토아 철학이 없었다면 우리가 어떻게 이런 생활을 버텨 왔을지 모르겠군요."

해질녘 그 집을 나왔을 때 키스의 합리적인 평온함이 마치 삼투 작용처럼 내게도 조금은 스며든 느낌이었다. 런던으로 돌아와 먹을거리를 사러 슈퍼마켓에 들렀을 때 나는 지친 표정이 역력한 어느 계산원의 긴 줄 끝에 섰고, 줄지어 선 셀프서비스 기계들은 제대로 작동하지 않았다. 잠시 짜증이 났지만 이내 스토아 철학을 떠올렸다. 단지 상황이 그럴 뿐이다. 마음먹고 그냥 거기서 나가면 그만이다. 그런 일로 벌어질 최악의 시나리오는 식사 시간이 몇 분 더 지체되는 것에 불과한데 그것은 우스울 정도로 사소했다. 문제는 슈퍼마켓의 긴 줄이 아니라 내 비합리적인 판단에 있었다. 그 사실을 깨닫자 터무니없을 정도로 나 자신에게 만족감이 느껴졌다.

그건 스토아 철학의 긴 역사 속에서 아주 작은 승리에 지나지 않는다. 예를 들어 세네카처럼 스스로 피를 흘려 자살하라는 강요를 받으면서도 평온을 유지하는 것과는 비교도 안 된다. 나는 처음부터 대단한 것을 바랄 수는 없다며 '스토아 철학적으로' 나를 다독였다.

내가 어쩌지 못하는 일은
받아들이기

스토아 철학자들의 관점에서 보면 우리의 판단은 우리가 통제할 수 있는 유일한 것이자, 행복을 위해 반드시 통제해야 할 한 가지다. 평온함은 합리적인 판단으로 비합리적인 판단을 대체하는 데서 나온다. 대개의 경우 그런 평온함을 성취하는 가장 좋은 방법은 최악의 시나리오를 깊이 생각해 보는 '나쁜 일 미리 상상해 보기'다. 심지어 세네카가 제안한 것처럼 나쁜 상황들을 일부러 경험해 봄으로써 그것이 우리가 비합리적으로 두려워하는 것만큼 나쁘지 않다는 것을 깨달을 수도 있다.

수세기 후 이 방법은 심리치료사 앨버트 엘리스에게 큰 영감을 주었는데, 그는 스토아 철학을 현대 심리학의 중심으로 되살리려 누구보다 열심히 노력했다. 그가 세상을 떠나기 얼마 전인 2006년, 나는 겸손 따위는 가볍게 무시하는 특유의 태도로 '앨버트 엘리스 연구소'라고 이름 붙인 비좁은 아파트로 그를 만나러 갔다. 당시 아흔세 살이던 그는 인터뷰를 하는 동안에도 침대에서 나오지 않았고 심한 청각 장애 때문에 커다란 헤드폰을 쓴 채 나에게 마이크에 대고 말하라고 요구했다. 대화를 시작하고 나서 얼마 지나지 않아 그는 나를 향해 손가락을 흔들어 대며 말했다.

"2,500년 전에 붓다가 말했듯 우린 전부 정신줄을 놓고 쌩지랄을 하고 있어! 그냥 그게 우리가 생겨먹은 꼬라지라고."

솔직히 말해 그가 대화 초반부터 그런 식으로 말하지 않았다면 나는 좀 섭섭했을지도 모른다. 그는 그만큼 입이 험하기로 유명한 사람이었다. 하지만 나는 그가 재미있기만 한 게 아니라 아주 중요한 인물임을 알고 있었다. 그로부터 몇 십 년 전 미국의 심리학자들은 엘리스를 인간 중심 심리학의 창시자 칼 로저스에 이어 (그리고 놀랍게도 지그문트 프로이트를 제치고) 20세기에 두 번째로 영향력이 큰 심리치료 전문가로 꼽았다.[13] 전통적인 심리학계는 대부분 '말똥'에 불과하다고 한 엘리스의 견해를 감안하면 그것은 매우 관대한 결정이었다.

엘리스는 1950년대에 처음으로 스토아 철학을 가미한 심리학을 알리기 시작했다. 당시 그 심리학은 긍정적 사고에 초점을 맞추는 자기계발 분야와 심리학계를 장악하고 있던 프로이트주의 양쪽 모두와 충돌하며 상당한 논란을 불러일으켰다. 엘리스는 심리학회에서 수차례 야유를 받기도 했다. 하지만 그는 50권 이상의 저서에 이름을 남기며 지적 승리의 만족감을 한껏 발산했다. 그의 베스트셀러는 《어떤 일에 대해서도 비참해지지 않도록 완강하게 버티는 방법(How to Stubbornly

Refuse to Make Yourself Miserable About Anything, Yes, Anything!》이다.

그를 만나기 며칠 전 나는 엘리스가 진행하는 그 유명한 '금요 워크숍'을 지켜보았다. 그때 그는 치료사 실습생과 관심 있는 대중으로 구성된 관객 앞에서 자진해서 나온 참가자들을 무대 위로 불러 조롱했다. 물론 그들에게 도움을 주기 위한 일이었다. 내가 본 첫 참가자는 불안감에 휩싸인 여성이었다. 그녀는 직장을 그만두고 멀리 떨어져 살고 있는 남자친구에게로 가야 할지 말아야 할지 망설이고 있었다. 그녀는 자기 직업을 별로 좋아하지 않았고, 남자친구와 결혼하고 싶은 마음이 있었지만 그가 자신에게 맞는 상대가 아니면 어쩌나 하는 불안감을 떨쳐버리지 못했다.

"그러니까 그자가 혹시 머저리 같은 놈인 게 밝혀지면 당신은 이혼하겠군!"

엘리스가 고함을 쳤다. 청력이 약해서이기도 하겠지만 나는 그가 고함치는 걸 좋아하기 때문이라고 생각했다.

"그건 상당히 불쾌한 일이겠지! 슬플지도 모르고! 하지만 그게 그렇게 꼭 고약하기만 한 건 아니야. 철저하게 끔찍해질 일은 아니라고."

단지 좀 나쁜 결과와 철저하게 끔찍한 결과를 구별하는 게 번지르르한 말장난으로 들릴지도 모른다. 아니면 별것 아닌 단어로 까탈을 부리는 것처럼 보일 수도 있다. 하지만 그렇지 않다. 그 구별은 부정적 사고가 지닌 가치에 관한 엘리스의 관점에서 핵심을 차지한다. 그 이유를 이해하려면 20세기 초 그가 피츠버그에서 보낸 어린 시절을 돌아봐야 한다.

어려서부터 엘리스는 스토아 철학자처럼 생각할 수밖에 없는 상황에 놓여 있었다. 그가 기억하는 어머니는 자신에게만 몰두했고 감정을 극적으로 과장하는 사람이었다. 외판원이던 아버지는 가족과 함께 지내는 일이 드물었다. 다섯 살 때, 엘리스는 콩팥에 심각한 이상이 생겨 유년기 내내 병원 신세를 졌는데 그동안 부모는 거의 병원에 찾아오지 않았다. 혼자 생각에 몰두하던 그는 존재의 본성에 관한 철학적 사색에 빠져들었고 그러다 세네카의 《스토아 철학자가 보내는 편지(Letters from a Stoic)》를 읽었다. 그는 상황에 대해 어떤 판단을 내리는가가 가장 중요하다고 보는 스토아 철학의 관점이 마음에 들었다. 자신의 불행한 삶이 스토아적 지혜를 발전시킬 유용한 도가니가 될지도 모른다고 생각한 것이다.

1932년, 키 크고 마른 열여덟 살 청년으로 성장한 엘리스는 여자들에게 말을 걸기는커녕 그러한 생각을 하는 것만으로도 옴짝달싹 못할 정도로 여자들과의 대화를 두려워했다. 하지만 그는 그 수줍음의 문제를 해결하고자 스토아적 실험을 시도해 볼 만큼은 철학과 심리학에 대한 식견을 갖추고 있었다. 아멜리아 이어하트가 여성 최초로 대서양을 단독 비행하고 월트 디즈니가 최초로 테크니컬러 만화영화를 발표한 그해 여름, 엘리스는 집 근처에 있는 브롱크스 식물원에 가서 그 계획을 실행에 옮겼다.

일단 그는 절대로 깰 수 없는 한 가지 규칙을 정해 한 달 동안 매일 그 규칙을 지키기로 결심했다. 그것은 식물원 안의 한 벤치에 자리를 잡고 앉아 있다가 근처에 여자가 앉으면 순수한 대화를 시작해 보는 것이었다. 그게 다였다. 당시 그는 130명의 여자와 대화를 시도했다.

"그중 서른 명은 일어나서 가버리더군. 그래도 내겐 100명의 표본이 남았고 그 정도로도 연구 목적에는 충분했지. 나는 평생 처음으로 여자 100명과 말을 주고받았다네."[14]

엘리스가 벤치에서 나눈 대화 중 다시 만날 약속을 할 정도로 이야기가 진전된 경우는 딱 한 번뿐이었다.

"그런데 여자가 나오지 않았어."

잘 모르는 관찰자의 눈에는 그 실험이 실패로 보일지도 모른다. 엘리스라면 그런 평가를 '말똥'이라고 일축했을 것이다. 그에게 그 실험은 의기양양한 승리였다.

엘리스는 여자와의 대화에 관한 자신의 암묵적인 믿음이 절대론적이었음을 깨달았고, 그 통찰을 모든 걱정이나 불안의 배후에 놓인 믿음으로 확대했다. 다시 말해 그는 단순히 수줍음을 떨쳐내고 여자에게 말을 걸게 되기만 원한 것이 아니었다. 그보다는 그가 여자에게 인정받아야 한다는 절대론적 확신 아래 움직였다고 해야 할 것이다. 우리는 원하는 것, 가졌으면 하고 바라는 것을 반드시 가져야 한다고 믿는다. 또 특정 상황에서 우리가 반드시 일을 잘해야 한다거나 다른 사람들이 반드시 우리를 잘 대해줘야 한다고 느낀다. 그렇지 못한 경우는 절대적인 재앙이라는 결론을 내린다. 그러니 우리가 불안감에 휩싸이는 것도 무리는 아니다. 목표 달성에 실패하면 그것을 단순히 나쁜 일이 아니라 전적으로 나쁜 일, 절대적으로 끔찍한 일로 단정해 버리기 때문이다.

브롱크스 식물원에서 여자들을 만나본 엘리스는 자신이 생각하던 최악의 시나리오인 거절이 자기가 두려워한 절대적인 불행과 거리가 꽤 멀다는 것을 깨달았다.

"아무도 단검을 꺼내 내 고환을 자르려 하지는 않더라고. 토하면서 달아난 사람도 경찰을 부른 사람도 없었어."[15]

스토아 철학의 관점에서 그의 대화가 두근거리는 데이트로 이어지지 않은 것은 사실상 좋은 일이었다. 만약 그가 그런 결과를 얻었다면 그 일이 이루어지지 않은 것은 끔찍한 일이라는 그의 비합리적인 믿음을 알게 모르게 강화했을 테니 말이다. 후에 그가 '창피함 부수기 연습'이라고 칭한 이런 종류의 시도는 실질적이고 즉각적인 방식의 '나쁜 일 미리 상상해 보기'였다.

엘리스는 어떤 일에서든 최악은 "대체로 그게 끔찍한 일일 거라는 사람들의 과장된 믿음"이라고 즐겨 말했다. 그 믿음을 제거하는 방법은 현실을 직시하는 것이고, 실제로 여자에게 거절당하는 일은 단순히 달갑지 않은 정도일 뿐 무시무시하거나 끔찍한 일은 아니었다.

나중에 심리치료 전문가로 일할 때 엘리스는 또 다른 창피함 부수기 연습들을 고안했다. 그중 한 방법이 맨해튼 거리로 나가 낯선 사람에게 "실례합니다. 제가 막 정신병원에서 나와서 그러는데요, 올해가 몇 년도인지 말씀해 주실 수 있나요?"라고 말하는 것이다.

그 연습을 한 사람들은 남들이 자신을 미친 사람으로 여긴다고 해서 죽는 것은 아님을 깨달았다. 또 뉴욕 시 지하철을 타고 가면서 역

이름을 큰 소리로 외치는 방법도 있었다. 그가 그 이야기를 들려주었을 때, 나는 내가 그런 일을 한다면 너무 창피해서 몸이 굳어버릴 것 같다고 했다. 엘리스는 바로 그렇기 때문에 내가 그 연습을 해야 한다고 말했다.

끔찍한 결과와 단순히 달갑지 않은 결과의 차이를 설명하는 일은 엘리스에게 가장 중요한 사명이었다. 그 무엇도 절대적으로 끔찍한 일은 아니라고 주장할 정도였다. 엘리스는 다음과 같이 썼다.

"왜냐하면 당신이 어떤 달갑지 않은 사건을 끔찍하거나 섬뜩하다고 주장할 때, 그 주장이 자신에게 솔직한 거라면 당신은 그 사건이 더 이상 나빠질 수 없을 만큼 나쁘다고 암시하는 셈이기 때문이다."[16]

엘리스의 주장에 따르면 우리는 언제나 더 나쁜 상황을 생각해낼 수 있으므로 100퍼센트 나쁜 일은 있을 수 없다. 심지어 살해당하는 일은 "대단히 나쁜 일이지만 100퍼센트 나쁜 일은 아니다". 자신이 사랑하는 사람들까지 똑같은 운명을 맞이할 수도 있고 "그것은 더욱 나쁜 일이기" 때문이다.

"만약 고문을 당하며 천천히 죽어가고 있다면, 더 천천히 죽음에 이르도록 고문을 당할 수도 있다."

그는 딱 한 가지 사건만은 100퍼센트 나쁘다고 볼 수 있다며 마지못해 인정했다. 그것은 지구에 존재하는 모든 것이 완전히 파괴되는 상황이다. 하지만 그런 일이 "가까운 미래에 일어날 가능성은 매우 작다"는 점을 빼놓지 않고 지적했다.

고문이나 살인까지 이런 관점으로 판단하는 것은 기괴하고 냉혹해 보일 수 있다. 단지 더 나쁜 상황을 찾아내기 위해 정교한 가상 시나리오를 상상해내는 일도 매몰차게 보인다. 그러나 엘리스는 최악의 시나리오에 초점을 맞추는(그리고 몹시 나쁜 일과 전적으로 끔찍한 일을 구별하는) 전략은 그처럼 극도로 불쾌한 시나리오 안에서만 진정으로 제 기능을 할 수 있다고 주장했다. 그래야만 무한한 공포를 유한한 공포로 바꿀 수 있기 때문이다.

엘리스가 '금요 워크숍'에서 만난 사람 중에는 입맞춤을 하다가, 심지어 악수를 하다가 에이즈에 전염될지도 모른다는 극단적인 공포 때문에 연애를 전혀 못 하는 여자가 있었다. 만약 친구 중에 그런 두려움으로 괴로워하는 이가 있으면 우리는 일단 안심하게 하려고 그 일이 실제로 발생할 가능성은 극도로 희박하다는 점을 지적한다. 엘리스 역시 처음에는 그렇게 했다. 그런데 앞에서도 살펴보았듯 안심하게 하는 방법에는 가시가 숨어 있다. 두려움이 현실화할 가능성이 아주 낮다는 확신을 심어주는 것은, 그 일이 일어나는 것은 상상하기 어려울 만큼 나쁜 일이라는 믿음을 해소하는 데 전혀 도움을 주지 않았다.

엘리스는 부정적 시각화로 방법을 바꾸었다. 당신이 정말로 에이즈에 걸렸다고 가정해 보라고 말한 것이다. 그건 몹시 나쁜 일이다. 그렇다면 그것은 절대적으로 끔찍하거나 100퍼센트 무시무시한 일일까? 분명 그렇지 않다. 그보다 더 나쁜 상황도 상상할 수 있기 때문이다. 사람은 언제든 그런 것을 상상해낼 수 있다. 마찬가지로 에이즈에 감염되었어도 여전히 삶에서 행복의 원천을 찾아내는 상황을 상상할 수 있다. 어떤 일이 '몹시 나쁘다'는 판단과 '절대적으로 끔찍하다'는 판단의 차이는 어마어마하게 크다. 우리가 맹목적인 공포로 반응하는 것은 절대적으로 몸서리쳐지는 일뿐이다. 다른 모든 두려움은 한계가 있어 어떻게든 대처할 수 있다.

마침내 이 점을 이해한 그 여자는 끔찍한 참극을 두려워하는 대신, 대단히 달갑지 않지만 일어날 가능성 또한 대단히 작은 최악의 시나리오를 피하기 위한 일반적인 예방 조치를 취했다. 나아가 그녀는 두려워하는 일이 발생할 모든 가능성을 제거하는 것은 자신의 통제력을 벗어난 일임을 내면 깊이 받아들였다.

"우주가 우리의 통제를 벗어나 있음을 인정하면 불안은 훨씬 줄어들 것이오." 엘리스가 내게 한 말이다. 이 스토아적 통찰은 나 자신은 물론 엘리스 본인에게도 도움을 주었다. 그는 생애 마지막 순간에도 내장 질환과 폐렴뿐 아니라 연구소 내 다른 운영자들과의 분쟁으로 괴로운 처지였다. 그들은 엘리스를 이사직에서 해고하고 금요일 저녁마다 하던 워크숍을 취소함으로써 그가 거처를 다른 곳으로 옮길 수밖에 없도록 만들었다. 엘리스는 소송을 제기했고 판사는 그의 손을 들어 주었다. 생을 마감할 즈음 그는 다시 자신의 아파트로 돌아왔다.

그는 자신의 원칙에 어긋나지 않게, 그 사람들과의 충돌로 동요한 적은 한 번도 없다고 말했다. 물론 그것은 상당히 못마땅한 일이긴 했지만 끔찍한 일은 아니었고, 전 우주가 자신의 바람대로 움직여야 한다고 우겨봐야 아무 소용이 없다. 그는 기자에게 다른 이사들은 "다른 모든 사람과 마찬가지로 맛이 간 오류투성이 인간들"이라고 말했다.

그리고
아무 일도 없었다

"챈서리 레인."

나는 큰 소리로 그 말을 내뱉었지만 긴장 때문에 목이 꽉 막혀 그걸 들은 사람이 있기나 한 건지 확신이 서지 않았다. 지하철 안을 훑어보아도 알아차린 기색을 보이는 사람은 한 명도 없었다. 잠시 후 맞은편에 앉아 신문을 보고 있던 한 중년 남자가 약간 흥미를 보이는 듯한 표정으로 고개를 들었다. 나는 한순간 그와 눈이 마주쳤지만 이내 시선을 피해버렸다. 그 밖에는 아무 일도 일어나지 않았다.

지하철이 서고 몇 사람이 내렸다. 갑자기 내가 무의식적으로 무언가 나쁜 일이, 최소한 조롱의 폭발이라도 일어날 거라고 예상하고 있었다는 생각이 떠올랐다. 그런데 그 일이 일어나지 않으니 오히려 혼란스러웠다.

지하철이 홀번 역으로 다가가는 동안 이번에는 좀 더 큰 소리로, 그리고 좀 덜 떨리는 목소리로 "홀번"이라고 말했다. 아까 그 남자가 또 눈을 들었다. 나에게서 두 자리 떨어져 앉은 아기가 입을 쩍 벌리고 나를 빤히 쳐다보았지만, 그 애는 내가 소리를 지르지 않았어도 그렇게 바라봤을지 모른다.

토트넘 코트 로드 역에서 나는 모종의 심리적 한계를 뛰어넘었다. 아드레날린은 잦아들었고 공포는 사라졌으며 앨버트 엘리스의 스토아적 창피함 부수기 실험이 내 뇌에 주입하는 진실에 직면했다. 이 모든 일은 내가 예상한 나쁜 상황 근처에도 가지 않는다는 진실 말이다. 나는 창피함에 대한 내 두려움은 사람들이 나를 나쁘게 보는 것은 끔찍한 일이라는 심히 비논리적인 생각에서 비롯된 것임을 직시했다.

실제로 비웃거나 적대적인 태도를 취하는 사람은 없었다. 아마도 그들이 자기 자신을 생각하는 것만으로도 충분히 바빴기 때문일 것이다. 토트넘 코트 로드에서는 내가 역 이름을 말했을 때 나를 쳐다본 사람이 몇 명 더 있었다. 나는 개의치 않았다. 천하무적이 된 기분이었다. 세 역을 더 지나 마블 아치에 도착하자 나는 스토아적 평온함에 젖어 만면에 미소를 띠고 지하철에서 내렸다. 역시나 내게 특별히 관심을 보이는 사람은 아무도 없었다.

3장

절대 긍정은 절대 안 돼

THE ANTIDOTE

"당신은 이렇기를 원하지.

하지만 실상은 저래."

―〈더 와이어(The Wire)〉에서 말로 스탠필드의 대사

삶의 고통은
집착으로부터 시작된다

1960년대 초 하와이에 살고 있던 미국의 선불교 수행자 로버트 에이트킨은 어느 날 기이하고 섬뜩한 현상을 감지했다. 그는 영적으로 궁핍한 서구 세계에 불교를 도입한 선구자 중 한 사람으로, 호놀룰루에 있는 자신의 집에서 아내 앤과 함께 명상 선원을 열었다. 그곳에는 당시 숫자가 늘고 있던 하와이 히피들이 주로 찾아왔다.

그런데 새로 명상을 배우러 찾아온 사람들에게 뭔가 이상한 점이 있었다. 그들은 선원의 방석에 앉아 정해진 시간 동안 돌처럼 꿈쩍도 하지 않았고 분명 명상을 하는 것처럼 보였다. 그러다가 명상 시간이 끝났음을 알리는 종이 울리면 자리에서 일어서다가 곧바로 바닥에 쓰러졌다.[1] 에이트킨은 몇 주에 걸쳐 상황을 알아본 뒤에야 무슨 일이 벌어지고 있는지 밝혀낼 수 있었다. 그 무렵 호놀룰루의 히피들 사이에서는 LSD라는 약물을 사용하면서 명상을 하면 최고의 환각 효과를 누릴 수 있다는 소문이 떠돌았다.

미국과 유럽에서 불교 명상이 인기를 끌면서 명상이 황홀경에 이르는 지름길이라는 생각도 널리 퍼져 나갔다. 1950년대에 소설가 잭 케루악도 그 소문에 솔깃해 그때까지 위스키와 마법 버섯에만 보이던 열정을 명상에도 쏟았다. 혈액 순환 장애가 있던 그는 몇 분만 책상다리를 하고 앉아 있어도 극도의 고통을 느꼈지만, 새로운 희열의 영역에 들어서겠다는 굳은 결심으로 힘겹게 버텼다. 이따금 효과가 나타나는 것 같기도 했다. 케루악은 친구인 시인 앨런 긴즈버그에게 보내는 편지에서 초기의 경험을 들려주었다.

"두 손을 모아 잡고 마치 헤로인이나 모르핀을 맞은 것처럼 즉석에서 황홀경으로 빠져들지. 내 뇌 속의 분비선들이 좋은 쾌락의 액체(성스러운 액체)를 분비하여…… 내 모든 병을 치료하고…… 모든 걸 지워준다네."[2]

한 케루악 전기 작가에 따르면 사실 그는 무릎이 견딜 수 없이 아픈 경우가 더 많아 잠시만 앉아 있어도 "부리나케 일어나 다리를 문질러 피를 통하게 해야 했다."[3]

오늘날 명상에 관한 상투적인 이미지는 황홀경이 아니라 무아지경과 유사한 평온에 이르는 길이다. 우리는 잡지나 신문의 특집 기사를 볼 때마다 긴장을 풀어주는 마음챙김 명상의 이점에 관한 이야기를 접한다. 그런 기사는 보통 해변에서 타이츠를 입고 책상다리를 한 채 눈을 감고 입술에 희미한 미소를 띤 여성 사진을 함께 싣는다(기사의 주제가 '일상생활에 명상 적용하기'라면 정장을 한 남자나 여자가 똑같은 책상다리 자세와 똑같은 미소를 띤 사진이다).

호주의 명상 지도자로 자칭 '평온의 스승'이자 베스트셀러 저자인 폴 윌슨이 그 상투적 이미지를 강화하는 데 큰 역할을 했다. 명상에 관한 그의 저서로는 《평온의 테크닉(The Calm Technique)》, 《즉석 평온(Instant Calm)》, 《평온에 관한 작은 책(The Little Book of Calm)》, 《평온에 관한 큰 책(The Big Book of Calm)》, 《직장에서의 평온(Calm at Work)》, 《평온한 엄마(Calm Mother)》, 《평온한 아이(Calm Child)》, 《평온에 관한 완전한 책(The Complete Book of Calm)》, 《평온한 인생(Calm for Life)》 등이 있다.

그나마 명상을 평온함에 이르는 길로 보는 견해가 조금은 더 사실에 가깝다. 지속적인 황홀경과 달리 평온함은 실제로 명상에 따르는 부수적인 효과 중 하나이기 때문이다. 이런 식의 연상은 명상을 긍정적 사고의 세련된 한 형태로 보는 현대의 관점을 더욱 강화했지만, 실상은 그 반대다. 실제로 명상은 희열이든 평온함이든 특정 마음 상태를 목표로 삼고 그것을 성취하는 것과는 거의 무관하다. 잘못 이해하는 경우가 많지만 오히려 불교의 핵심 개념은 오늘날 대부분의 사람들이 생각하는 행복에 이르는 조건과 현저하게 대립된다. 엄밀히 말하면 행복에 이르는 '부정적 경로'에 정확히 대응한다. 그것은 바로 집착을 끊는 일이다.

불교의 핵심적 가르침인 사성제의 두 번째 진실에 따르면 모든 고통의 뿌리는 집착이다. 우리에게 어떤 욕망이 있고 또 어떤 것을 좋아하고 싫어한다는 사실은 인간의 거의 모든 행위에 동기를 부여한다. 우리는 단순히 즐거운 일이 있을 때 그것을 즐기고 고통스러울 때 불쾌감을 겪는 게 아니라, 거기에 매달리거나 혐오하는 습관을 기른다. 좋아하는 것은 영원히 움켜쥐려 하고 싫어하는 것은 어떻게든 회피하려 한다는 말이다. 이 모두가 집착이다.

이런 관점에서 고통은 불가피하지만 그 고통 때문에 괴로워하는 것은 우리의 선택과 집착에서 기인한다. 집착이 생기는 이유는 '영원한 것은 없다'는 피할 수 없는 진리를 우리가 부인하기 때문이다. 자신의 멋진 외모가 지속되는 동안 그 상태를 누리는 게 아니라 거기에 강하게 집착하면 그 외모가 무너졌을 때 필연적으로 괴로움을 겪는다. 호화로운 생활방식에 강하게 집착하면 인생은 그것을 유지하려는 불행하고 끔찍한 몸부림이 될 수 있다. 목숨에 심하게 집착하면 죽음은 그만큼 더 무시무시해 보인다. 이것이 스토아 철학이나, 그저 좋아하는 것과 반드시 가져야 한다는 생각에 대한 앨버트 엘리스의 구별과 유사한 것은 우연의 일치가 아니다. 이처럼 여러 전통은 수많은 방식으로 반복된다.

집착하지 않는다는 것이 반드시 삶에서 후퇴하거나, 자연적인 충동을 억제하고 징벌적인 극기를 행하는 것을 의미하지는 않는다. 그것은 단순히 매달리거나 밀어내지 않으면서 내면의 생각과 감정부터 외부의 사건 및 상황까지 인생의 모든 면에 전체적으로 접근하는 것을 의미한다. 집착하지 않고 산다는 것은 머릿속에서 만들어낸 이야기에 지배당하지 않으면서, 떠오르는 충동을 감지하고, 사고하고, 삶을 경험하는 것을 말한다. 우리의 뇌는 늘 만사가 어떠해야 한다거나 절대로 어떠하면 안 된다거나 뭔가를 영원히 유지해야 한다는 등의 이야기를 만들어낸다. 완벽하게 집착을 끊은 불자는 단순하고 평온하게 현재에 존재하며 판단에 쏠리지 않고 자각한다.

물론 우리 중 대다수는 가까운 시일 안에 그만한 경지에 이를 수 없다. 무언가가 이것이 아닌 저것이 되기를 바라는 마음 없이 살아가는 것은 대부분의 사람들에게 이상한 목표로 들릴 수 있다. 우정을 유지하는 일이나 만족스러운 대인관계를 이어가는 일, 혹은 물질적 풍요에 어떻게 집착하지 않을 수 있겠는가? 그러한 애착 없이 어떻게 행복할 수 있단 말인가? 불교에서 주장하듯 명상이 정말로 집착을 내려놓는 상태에 이르는 길일 수도 있다. 그러나 행복에 이르는 일반적인 접근법에 익숙한 사람들에게는 집착을 끊는 걸 목표로 삼고, 그것을 이뤄야 할 이유를 이해하는 것조차 어려운 일이다.

이런 상식적 입장에 있던 내가 처음으로 의문을 품게 된 것은 또 다른 선불교 수행자이자 정신과 의사인 배리 매지드가 쓴 얇은 책 제목 때문이었다. 《행복 추구를 멈추다(Ending the Pursuit of Happiness)》에서 그는 자기 인생을 전통적인 의미에서 '더 낫게' 혹은 '더 행복하게' 만드는 데 명상을 활용하려는 것은 그릇된 생각이라고 말한다. 오히려 요점은 매사를 바로잡으려는 노력을 멈추는 것, 경험을 통제하려는 집착적인 노력을 그만두는 것, 불쾌한 생각과 감정을 즐거운 생각이나 감정으로 바꾸려는 노력을 포기하는 것, 그리고 '행복 추구'를 멈춤으로써 더욱 심오한 평화에 이를 수 있음을 자각하는 것이다. 아니,

그조차 정확히 말하면 '요점'은 아니다. 매지드는 명상에 요점이 있다는 생각 자체에도 반대한다. 만약 요점이 있다고 하면 명상도 또 하나의 행복을 얻기 위한 기술, 즉 특정 상태에 매달리고 다른 상태를 제거하려는 욕망을 충족시키는 한 방법이라고 암시하는 셈이니 말이다.

나는 모든 것이 혼란스러웠다. 아무 요점도 없는 일을 하는 데는 어떤 의미가 있는 걸까? 누군가가 행복 추구를 멈추려 노력한다면 그것도 행복을 위한 게 아닐까? 만약 그렇다면 그들 역시 행복을 추구하는 셈이고 단지 그 수단만 더 교묘해진 것이 아닐까? 배리 매지드는 맨해튼의 센트럴파크 근처 아파트 1층에서 정신과 의사로 일하고 있었다. 가구가 얼마 없는 방에 조명이라고는 탁상용 스탠드 하나밖에 켜 있지 않았고 가죽의자 두 개는 특이하게도 서로 멀리 떨어져 마주 보는 벽에 하나씩 붙어 있었다. 60대 초반에 키가 크고 금속 테 안경을 쓴 매지드는 지적인 인상이었고, 내가 불교와 집착 끊기에 대해 두서없는 질문을 하는 동안 재미있다는 표정으로 나를 바라봤다. 그러더니 완전히 다른 이야기를 꺼내놓았다.

그는 내가 정말로 이해해야 하는 것은 오이디푸스 신화라고 말했다. 그의 관점에서 고대 그리스의 오이디푸스(자기 아버지를 죽이고 어머니와 결혼함으로써 가문과 도시에 재앙을 몰고 와 결국 스스로 자기 눈알을 뽑은 왕) 이야기는 행복 추구의 문제를 보여주는 완벽한 은유다. 이는 사내아이들은 은밀히 자기 어머니와 성적 관계를 맺기를 원한다는 프로이트의 이론인 오이디푸스 콤플렉스와는 무관한 이야기다. 매지드는 이 신화가 전하는 진짜 메시지는 자신을 괴롭히는 악령에게서 달아나려고 기를 쓰는 행위가 그것에 더 힘을 실어주는 일이라고 설명했다. 그것은 신화의 형태를 띤 '역행 법칙'이다. 즉, 특정 관점의 행복에 매달리면서 불행한 삶의 가능성을 모두 제거하려 분투하는 것은 문제의 원인이지 해결책이 아니라는 말이다. 그 이야기는 여러분도 잘 알고 있을 것이다.

오이디푸스가 테베의 왕자로 태어났을 때, 신탁은 그가 아버지를 죽이고 어머니와 결혼할 거라는 끔찍한 운명을 예언한다. 그의 부모는 그런 일이 절대 일어나지 않게 하려고 한 양치기를 불러 아이를 내다 버리라고 명령하지만 양치기는 차마 아기가 죽게 내버려두지 못한다. 살아남은 아이는 후에 코린트의 왕과 왕비의 양자가 된다. 시간이 흘러 자신이 양자라는 소문을 들은 오이디푸스가 캐묻자 양부모는 그 사실을 부인한다. 그래서 신탁의 끔찍한 예언을 알게 되었을 때 오이디푸스는 예언 속의 부모가 코린트의 왕과 왕비라고 생각한다. 오이디푸스는 자기 부모라고 여기는 그들과 가능한 멀리 떨어져 저주를 피하겠다고 결심하고 여행을 떠난다. 불행히도 그가 도착한 그 먼 곳이 하필이면 테베였다. 이후 운명은 그 불가피한 결말로 그를 이끈다. 우선 마차 한 대를 놓고 벌어진 말도 안 되는 다툼에 휘말렸다가 결국 그 마차의 주인을 죽이는데, 그가 바로 친아버지다. 그 뒤 그는 자기 어머니와 사랑에 빠진다.

이 이야기에 대한 명백한 해석 중 하나는 아무리 노력해도 운명은 절대 피해 갈 수 없다는 것이다. 하지만 매지드가 더 좋아하는 해석은 따로 있다.

"핵심은 무언가로부터 달아나려 하면 그것이 쫓아와 당신을 물어 버린다는 겁니다. 자신이 피하는 바로 그것이 말이죠. 그 달아남이 문제를 일으키는 거지요. 프로이트는 인간 심리의 구조 전체가 이 회피를 중심으로 구축된다고 봅니다. 무의식은 우리가 회피하는 모든 것의 저장소입니다."

불교의 기원 설화도 비슷한 맥락이다. 붓다는 부정성과 고통과 무상을 피하려 애쓰는 것이 아니라 그것을 똑바로 마주함으로써 심리적으로 자유로운, 즉 깨달은 존재가 되었다. 전해 오는 이야기에 따르면 역사상 실존한 붓다는 왕의 아들인 고타마 싯다르타로 태어나 히말라야 산맥의 작은 언덕에 위치한 궁전에서 살았다. 오이디푸스처럼 그의 운명에도 가장 막강한 왕이 되거나 성스러운 인물이 된다는 예언이 있었다.

역사를 통틀어 모든 부모가 그랬듯 싯다르타의 부모도 자식이 부와 안정을 보장받는 직업을 갖기를 원했고, 아들이 특권을 좋아하는 인물로 자라도록 온 힘을 다했다. 그들은 산해진미와 수많은 하인을 제공하면서 아들의 인생을 사치스러운 감옥으로 만들었다. 결국 그는 특권으로 둘러싸인 거품 밖으로 한 번도 나가보지 못한 채 결혼을 하고, 아이도 한 명 낳았다.

싯다르타는 스물아홉 살이 되어서야 성 밖으로 나가는 모험을 감행할 수 있었다. 이때 그는 노인과 병자, 시체, 떠돌이 수행자를 목격하는데, 불교 경전은 그 일을 '사문유관(四門遊觀)'이라고 기록한다. 앞의 세 존재는 무상의 필연성과 우리 모두를 기다리는 세 가지 운명을 상징한다. 그 충격으로 그는 떠돌이 수행자가 되기 위해 자신의 안이한 삶과 가족을 등진다. 몇 년 후 인도의 어느 곳에서 보리수 아래 앉아 밤을 보낸 그는 깨달음을 이루어 '깨달은 자'라는 의미의 부처가 된다. 하지만 그에게 처음으로 무상을 일깨워준 것은 그 최초의 네 가지 모습이었다. 평온에 이르는 불교의 길은 부정적인 것과의 대면에서 출발한 것이다.

그러므로 불교나 프로이트적 관점에서 보면 '행복을 추구한다'고 생각하는 사람들은 대부분 자기가 제대로 인식하지도 못하는 것으로부터 달아나고 있는 셈이다. 매지드의 설명에 따르면 명상은 달아남을 멈추는 한 방법이다. 명상을 할 때는 가만히 앉아 자신의 생각과 감정, 욕구, 혐오의 움직임을 지켜보면서 그것으로부터 달아나려 하거나 그것을 바로잡으려 하거나 거기에 매달리려 하는 충동에 저항한다. 다시 말해 집착 끊기를 실천한다.

부정적이든 긍정적이든 그밖에 다른 무엇이든 현재에 머물며 그것을 관찰해야 한다. 황홀경 속으로 도피하는 것도 아니고, 심지어 일반적인 의미의 평온함으로 도피하는 것도 아니다. 긍정적인 사고와 관련된 것도 분명 아니다. 명상은 그런 것 중 어느 것도 받아들이지 않겠다는 훨씬 더 큰 도전이다.

매지드를 만나고 얼마 지나지 않아 나는 무모한 결정을 내렸다. 한겨울에 가장 가까운 마을에서도 수 마일이나 떨어진 숲속에서 마흔 명의 낯선 사람과 함께 하루에 아홉 시간씩 명상을 하며 일주일을 보내기로 한 것이다. 알고 보니 뜻밖에도 그 일은 아주 흥미로웠다.

집착으로부터 달아나는
단순한 방법

"명상의 기본적인 방법은 지극히 단순합니다."

매사추세츠 주 중심부의 외딴 솔숲에 있는 '통찰 명상 공동체'를 운영하는 두 지도자 중 한 명인 하워드가 말했다. 이른 오후, 마흔 명의 참가자가 건물의 꾸밈없는 메인 홀에서 메밀겨로 속을 채운 방석을 깔고 앉아 어떤 지시를 하든 따르고 싶을 정도로 목소리가 차분한 그의 말에 귀를 기울이고 있었다.

"편안히 앉아 살며시 눈을 감고 들숨과 날숨을 느껴보십시오. 콧구멍이나 복부로 호흡의 감각에 집중할 수 있습니다. 그저 한 숨이 들어가고 한 숨이 나가는 것을 따라가세요. 그리고 다시 그것을 반복합니다."

어디선가 불안하게 킬킬거리는 소리가 들려왔다. '설마 그 정도로 단순하거나 따분한 건 아니겠죠?' 하고 말하는 것 같았다.

"다른 일들도 일어날 것입니다." 하워드는 말을 이었다.

"육체적 감각과 감정, 생각이 우리의 정신을 산란하게 몰아갈 것입니다. 명상을 할 때는 그런 일이 일어나는 걸 알아차리더라도 그것을 판단하지 않습니다. 그저 다시 호흡으로 돌아올 뿐이죠."

정말로 단순한 게 맞는 모양이었다. 그가 언급하지는 않았지만 우리는 얼마 지나지 않아 그 '단순함'이 결코 '쉬움'을 의미하는 게 아님을 깨달았다. 나는 그날 오후 그곳에서 약 40킬로미터 떨어진 기차역에서 어느 이스라엘 학생과 함께 택시를 타고 통찰 명상 공동체에 도착했다. 그 학생의 이름을 애드나라고 해두자. 택시가 그 오지의 울퉁불퉁한 길을 따라 덜컹거리고 있을 때 애드나는 자신이 길을 잃은 느낌이 들어서 명상센터를 찾아온 것이라고 말했다.

"내 뿌리는 어디에도 없는 것 같아요. 붙잡을 것도 없고, 인생에 아무런 체계도 없고요."

나는 내색하진 않았지만 애드나의 허물없는 태도에 속으로 움찔했다. 자기 속내를 지나치게 드러내는 건 아닐까? 이어 그녀가 한 말은 일리가 있었다. 명상이 방향 상실감을 제거해 주는 것이 아니라 그 상실감을 다르게 바라보도록 해주고 나아가 포용하게 해주기를 바란다는 말이었다.

미국인 승려인 페마 초드론은 이것을 "의지할 곳 없는 우리의 처지를 느긋하게 받아들이는 것"이라고 표현했다. 이는 집착을 내려놓는다는 개념과 조화를 이룬다. 초드론은 그 '의지할 곳 없음'이 좋든 싫든 사실상 모든 사람이 언제나 처한 상황이라고 말한다. 다만 우리가 그 진실의 실재를 느긋하게 받아들이지 못하고 도리어 그 진실을 부인하려 안간힘을 다해 버둥거린다는 것이다.

택시기사는 말 그대로 길을 잃은 것 같았다. 숲속의 움푹 팬 바퀴 자국들 사이를 들어갔다 나오기를 반복하며 내비게이션에 욕을 해댔다. 실제로 그 명상센터는 찾기가 매우 어려웠는데, '격리'가 핵심이니 이는 그리 놀랄 일도 아니었다. 마침내 명상센터에 도착한 나는 내 방으로 안내받았다. 수도실 같은 그 좁은 방에서는 몇 킬로미터에 걸쳐 펼쳐진 숲이 내다보였다. 방 안에는 일인용 침대 하나와 싱크대 하나, 작은 옷장, 선반밖에 없었다. 여행 가방을 침대 밑에 밀어 넣고 서둘러 메인 홀로 나가자 직원 한 명이 기본 수칙을 간략히 설명하고 있었다.

그는 우리가 매일 한 시간씩 건물 청소나 음식 준비, 설거지를 도와야 한다고 했다. 그리고 잠시 후 자신이 건물 중앙 계단에 달린 징을 울리면 그때부터 우리는 비상시나 교사들과의 문답 시간 같은 특수한 경우만 제외하고 남은 안거 기간 내내 침묵해야 한다고 말했다.

그곳에 머무는 한 주 동안 우리가 말을 하지 않을 것이므로 미소를 짓거나 노려보거나 눈짓을 함으로써 의사소통을 하고 싶은 유혹을 미연에 방지하도록 눈을 내리깔고 있는 게 좋을 거라는 말도 덧붙였다. 술, 섹스, 전화 및 인터넷 사용, 음악 듣기, 독서, 글쓰기는 모두 금지사항이었다. 소리로 대화하는 것만큼이나 확실하게 내면의 고요함을 깨뜨리는 일이기 때문이란다. 게시판에 붙어 있는 일과표를 보고 분명히 알게 된 사실이지만 어차피 그럴 만한 시간도 없었다.

- 오전 5시 30분 기상
- 오전 6시 좌선
- 오전 6시 30분 아침 식사
- 오전 7시 15분 작업 시간(주방 청소, 음식 준비 등)
- 오전 8시 15분 좌선
- 오전 9시 15분 걷기 명상
- 오전 10시 좌선
- 오전 10시 45분 걷기 명상
- 오전 11시 30분 좌선
- 정오 점심 식사 후 휴식
- 오후 1시 45분 걷기 명상
- 오후 2시 15분 좌선
- 오후 3시 걷기 명상
- 오후 3시 45분 좌선
- 오후 4시 30분 걷기 명상
- 오후 5시 가벼운 식사
- 오후 6시 15분 좌선
- 오후 7시 걷기 명상
- 오후 7시 법문
- 오후 8시 30분 걷기 명상
- 오후 9시 좌선
- 오후 9시 30분 수면 또는 추가 명상

"음, 저게 당신이 찾던 체계가 될 수도 있겠군요."

내가 근처에 서 있던 애디나에게 말했다. 그런데 그 말이 입에서 떨어지는 순간 내 귀에도 잘난 체하는 말장난처럼 거슬리게 들렸다. 더 나쁜 것은 그것이 내가 마지막으로 한 말이었다는 사실이다. 몇 초 뒤 무겁게 울리는 징소리가 들려왔고 침묵이 내려앉았다.

명상용 방석에 앉고 얼마 지나지 않아 나는 외부의 정적이 자동적으로 내면의 정적을 만들어주는 게 아님을 깨달았다. 기본 수칙을 안내받은 뒤 처음 몇 시간 동안(첫날의 나머지 저녁과 다음 날 아침의 대부분) 내 정신을 거의 독점한 것은 머릿속에서 커다랗게 반복 재생된 노랫말이었다. 어이없게도 또 어쩐지 섬뜩하게도 그것은 1997년에 나온 키치 팝 그룹 아쿠아의 〈바비 걸〉로, 내가 늘 경멸하던 노래였다. 그 노래를 중간중간 끊은 생각은 한 주를 어떻게 버틸까 하는 불안감과 출발 전에 깜빡 잊고 하지 못한 일뿐이었다.

나를 좀 두둔하자면 머릿속의 혼란(〈바비 걸〉이 아니라 머릿속에서 벌어지는 온갖 수다)은 침묵 명상을 할 때 거의 모든 사람이 가장 먼저 경험하는 것이라고 한다. 외부의 소음을 제거하고 주의를 내면으로 돌릴 때 먼저 느끼는 것은 내면에도 늘 소음이 존재한다는 사실이다. 명상을 하려는 노력 때문에 내면의 수다가 일어나는 것은 아니다. 단지 평소에는 외부의 소음에 묻힐 뿐이다. 고요한 숲이나 명상센터에 있으면 갑자기 내면의 온갖 소리가 크게 울려온다. 영적 지도자 지두 크리슈나무르티가 언젠가 표현했듯 말이다.

"사람들은 자신의 뇌가 끊임없이 재잘거리고 계획을 세우거나 구상하며 무엇을 할지, 무엇을 해왔는지 생각한다는 걸 깨닫는다. 과거가 현재를 침범하는 것이다. 그것은 영원히 계속되는 재잘거림, 재잘거림, 재잘거림이다."[4]

명상 중 일어나는 그런 재잘거림에 대해 사람들이 보이는 가장 일반적인 반응은 그 수다를 조용히 가라앉히려 노력하는 일이다. 그 소리를 낮추거나 생각을 완전히 멈추려고 할 수도 있다. 그런데 통찰 명상센터에서 가르치는 위파사나 명상의 핵심 원칙은 그와 정반대다.

명상의 한 종류인 이 방식에서는 떠들썩한 그 소리를 그대로 두라고 한다. 불교 지도자 스티브 하겐은 간결한 안내서 《명상: 지금 아니면 기회는 없다(Meditation: Now or Never)》에서 이렇게 썼다.

"우리는 마음속에서 일어나는 감정, 생각, 기대를 강제로 떼어내려 애쓰지 않는다. 우리는 그 무엇도 억지로 마음속에 집어넣거나 빼내려고 애쓰지 않는다. 오히려 모든 것이 일어나고 가라앉도록, 오고 가도록, 단순히 존재하도록 그대로 둔다. …… 명상할 때는 느긋하게 긴장이 풀리는 때도 있고 마음이 불안하게 동요하는 때도 있다. 우리는 느긋한 상태에 이르려고 애쓰지 않으며 동요하거나 산란한 마음을 몰아내려 애쓰지도 않는다. 오히려 그렇게 하는 것이 더 큰 동요다."

이것은 집착 끊기로 나아가는 첫 번째 큰 걸음이다. 스쳐 지나가는 자신의 생각과 감정을 참여자가 아닌 구경꾼처럼 바라보는 법을 배우는 것이다. 그것을 너무 면밀하게 들여다보면 이러한 인식 자체가 현기증을 일으킬 수도 있다. 자신의 사고 과정을 들여다본다는 것 자체가 이미 하나의 사고 과정이므로 일종의 무한 루프에 걸려든 느낌이 들기 십상이다. 다행히 반드시 이 난제를 풀어야 명상을 할 수 있는 건 아니다. 하워드가 설명했듯 자신이 어떤 이야기나 감정에 이끌려갔음을 알아차릴 때마다 다시 돌아와 호흡을 관찰하면 된다.

다음 날 저녁, 법문 시간에 하워드는 명상 수행자이자 가톨릭 성직자인 성 프란체스코 살레시오의 말을 인용했다.

"살며시 자신을 그 자리로 되돌리십시오. 당신이 명상하는 내내 수천 번이나 마음을 원래 자리로 되돌리는 것 외에 아무것도 하지 않을지라도, 되돌릴 때마다 마음이 다시 빠져나갈지라도 당신은 그 시간을 아주 잘 사용한 것입니다."

집착을 내려놓는 일이 단순히 여기서 끝나는 것은 아니며, 불교가 집착 내려놓기에서 끝나는 것은 더더욱 아니다. 하지만 모든 것이 여기에서 출발한다는 건 분명하다. 오늘날 우리는 종교로 여기지만 본래 불교는 심리를 탐구하는 하나의 접근법이었다는 사실을 고려하면 그 점을 보다 쉽게 이해할 수 있다. 불교 경전 중 심리를 가장 중점적으로 다루는 《논장(論藏)》은 수많은 목록과 하위 조항, 구체적인 논의를 집대성한 대단히 복잡한 텍스트다. 거기 담긴 비교적 단순 명료한 한 가지 통찰은 마음이 여러 측면에서 볼 때 시각, 청각, 후각, 촉각, 미각과 더불어 하나의 감각이라는 생각이다.

우리가 코라는 '감각의 문'을 통해 냄새를 받아들이고 혀라는 감각의 문으로 맛을 받아들이는 것과 마찬가지로 마음도 일종의 감각의 문으로 혹은 영화 속 이미지처럼 생각을 투사하는 스크린으로 볼 수 있다. 이는 생각에 대한 일반적인 관념과는 다르다. 우리는 소리, 냄새, 맛은 그냥 소리와 냄새와 맛일 따름이지만, 생각은 그보다 훨씬 더 중요한 것이라고 가정한다. 생각은 내면에서 오고 보다 본질적이며 깊이 감춰진 자아를 표현한다고 보기 때문이다.

그게 사실일까? 명상을 시작하면 우리는 소음이나 냄새가 귀와 코에 도달할 때처럼 생각과 감정이 우리의 통제를 벗어나 있고, 우리가 원치 않아도 저절로 피어오른다는 사실을 깨닫는다. 우리가 어떤 생각을 하지 않겠다는 선택을 한다고 해서 그 생각이 일어나지 않는 게 아니다. 마찬가지로 매일 아침 다섯 시 반에 기상종이 울릴 때 한기를 느끼지 않겠다고 혹은 그 종소리를 듣지 않겠다고 선택할 수도 없다.

생각을 다른 다섯 가지 감각과 유사한 것으로 보면 집착 내려놓기가 훨씬 더 접근하기 쉬운 목표로 여겨진다. 오늘날 불교 신자들은 흔히 마음의 활동을 구름, 화창한 날, 폭우, 눈보라 같은 날씨에 비유한다. 이 비유에서 마음은 하늘이며 하늘은 특정 기상 상태에 집착하거나 '나쁜' 날씨를 제거하려고 노력하지 않는다. 하늘은 그저 그대로 있을 뿐이다.

그 점에서 불교는 때로 특정한 마음 상태, 즉 평온 상태에 집착하는 것으로 보이는 스토아 철학보다 한발 더 나아간다. 완벽한 스토아주의자는 탐탁지 않은 상황이 닥쳐도 동요하지 않도록 자신의 생각을 조정한다. 완벽한 불자는 생각 자체를 판단하는 것이 아니라 그대로 관찰해야 할 또 하나의 상황으로 본다. 스쳐 지나가는 생각과 감정에 집착하지 않는 것보다 더 어려운 도전은 육체적 고통을 느끼는 가운데 그것을 실천하는 일이다. 고통스러운 상황에서 아무런 판단을 하지 않는다는 것은 터무니없는 일처럼 여겨진다.

그러나 최근 몇 년간 집착 내려놓기 수행에서 가장 강력한 과학적 증거를 축적한 것이 바로 이 부분이다. 배리 매지드를 비롯하여 불자들 중에는 명상이 주는 혜택을 과학적으로 '증명'해야 한다는 생각에 반대하는 이들도 있을 것이다. 그래도 과학은 아주 흥미진진하다.

2009년 노스캐롤라이나대학에서 파델 제이단이라는 젊은 심리학자가 실시한 일련의 실험이 특히 그렇다.[5] 명상이 육체적 고통을 견디는 능력에 미치는 영향을 시험해 보고 싶어 한 제이단은 신선할 만큼 단도직입적인 방법으로 접근했다. 바로 사람들을 아프게 만든 것이다.

실제로 상처를 입을 정도는 아니지만 팔다리가 움찔할 정도의 가벼운 전기 충격을 가한 다음, 참가자들에게 주관적으로 느끼는 아픔의 정도를 점수로 매겨 달라고 요청했다.

이어 그중 일부에게 며칠에 걸쳐 마음챙김 명상에 관한 20분짜리 강의를 세 차례 듣게 해 자신의 생각과 감정, 감각을 판단하지 않고 알아차리는 방법을 가르쳐주었다. 이후 다시 전기 충격을 가하자 명상 기법을 활용한 사람들은 통증이 현저하게 줄어들었다고 대답했다. 제이단의 연구팀이 요리용 철판으로 통증을 유발하고 뇌를 스캔한 또 다른 실험[6]에서는 명상이 모든 참가자의 아픔을 11퍼센트에서 93퍼센트까지 줄인 것으로 나타났다.

단순히 명상이 통증에 대한 주의를 분산할 대상을 제공했기 때문이라는 반박을 예상한 제이단은 또 다른 참가자 그룹에게 수학 문제를 풀게 하고 그사이에 충격을 가했다. 주의를 분산시킨 것이 어느 정도

효과는 있었지만 명상과 비교하면 극히 미미했다. 또한 명상 수업을 받은 이들은 주의를 분산하지 않았을 때도, 즉 참가자들이 실제로 충격을 받을 때 명상하지 않은 경우에도 통증의 정도가 낮아졌다. 제이단은 "그건 저에게도 좀 오싹한 결과였습니다"라고 말했다.

"우리는 400밀리암페어에서 500밀리암페어로 강도를 높였고 전류가 운동 신경을 자극했기 때문에 사람들의 팔이 앞뒤로 움찔거릴 정도였거든요."

그럼에도 그들이 평가한 통증의 정도는 여전히 낮았다. 제이단은 명상이 그들에게 '주의를 분산하는 것이나 느낌 혹은 감정은 순간적인 것임을, 그리고 순간은 곧바로 지나가기 때문에 거기에 어떤 이름을 붙이거나 판단할 필요가 없음을 가르쳐 준' 것이라고 생각한다.

"명상 훈련을 받은 사람들은 아픔을 인정합니다. 그것이 무엇인지 알아차리지만 그냥 놓아 보내는 것이죠. 다시 현재로 주의를 되돌릴 줄 아는 겁니다."

치과에서 치료용 의자에 앉아 아직 일어나지 않았지만 임박한 고통을 예상하며 양쪽 팔걸이를 꼭 붙잡고 있었던 적이 있는가? 그렇다면 문제의 큰 부분을 차지하는 것은 아픔에 관한 생각과 곧 시작될 아픔에 대한 두려움, 그 두려움을 피하려는 내면의 몸부림일 뿐이라는 사실을 알 것이다. 제이단의 실험에서는 어디에도 사로잡히지 않고 고통이라는 경험 자체에 초점을 맞춘 것이 괴로움을 상당히 줄여 준 셈이다.

내 경우 통찰 명상센터에서 보내는 시간이 길어질수록 집착이 걷잡을 수 없이 커지는 것 같았다. 둘째 날에는 노랫말은 희미해졌지만 더 어두운 짜증들이 찾아왔다. 내 바로 뒤 왼쪽에 앉은 젊은 남자에게 신경이 쓰이기 시작했던 것이다. 처음 명상실에 들어선 순간부터 눈에 띈 그에게 나는 일말의 불편한 감정을 느끼고 있었다. 특히 그의 턱수염은 무언가 자신을 내세우려고 인위적으로 헝클어놓은 것 같았다. 이제는 분명하게 들려오는 그의 숨소리마저 거슬렸다. 그 역시 부자연스럽게 꾸민 것 같았고 심지어 가식적으로 느껴졌다. 짜증은 서서히 부풀어 올랐다.

당시에는 그 판단이 전적으로 이치에 맞고 온당한 것으로 여겨졌다. 그러다가 그 모든 것이 나를 향한 개인적인 공격으로 느껴지기 시작했다. 내 내면에서 분노가 부글거렸다. 저 턱수염 사내는 대체 나를 얼마나 경멸하기에 저토록 기분 나쁜 행동을 해서 의도적으로 내 명상을 망쳐버리는 걸까? 알고 보니 경험 많은 명상 수행자들에게는 그런 현상을 가리키는 용어가 따로 있었다. 그것은 '위파사나의 복수'였다. 침묵 속에서는 소소하게 짜증스러운 행동도 전면적인 인신 공격으로 부풀려질 수 있다. 마음은 스토리라인을 따라가는 데 워낙 익숙해 있어서, 잡히는 이야기가 있으면 무조건 붙잡고 보기 때문이다.

명상센터에 들어가면서 내 인생에 존재하는 실제 괴로움의 원인에서 일시적으로 분리되자 새로운 원인을 찾아 만들어내고 있었던 것이다. 그날 밤 나는 좁은 침대로 터덜터덜 걸어가면서도 여전히 그 턱수염 사내 때문에 속을 끓이고 있었다. 그러다가 결국 그 앙심을 놓아버렸다. 곯아 떨어져 꿈도 꾸지 않는 깊은 잠에 빠졌기 때문이다.

미루기의 달인이 되는 데는
이유가 있다

집착하지 않는 삶의 방식에 이의를 제기하는 사람이 내놓는 가장 명백한 비판은 그 방식이 너무 수동적으로 보인다는 점이다. 그것이 마음을 차분하게 해준다는 건 인정하지만 혹시 그로 인해 어떤 일도 이뤄내지 못하는 것은 아닐까? 수십 년간 명상 수행을 해온 승려는 우주와 일체를 이뤘을지 모르지만 나머지 평범한 사람도 꼭 그렇게 되기를 바라야 하는 것일까?

    이 주장을 받아들이면 사람이 가치 있는 어떤 일을 성취하도록 동기를 부여하는 유일한 것은 집착이라는 말이 된다. 다른 방식들이 아닌 특정 방식이나 다른 감정들이 아닌 특정 감정에 애착이 없다면, 무엇 때문에 직업적으로 성공하려 노력하거나 물질적 환경을 개선하려 애쓰거나 자녀를 양육하거나 세상을 바꾸려 하겠는가?

여기에 대해서는 설득력 있게 응수할 말이 있다. 수용이라는 스토아 철학의 개념이 반드시 체념을 수반하는 것은 아니듯, 불교의 집착 버리기도 가치 있는 행위를 이루는 실용적인 방법일 수 있다. 그 이유를 이해하려면 가장 널리 퍼져 있으면서 동시에 어떤 일을 완수하는 데 가장 좌절감을 안겨주는 걸림돌, 즉 꾸물거림이라는 보편적인 문제를 생각해 봐야 한다.

미루지 않고 일을 처리하게 하려는 조언이 대부분 아무 효과가 없거나 그 효과가 별로 오래가지 않는다는 사실은 여러분도 알고 있을 것이다. 동기를 부여하는 책, 테이프, 세미나는 잠깐 동안 열의를 일으켜주기도 하지만 그 느낌은 금세 사라진다. 목표나 그로부터 얻는 보상 체계를 늘어놓은 야심 찬 계획은 작성할 때는 대단히 훌륭한 아이디어 같지만, 다음 날 아침만 되어도 진부하게 느껴진다. 포스터나 머그잔에 새겨놓은 잠언들도 영감을 주는 효력을 빠르게 상실한다. 미루기와 늑장 부리기는 다시 시작되고 때론 그 정도가 이전보다 더 심해진다. 냉소적인 사람들은 그래서 동기 부여 세미나 연사들과 자기계발서 저자들의 지갑이 두툼해진다고 말한다. 그들의 조언대로 지속적인 변화를 일으킬 수 있다면 다시 찾는 고객은 훨씬 줄어들 테니 말이다.

동기 부여와 관련된 이 모든 비법과 요령이 지닌 문제는 그것이 사실은 '일을 완수하는 방법'에 관한 게 전혀 아니라는 점이다. 그것은 일을 완수할 수 있을 것 같은 기분을 느끼는 방법에 관한 것이다.

"적합한 감정 상태에 도달할 수만 있으면 우리는 무슨 일이든 해낼 수 있다!"[7]

《네 안에 잠든 거인을 깨워라(Awaken the Giant Within)》의 저자 앤서니 로빈스의 말이다. 그의 책과 연설은 이 주제에 초점을 맞추고 있다(로빈스의 동기 부여 세미나에서는 참가자들에게 달궈진 석탄 위를 맨발로 걸음으로써 결의를 다질 것을 권한다). 하지만 자기계발 분야의 구루들이 과장해서 표현하는 개념은 누구나 생각하는 바를 극단적으로 표현한 것에 지나지 않는 경우가 많다.

미루기에 대한 가장 흔한 대처법은 '적합한 감정 상태에 도달하도록' 스스로 노력하는 것이라고 한다. 미뤄둔 일이 진짜 하고 싶어지도록 자기 자신에게 동기를 부여하라는 말이다.

어떤 행동을 하고 싶은 것과 실제로 그 행동을 하는 것은 별개의 문제다. 미루며 시간만 끄는 사람은 자신이 그 일을 할 수 없다고 말할지도 모르지만, 사실은 그 일을 하고 싶은 마음이 없는 것이다. 우울증의 심리학에 관해 글을 쓰는 줄리 패스트는 아침에 침대에서 나올 수 없을 정도로 우울한 상태(패스트 본인이 경험한 일이다)인 사람도 그저 침대에서 나오고 싶지 않다고 말하는 것이 훨씬 더 정확한 표현이라고 지적한다.[8]

그렇다고 늘 미루는 사람이나 심한 우울증에 걸린 사람도 그냥 떨치고 일어나 극복하기만 하면 된다는 얘기가 아니다. 그보다는 우리가 실제로 행동하는 것과 행동하고 싶어 하는 것을 얼마나 잘 혼동하는지 지적하는 것뿐이다.

또한 이것은 대부분의 동기 부여 방법이 마음을 바꾸는 것을 목표로 한다는 사실을 강조한다. 다시 말해 그것은 일종의 집착, 즉 특정 종류의 감정에 마음을 더 강하게 몰아넣는 일을 기반으로 하는 것이다.

때론 그런 방식이 도움이 된다. 그런가 하면 어떤 행동을 하고 싶은 마음이 전혀 생기지 않을 때도 있다. 그 상황에서는 동기를 부여하는 조언이 문제를 더 악화할 위험도 있다. 먼저 동기를 부여해야만 행동에 착수할 수 있다는 생각을 은연중에 강화하기 때문이다. 이는 특정 감정 상태에 대한 집착을 부추김으로써 우리와 목표 사이에 또 하나의 걸림돌을 세우는 셈이다. 여기에는 어떤 일을 해치우려는 흥분과 즐거움을 스스로 느끼지 못한다면 그 일을 시작할 수도 없다는 의미가 담겨 있다.

반면 집착 없는 마음으로 미루기를 바라보면 질문부터 달라진다. 도대체 누가 어떤 일을 '하고 싶을' 때까지 기다려야 그 일을 시작할 수 있다고 말하는가? 이 관점에서는 동기를 부여받지 못하는 상태가 아니라 동기를 부여받아야 한다는 생각이 문제다. 미루는 일에 대한 생각과 감정을 흘러가는 날씨처럼 바라볼 수 있다면 그 일을 하기 싫은 마음은 뿌리 뽑아야 하는 것도 긍정성으로 변화시켜야 하는 것도 아님을 깨닫는다. 우리는 하기 싫은 마음과 함께 머물 수 있다. 그리고 하기 싫어서 미루는 자기 자신을 알아차리면 행동할 수 있다.

사실 왕성하게 활동하는 작가와 예술가들(실제로 많은 일을 완수한 사람들)의 일과나 작업 방식에는 '동기 부여 받기', '영감 느끼기' 같은 방법이 거의 포함되지 않는다. 오히려 그와 정반대다. 그들은 작업 과정에서 기계적인 면을 강조하는 경향이 있다. 즉, 적합한 분위기를 조장하는 게 아니라 어떤 마음 상태에서든 확실하게 육체적으로 행동을 취하는 데 초점을 맞춘다.

영국 소설가 앤서니 트롤럽은 매일 아침 세 시간 동안 글을 쓰고 난 뒤에야 행정직으로 일하는 우체국으로 출근했다. 그 세 시간이 끝나기 전에 소설 한 편을 마무리하면 다음 소설로 넘어갔다(그는 평생 마흔일곱 편의 장편소설을 썼다). 찰스 다윈이나 존 그리샴 같은 대부분의 유명 저자들은 일과에서 정해진 작업의 시작 시간과 작업하는 시간 혹은 사용한 단어 수 등을 강조한다. 이러한 일과는 동기나 영감의 자극을 받은 그렇지 않든 작업에 체계를 제공한다. 또한 긍정적인 감정을 일으키기 위해 애쓰느라 주의를 분산하는 대신, 부정적이든 긍정적이든 그 밖의 어떤 마음 상태로든 일에 착수하게 해준다. 예술가 척 클로스는 언젠가 잊을 수 없는 말을 남겼다.

"영감은 아마추어용이다. 우리는 그저 나가서 일을 할 뿐이다."[9]

심리학 분야에서 집착 내려놓기의 실질적인 이점을 무엇보다 잘 표현한 것은 20세기 초 일본의 심리학자 모리타 쇼마가 만든 '모리타 요법'이다. 도쿄에 있는 자혜의과대학의 정신의학과 학과장이던 모리타는 생각과 감정을 정신의 날씨로 여기는 불교의 관점에서 큰 영향을 받았다. 우리에게 일어나는 생각 및 감정을 우리와 평화롭게 공존해야 하는 존재로 여기는 관점 말이다. 그는 다음과 같이 썼다.

"사람들은…… 항상 자기가 하는 일을 좋아해야 한다고, 자기 인생에는 아무런 곤란도 없어야 한다고 생각한다. 그래서 불쾌함이나 따분함 같은 느낌을 피하려는 불가능한 노력에 에너지를 낭비한다."[10]

모리타 요법을 실행하는 치료사 제임스 힐은 이 독특한 접근법을 두고 이렇게 표현한다.

"다수의 서구 치료법은 우리의 감정 상태를 성공적으로 관리 및 조정하는 일에 초점을 맞춘다. 그 바탕에는 우리가 감정을 변화시키거나 약화할 수 있으면 보다 의미 있고 성공적인 삶을 살아갈 거라는 가정과, 감정이 우리의 발목을 붙잡는다는 사고가 깔려 있다. …… 그렇다면 우리가 두려움을 '극복'해야 풀장의 높은 다이빙대에서 뛰어내릴 수 있다거나 자신감을 길러야 누군가에게 데이트를 신청할 수 있다는 생각은 맞는 것일까? 만약 이게 사실이라면 대다수는 그 일을 하기 위해 마냥 기다리기만 할 것이다. 우리는 인생 경험을 통해 꼭 감정을 배워야 어떤 행동을 취할 수 있는 건 아니라는 사실을 배운다. …… 일단 자기 감정을 받아들이면 감정 상태를 바꾸지 않아도 행동을 취할 수 있음을 깨닫는다."[11]

우리는 두려움을 느끼지만 그래도 행동할 수 있다.

부정적인 생각도
긍정적인 생각도 모두 흐른다

통찰 명상 공동체에서 넷째 날이 끝나갈 즈음에는 상황이 훨씬 좋아졌다. 턱수염 사내의 숨소리도 더 이상 내 신경을 긁지 않았다. 우리는 모두 기상, 수면, 명상, 식사로 구성된 일과표에 자연스럽게 적응했다. 처음에는 융통성 없고 군대식으로 느껴지던 일과가 이제는 우리를 편안히 감싸 하루하루에 실려가게 해주었다.

실제로 나는 명상을 즐기기 시작했다. 걸을 때마다 감각을 '들어올리기'와 '옮기기', '내려놓기'의 세 부분으로 구분하려 노력하며 마치 빙하가 흐르듯 느린 속도로 명상실을 돌아다니는 걷기 명상조차 말이다. 사실 처음에는 이것을 시간 낭비라고 생각했다. 휴식시간에 슬그머니 명상센터 뒤의 숲으로 나가보면 내가 환경에 대단히 민감해져 있음을 느낄 수 있었다. 작은 가지들이 발에 밟혀 툭툭 부러지는 소리 하나하나가 다이아몬드가 깨지는 소리처럼 들렸다.

한편 채식 식단(아무 특징 없는 렌틸콩 스튜와 땅콩버터를 바른 호밀 비스킷 같은)도 무척 맛있게 느껴졌다. 나는 땅콩버터 안에 숨어 있을 거라고는 상상조차 해보지 않은 미묘한 향미를 발견했다. 명상센터의 본관 현관에서 바라본 매사추세츠의 겨울 석양은 마음이 아릴 정도로 아름다웠다. 나는 밤이면 내가 기억하는 그 어느 때보다 깊이 잠들었다.

그러다가 갑자기 상태가 다시 나빠졌다. 그 변화가 언제 일어났는지 정확히 알아차리지는 못했지만, 느닷없이 명상실의 정적이 재판정과 고문대를 합쳐놓은 것처럼 변해버렸다. 나는 몇 시간씩 부정적인 생각과 그에 얽힌 감정(불안감, 죄책감, 염려, 적의, 지겨움, 조바심, 심지어 공포심까지)의 집중 공격에 시달렸다. 마치 그 모든 감정이 몇 년 동안 조용히 숨어 나를 덮칠 순간을 기다려온 것 같았다.

모두 다 자기 비판적인 감정이었다. 내가 살아오면서 다른 사람, 가령 부모님, 누이, 남자친구, 여자친구, 동료들에게 나쁘게 행동한 것이 한꺼번에 떠올랐다. 그중 다수는 비교적 사소한 것(못된 말을 내뱉거나 대인관계를 잘 꾸려가지 못한 일 등)이었지만 그래도 나는 몹시 슬펐다. 그로부터 몇 달 후 나는 불교 저술들을 통해 그것이 명상하는 사람들이 통상적으로 거치는 '통찰의 진전' 단계 중 초기에 나타나는 현상이라는 것을 알게 되었다. '인과의 인식'이라 불리는 그 과정 중에 우리는 자신의 행동에는 언제나 결과가 따른다는 사실을 새롭게 인식한다. 불교의 관점에서 이 깨달음에 동반하는 슬픔은 좋은 것으로, 이는 자비가 뿌리내릴 수 있는 비옥한 토양이 된다.

그렇게 하루가 지나자 무언가가 느껴졌다. 내 마음속 상황은 조용하거나 느긋한 것과는 거리가 멀었다. 하지만 호흡으로 다시 돌아가려는, 즉 생각이나 감정에 집착하는 상황을 피하려는 내 끊임없는 노력이 어떤 효과를 내는 것 같았다. 무엇보다 정신의 움직임을 바라보는 관점이 미묘하게 달라졌다. 사다리를 두 칸 정도 올라가 더 높은 곳에서 내 마음을 관찰하는 것 같다고나 할까.

나는 예전처럼 그 속에 얽혀들지 않았다. 모리타 쇼마라면 내가 판단하지 않고 알아차리기만 하면 되는 단순한 정신적 사건으로 그 모든 것을 바라보기 시작한 거라고 표현했을 것이다. 내 생각은 대부분 과거나 미래를 향하긴 했지만 이젠 몽상 혹은 불쾌한 기억 속으로 휩쓸려 들어가지 않았다. 나는 방석에 앉아 내면에서 벌어지는 일을 공포에 사로잡히지 않고 다만 흥미롭게 바라보며 절대적으로 그 순간에 존재하고 있었다.

선불교 전통의 일부 선원에서는 매 순간에 완전히 깨어 있도록 동료 승려들의 뒤로 살며시 다가가 나무로 된 얇은 막대기로 내리치는 일을 담당하는 승려가 있다. 그 막대기를 경책이라고 하는데, 통찰 명상 공동체에서는 그것으로 내리치는 일이 없었지만 꼭 누군가가 그렇게 해준 것 같은 느낌이었다. 나는 철저한 각성 상태에서 내 마음을 지켜보고 있었다.

가장 이상한 부분이자 말로 옮기기 어려운 부분은 내가 그 모든 것을 어디에서 지켜보고 있는가 하는 의문이었다. 내가 내 생각 속에 얽히는 습관에서 빠져나왔다면 그 관찰 지점은 어디란 말인가? 아무 데도 아닌 걸까? 아니면 모든 곳일까? 마치 내가 허공 속으로 걸어 들어간 느낌이었다. 택시에서 애디나가 했던 얘기와 '의지할 곳 없는 처지를 느긋하게 받아들이라'는 페마 초드론의 조언이 떠올랐다. 평소에 내가 생각에 필사적으로 매달리며, 다시 말해 생각 뒤에 있는 허공에 빠지지 않으려고 용을 쓰며 살아왔다는 것이 갑자기 분명해졌다. 그런데 그 허공 속에 들어가자 그것이 전혀 두렵지 않았다.

안거가 끝날 때가 다가오자 나는 그 시간이 끝나지 않기를 바라는 나 자신에게 스스로 놀랐다. 한 주를 더 있어도 가뿐히 보낼 수 있을 것 같았다. 다른 참가자들과는 거의 말 한마디 나누지 않았고 늘 시선을 내리깔고 있었으므로 길에서 마주쳐도 알아보지 못할 테지만, 명상실 안에는 우리가 하나의 공동체를 이뤘다는 느낌이 확연히 존재했다. 이제는 말을 해도 된다는 신호로 징이 울렸지만 작은 말소리조차 귀에 거슬리고 어색하게 느껴졌다. 말소리가 동지애를 방해하는 것 같았다.

"아, 그동안⋯⋯"

떠날 채비를 하고 현관에서 마주친 애디나는 그렇게 말을 꺼낸 뒤 침묵 속으로 말꼬리를 흐렸다. 아마 그 한 주를 몇 마디 말로 요약하려는 것이 헛된 시도로 여겨졌으리라.

"무슨 말인지 알아요."

내가 대답했다.

뉴욕으로 돌아가는 열차에 오르자 머리가 지끈지끈 아파왔다. 명상과 무관한 세상에서 늘 들리던 정상적인 소음이 이제 정적에 적응한 내 정신에 견디기 힘든 것으로 다가왔다. 수신함에서 기다리고 있는 이메일들도 별다른 도피 수단이 되어주지 못했다. 하지만 스트레스를 주는 생각에서 벗어나는 시간은 예전보다 훨씬 짧아졌다. 약간의 흐린 날씨는 충분히 감수하며 살 수 있게 된 모양이었다.

이 모든 것은 심리에 관한 불교의 급진적인 관점에서 극히 일부에 지나지 않는다. 물론 그 요점은 행복을 추구하는 모든 '부정적' 접근법에서 핵심을 차지한다. 그것은 바로 날씨를 바꾸려고 용을 쓰는 것은 현명한 일이 아니라는 것이다.

"청정한 마음은 하늘에 뜬 보름달 같아요."[12]

주장자(선사들이 좌선이나 설법할 때 지니고 있는 지팡이-옮긴이 주)를 갖고 다니는 한국의 숭산 대선사가 1970년대에 미국의 청중에게 한 말이다.

"때때로 구름이 와서 가리기도 하지만 그래도 달은 언제나 그 뒤에 있지요. 구름이 흘러가면 달은 밝게 빛나 있어요. 그러니 청정한 마음은 걱정하지 마세요. 마음은 항상 거기에 있으니까. 생각이 올 때도 그 뒤에는 청정한 마음이 있어요. 생각이 가버리면 청정한 마음만 남지요. 생각은 오고 가고 또 오고 가는 거예요. 오고 감에 집착하면 안 돼요."

이렇게 말해도 청중이 자기 마음이 지어내는 이야기에 집착할 필요가 없다는 것을, 마음만 먹으면 자기 생각과 감정을 판단 없이 지켜볼 수 있고 이를 통해 대혼란 뒤에서도 평온할 수 있다는 것을 깨닫지 못한다면? 그때 숭산 대선사는 소리쳤다.

"그렇다면 내가 너를 이 주장자로 서른 대 때려줄 거예요!"

4장

목표에 미칠 때 생기는 일

THE ANTIDOTE

"미래: [명사] 우리 일이 번창하고
친구들이 진실하며 행복이 확실해지는 시기"

―앰브로즈 비어스, 《악마의 사전(The Devil's Dictionary)》중에서

목표에 대한 집착이
불러온 참극

1996년, 인디애나 출신인 스물여덟 살의 크리스토퍼 케이스는 여행사를 통해 히말라야 트레킹 여행을 계획했다. 나중에 돌이켜볼 때는 역설적인 생각임을 알 수 있었지만 어쨌든 당시 그의 목적은 긴장을 풀고 휴식을 취하는 것이었다. 증권 중개인에 이어 기업 컨설턴트로 일하는 동안 그의 기력은 완전히 바닥났다. 기업 세계의 심리학에 늘 흥미를 느껴온 케이스는 아예 박사 과정에 들어가 조직 행동론을 공부하기로 결심했다.

그 전에 먼저 쉬고 싶었던 그는 여행 잡지를 보다가 네팔에서 하는 그룹 등반 광고를 발견하고 쾌재를 불렀다. 후에 그는 비행기가 카트만두에 착륙할 당시 히말라야의 아름다움에 둘러싸인 "네팔 문화에 푹 잠겨 생기를 되찾기"를 기대했다고 회상했다. 하지만 히말라야에서 그가 만난 것은 이후 그의 인생을 사로잡은 난감한 심리적 수수께끼였다.

케이스와 동료 등반가들이 에베레스트 산의 아래쪽을 탐사하고 텐트에서 야영하는 동안, 그 산의 정상에서는 역사적으로 기록에 남을 대규모 재난이 일어나고 있었다. 그해 등반 시즌에 에베레스트에서 사망한 사람은 모두 열다섯 명인데 그중 여덟 명이 그 24시간 안에 사망했다. 그날 하루의 일은 당시 그 등반대에 속해 있던 등반가이자 저널리스트인 존 크라카우어의 베스트셀러 《희박한 공기 속으로(Into Thin Air)》에 힘입어 등반 역사에서 하나의 전설이 되었다. 케이스도 그 사건과 관련이 있는 등반가와 구조요원을 만났는데, 탈진하고 멍한 상태로 산을 내려온 그들 역시 대체 무슨 일이 벌어진 것인지 도무지 이해하지 못하고 있었다.

현대에 들어 충분한 돈과 어느 정도의 등반 기술만 있으면 누구나 가이드를 고용해 정상까지 올라갈 수 있는 상업적 에베레스트 등반 시대가 열렸지만, 그 시도로 목숨을 잃는 일은 여전히 드물지 않게 발생한다. 사망자 수도 충격적이지만 1996년의 참사를 더욱 오싹하게 만드는 것은 그것이 다른 경우와 비교가 안 될 정도로 이해하기 힘든 사고라는 점이다. 산 정상의 날씨는 평소에 비해 특별히 험하지 않았다. 사람들이 사망한 시간에 갑작스러운 눈사태도 없었다. 또한 돈을 내고 등반에 참가한 사람들은 모두 충분한 등반 기술을 갖추고 있었다.

크라카우어는 《희박한 공기 속으로》에서 그 비극이 부분적으로 카자흐스탄의 등반 가이드 아나톨리 부크레예프의 고집스러움과 오만함에서 비롯되었다고 주장했다. 이를 뒷받침하는 증거가 없는 것은 아니지만 그것은 결정적인 설명이 될 수 없다. 등반가들은 대체로 고집스럽고 오만한 경향이 있다. 그럼에도 다행히 1996년 에베레스트에서 일어난 것 같은 큰 규모의 재앙은 매우 드물다. 그해에 일어난 일은 집단적인 이성 상실 사태에 더 가까워 보인다.

이후 '교통 정체'라고 불린 그 사건은 5월 10일 정오경 정상에서 219미터 떨어진 암벽 힐러리 스텝에서 절정을 맞이한다. 그날 7,926미터 고도의 제4캠프에서 8,848미터 고도의 정상까지 올라가는 등정의 마지막 단계를 밟고 있던 인원은 뉴질랜드 등반대와 미국 등반대, 대만 등반대까지 총 서른네 명에 달했다. 미국 팀과 뉴질랜드 팀은 무리 없이 산을 오르고 내려갈 수 있도록 서로 협력했다.

그러나 대만 팀은 같은 날 올라가지 않기로 한 약속을 어겼고, 힐러리 스텝에 안전 로프를 미리 설치하기로 했던 선발대가 이를 제때 실행하지 못하면서 무난하던 행렬이 갑자기 병목으로 바뀌고 말았다.

에베레스트의 능반 사고에서 가장 중요한 변수는 타이밍이기 때문에 등반가들은 대개 '반환 시간'을 엄격히 지킨다. 자정에 제4캠프에서 출발하면 정오나 그보다 좀 늦게 정상 도착을 기대할 수 있다. 만약 미리 정해둔 반환 시간(기상 상태와 위험에 대처하는 등반대장의 태도에 따라 대략 정오와 오후 두 시 사이) 안에 정상에 도착하지 못하면 반드시 등정을 포기하고 돌아와야 한다. 그렇지 않으면 산소통의 산소가 바닥나고 등반가는 어둠 속에서 에베레스트의 가장 위험한 날씨에 맞닥뜨린다. 그런데 힐러리 스텝에서 교통 정체가 빚어졌음에도 등반대는 반환 시간을 무시하고 꾸역꾸역 산을 올랐다.

제4캠프에서는 미국인 등반가 에드 비스터스가 느릿느릿 올라가는 행렬을 망원경으로 바라보며 눈에 보이는 광경에 아연실색하고 말았다. 그는 당시 불안감에 젖어 '저 사람들 몇 시간 전부터 올라가고 있었는데 아직도 정상에 도착하지 못했단 말이야?' 하고 생각했던 때를 기억한다.

'왜 돌아 내려오지 않는 거지?'

세 등반대의 대원들은 안전을 위한 최후의 반환 시간인 오후 두 시 정각부터 두 시간에 걸쳐 속속 정상에 도달했다. 비용을 지불하고 뉴질랜드 등반대에 참가한 워싱턴 주 우체국 직원 더그 핸슨이 마지막으로 정상에 도착했는데, 그가 도착한 시간은 오후 4시로 기겁할 정도로 늦은 시간이었다.

그는 일 년 전 에베레스트에 올랐지만 정상에서 몇 백 피트를 남겨두고 돌아가야 했다. 그러나 이번에는 끝까지 내려가지 못했다. 다른 일곱 명과 마찬가지로 그 역시 어둠이 내리는 동안 짙은 눈보라에 갇혔다. 눈보라 때문에 방향을 가늠하며 길을 찾아가는 건 불가능했고 온도는 영하 4.5도까지 급격히 떨어졌다. 그들은 다른 몇 사람의 목숨을 구해낸 구조대의 손길에 닿지 못한 채 거기 누워 죽어갔다.

에베레스트 등반이 전문가뿐 아니라 아마추어에게도 실현 가능한 일이 된 지 꽤 오래되었지만 1996년은 에베레스트 역사상 가장 많은 사망자 수를 기록한 해였다. 오늘날까지도 그 분명한 이유를 알지 못한다. 어쩌면 크리스토퍼 케이스가 그 예외일지도 모른다. 물론 조직행동 분야의 전문가가 된 그가 등반 사고의 사후 분석에 그다지 도움을 주지 못할 수도 있다. 하지만 그 사건을 알고 집에 돌아온 그는 관심을 기울일수록 그것이 기업가들 사이에 자주 일어나는 어떤 현상과 유사하다는 생각이 들었다. 케이스는 그 에베레스트 등반가들이 "목표에 대한 열정 때문에 몰락으로 이끌려간" 것이라고 추측한다.

그는 사람들이 종착점에 강하게 집착할수록 그것은 단순한 외적 목표가 아니라 그들 자신의 정체성이 된다고 말한다. 예를 들면 자신이 뛰어난 가이드나 성취도 높은 아마추어라고 의식하는 식이다. 그 등반가들에 대한 케이스의 추측이 맞는다면 자멸을 초래하리라는 증거가 아무리 많아도 그들이 목표를 포기하기는 갈수록 어려웠을 것이다. 케이스는 오히려 그러한 증거가 '그냥은 돌아가지 않겠다'는 그들의 결심을 더욱 견고하게 했을 거라고 확신한다. 아마도 그 등반은 단순히 정상에 도달하는 것뿐 아니라 자신의 정체감을 보호하기 위한 투쟁이었을 것이다.

신학에서 '신의론(神義論, theodicy)'은 세상에 악이 만연해도 신은 자비롭다는 믿음을 유지하려는 노력을 가리키는데, 때로 그 말은 어떤 믿음이든 그와 모순적인 증거에 직면해서도 믿음을 놓지 않으려는 노력을 나타낼 때도 사용한다. 케이스는 그 단어에 빗대어 자신이 발견한 태도에 '목표 정의론(goalodicy)'이라는 이름을 붙였다.

기업 세계에서 일하는 동안 케이스는 동료들 사이에서 목표 설정이 거의 종교적 도그마 수준에 이르고 있음을 불편한 심기로 지켜보았다. 오늘날에도 상황은 그다지 달라지지 않았다. 거창하고 대담한 목표를 설정하고 자원을 총동원해 그 목표 성취에 매진하는 태도가 혜안 있는 리더의 특징이라는 주장이 조직 내에 널리 퍼져 있다.

직원 개개인에게 개인적인 업무 목표를 'SMART' 목표라는 형식으로 설정하도록 부추기거나 때로는 의무화한다(SMART는 구체적인[Specific], 측정 가능한[Measurable], 성취 가능한[Attainable], 현실적인[Realistic], 시간 제한을 둔[Time-bounded]'의 머리글자다). 수많은 자기계발서는 야심차고 구체적인 목표가 성공적이고 만족스러운 인생의 핵심이라고 주장한다.

"내년 이맘때는 '내가 꿈꾸는 이상적인 여자와 결혼할/해변의 별장 발코니에 앉아 있을/한 달에 1만 파운드씩 벌' 것이다!"

이런 꿈을 가장 열정적으로 퍼뜨리는 브라이언 트레이시는 《목표, 그 성취의 기술(Goals! How to Get Everything You Want)》에서 "분명한 목표 없이 사는 것은 짙은 안개 속에서 운전하는 것과 같다. …… 분명한 목표는 당신이 자기 인생의 액셀러레이터를 밟고 재빨리 앞으로 달려나가게 해준다"고 주장한다.

그러나 케이스는 일이 그런 식으로 풀리지 않는 경우가 많다는 것을 알아차렸다. 사업 목표를 세우고 그것을 발표하면 전체적으로 열렬한 환영을 받는다. 그러다가 그 목표가 현명하게 짠 것이 아니라는 증거가 속속 나타나기 시작한다. 이때 '목표 정의론'이 등장해 부정적인 증거를 목표 추구에 더 많은 노력과 자원을 투자해야 할 이유로 재해석한다. 당연히 상황은 더 나빠진다. 케이스는 1996년에 에베레스트에서도 이와 유사한 일이 일어난 것이라고 믿고 있다.

현재 조지워싱턴대학에서 경영학 교수로 재직 중인 케이스는 최근 몇 년간 순회 강연을 다니며, 목표에 집착하는 행동의 문제점을 설명할 때 에베레스트 사건을 사례로 들었다. 어느 순간 그는 사람들이 그 이야기를 불편하게 받아들이는 경우가 많다는 것을 깨달았다. 한 러시아 학생은 이메일을 통해 퉁명스럽게 훈계했다.

"사업가는 그처럼 엄청난 비극과 감정으로 가득 찬 주제를 연구해서는 안 됩니다. 비극이나 인간 존재의 딜레마 같은 것은 시인과 소설가, 극작가들에게 맡겨둬야 합니다. 그런 주제는 우리가 조직 내의 리더십을 공부하는 이유와 아무 관계가 없습니다."

하지만 케이스는 그 주제를 포기하지 않았다. 그는 내게 말했다.

"나는 거의 매일 에베레스트 참사를 생각합니다. 마치 그때 우리 가족 중 누군가가 죽은 것처럼 말입니다. 가히 '사로잡혀 있다'고 해도 될 정도죠."

1963년에 실시한 이후 거의 잊힌 한 심리학 연구[1]에서는 에베레스트 참사에 관한 케이스의 가설을 뒷받침하는 설득력 있는 증거들을 찾을 수 있다. 그 연구에는 에베레스트 정복에 도전한 전문 산악인들이 참가했다.

그해에 열일곱 명의 등반가가 미국인으로는 최초로 에베레스트 산 정상에 오르는 일에 도전했다. 심리학자 제임스 레스터는 그 등반을 사람들이 야심차고 위험한 일에 도전하는 이유를 연구할 더없이 좋은 기회로 여겼다. 미 해군의 지원을 받은 레스터의 연구팀은 캘리포니아 주 버클리에서 등반가들을 모아놓고 일련의 성격 검사를 했다. 그런 다음 레스터는 에베레스트산으로 가서 6,600미터에 위치한 제2캠프까지 오르며 연구에 몰두했다. 그는 제2캠프에서 등반가들과 셰르파 가이드들을 상대로 실험을 이어갔다.

케이스는 《파괴적인 목표 추구: 에베레스트 산 참사(Destructive Goal Pursuit: The Mount Everest Disaster)》에서 전형적인 에베레스트 등반가들에 관한 레스터의 연구 결과를 알려준다.

"그들은 가만히 있지 못하는 성격이고 반복되는 일상을 싫어하며 자율에 대한 욕구가 강하다. 인간관계에서는 지배적인 태도를 취하는 경향이 있고 그 자체를 위한 사회적 상호작용에는 관심이 없다. 또한 그들은 성취와 독립에 대한 욕구가 매우 강하다."

여기에는 그다지 놀랄 만한 점이 없다. 레스터는 등반가들이 사회 관습에 무관심하고 남을 지배하려 드는 외골수라는 상투적인 관점을 재확인했을 뿐이다. 하지만 그가 정상 등반을 준비하고 실제로 등반하는 석 달간 등반가들에게 작성해달라고 부탁한 일기에서는 흥미로운 내용을 발견할 수 있다.

미국 등반대는 베이스캠프로 가던 중에 두 팀으로 갈라졌다. 정상까지 가는 가장 좋은 방법에 대해 서로 생각이 달랐기 때문이다. 인원수가 좀 더 많은 무리는 강풍이 몰아쳐 비교적 눈이 적은 사우스콜을 경유하는 길, 즉 사람들이 주로 선택하는 경로가 더 낫다고 여겼다.

반면 소수가 속한 무리는 더 외지고 이전에 아무도 시도해 본 적 없는 웨스트리지를 통해 올라가기를 원했다(오늘날에도 웨스트리지의 사망률은 100퍼센트 이상이라는 섬뜩한 통계 수치를 보여주는데, 이는 그 길로 정상에 도달한 사람보다 도중에 사망한 사람이 더 많다는 뜻이다).

등반가들의 의견 차이를 알고 있던 레스터는 그들이 각자의 선택에 대해 얼마나 낙관적 혹은 비관적으로 느끼는지 일기에 기록해 줄 것을 당부했다. 훗날 일기를 검토하자 예상치 못한 패턴이 드러났다. 정상 등반을 시도하는 날이 다가오자 웨스트리지 그룹의 낙관적인 태도는 급속도로 힘을 잃었고 내면을 갉아먹는 불안감이 그 자리를 채웠다. 시도해 본 적 없는 경로였으니 이는 당연한 일이었다.

그런데 일기를 보면 웨스트리지에 대한 대원들의 불안감과 비관적인 마음이 강해질수록 그 일을 반드시 해내겠다는 다짐 역시 똑같이 강해졌음을 알 수 있다. 케이스의 표현에 따르면 "등반가들은 정상 등반 성공에 대한 불안감이 커질수록 자신이 선택한 전략에 더욱더 집착했다." 기이한 자기 강화적 순환이 자리 잡은 것이다. 예컨대 대원들은 웨스트리지로 가는 일을 평소보다 더 위험하게 만들 만한 기상 패턴 증거를 수집했다. 즉, 그들은 목표와 관련된 부정적 정보를 적극적으로 수집했고 이는 그들의 불안감을 증폭시켰다. 대원들은 그 불안감을 없애기 위해 자신의 결정에 더욱더 감정적으로 몰입했다. 이쯤 되면 목표가 정체성의 일부가 되어버린 셈이다.

따라서 목표에 대한 불안감은 단순히 그 계획만 위협하는 게 아니라 그들 각 개인까지 위협한다. 불안감을 불식해야 한다는 의지가 강했던 터라 그들은 조금이라도 미래를 확신할 만한 분명하고 구체적인 계획을 세우는 일에 필사적으로 매달렸다. 그 계획이 무모하다는 판단이 점점 더 분명해지는 와중에도 말이다. '목표 정의론'에 꼼짝없이 사로잡힌 것이다. 1963년의 원정은 케이스의 주장을 깔끔하게 정리하는 데는 도움이 안 되었지만, 웨스트리지로 간 등반대원들이 그 계획을 실행하고도 살아남은 것으로 다행스럽게 마무리되었다.

한편 1996년의 참사에서는 등반가들 중 너무 많은 인원이 사망한 까닭에 그 동일한 사고 패턴이 어느 정도로 원인을 제공했는지 확실히 판단하기가 어렵다. 그러나 그해에 등반에 참가했다가 산속에서 죽을 위기를 두 번이나 넘긴 벡 웨더스(몸을 질질 끌다시피 해서 캠프로 돌아온 그는 동상으로 코와 손가락 몇 개를 잃었다)의 증언은 그 가설의 타당성을 뒷받침한다. 후에 웨더스는 이렇게 말했다.

"목표를 지나치게 추구하면 그것에 강박적으로 사로잡힐 수 있다."

물론 산악인들은 '타깃'이나 '목표 설정' 같은 기업 세계의 어휘를 써서 말하지는 않는다. 하지만 그들은 '정상 열병'(어떤 산봉우리가 등반가의 마음에 가하는 기이하고 때론 치명적인 인력)이라는 말로써 직관적으로 그와 유사한 것을 지칭한다. 그것은 마치 그리스 신화의 세이렌들이 뱃사람들을 암초로 유인하듯, 목표에 대한 헌신이 그 성취를 위해 애쓰는 이들을 파괴하는 상황을 일컫는다.

1996년 망원경으로 그 비극을 지켜본 에드 비스터스는 그처럼 유혹적인 끌어당김을 다음과 같이 생생하게 묘사했다.

"수년간의 훈련과 여러 달 동안의 준비를 거쳐 몇 주간 산을 등반했고 이제 정상이 눈앞에 보인다. 그때 마음속에서 자신을 타이르는 목소리가 들린다. '이제 돌아가야 해. 너무 늦어서 곧 산소가 바닥날 거야.' 그러나 위를 바라보면 정상이 끌어당기는 힘을 거스르기가 너무 어렵다. 이럴 때 많은 사람이 정상을 향해 계속 올라간다. 끌어당기는 힘이 너무 강해 원칙마저 깨뜨리고 마는 것이다. 운이 좋으면 그러고도 목숨을 부지할 수 있지만 운이 나쁘면 그걸로 끝이다."

불안이 만들어낸
장밋빛 미래

미래에 대한 계획을 다룬 대중 서적을 읽어본 사람이면 누구나 한 번쯤(여러 번일 가능성이 꽤 크지만)은 예일대학에서 실시했다는 목표 연구 사례를 보았을 터다. 이제는 거의 전설이 된 그 연구 결과는 상세하게 인생 계획을 세우는 일이 얼마나 중요한지 보여준다. 앞에서 말한 브라이언 트레이시의 《목표, 그 성취의 기술》에도 등장하는 그 연구는 《성공의 심리학적 토대(Psychological Foundations of Success)》 같은 제목으로 학술성을 표방하는 책부터 《직원을 교육하여 경쟁자를 물리쳐라(Train Your People and Whack the Competition)》처럼 현실적인 경영 지침서까지 수많은 책에서 인용하고 있다. 그 연구의 핵심을 살펴보자.

연구진은 1953년에 예일대학을 졸업하던 학생들에게 미래에 이룰 구체적인 목표를 글로 작성해두었는지 물었다. 응답자 중 겨우 3퍼센트만 그렇다고 대답했다. 그로부터 20년 뒤 연구진은 1953년 졸업생들을 추적해 그들이 어떻게 살아왔는지 알아보았다. 결과는 이론의 여지없이 분명했다. 목표를 기록해둔 3퍼센트의 졸업생이 나머지 97퍼센트를 모두 합한 것보다 훨씬 더 많은 부를 축적했다. 입이 쩍 벌어지는 이 결과는 인생을 되는대로 살아가려는 젊은이들에게 강력한 교훈을 준다. 그러니 이 연구가 자기계발계와 기업 세계의 여러 분야에서 전설적 위치를 차지한 것도 놀라운 일이 아니다.

딱 하나 문제가 있다면 그 연구가 실제로도 전설이라는 점이다. 예일대학은 목표 연구를 실시한 적이 없다. 몇 년 전 《패스트 컴퍼니(Fast Company)》라는 기술 관련 잡지의 한 기자[2]가 연구의 기원을 추적하기 시작했다. 예일대학 연구를 인용한 책들은 그 출전을 밝히지 않았기 때문에 그 기자는 먼저 동기 부여계의 전문가들에게 물었다. 그들은 출전을 묻자 당황하며 서로를 지목했다. 앤서니 로빈스는 브라이언 트레이시에게 물어보라고 했고, 트레이시는 동기 부여계의 베테랑이자 '동기를 부여하라!' 세미나의 단골 연사인 지그 지글러를 추천했다. 그런데 지글러는 다시 앤서니 로빈스를 추천했다.

나는 그 일에 직접 나서기로 하고 예일대학 기록 보존 관리 책임자인 비벌리 워터스에게 연락했다. 처음에 워터스는 기꺼이 도와주려 했지만 내가 그 연구의 제목을 말하자 목소리에 좌절감이 스며들었다.

"여러 해 전 이 문제가 처음 제기되었을 때 제가 직접 꼼꼼하게 검토했지만 아무것도 찾을 수 없었어요. 1953년 졸업생 동창회 총무가 또다시 철저히 알아보았지만, 누구도 그런 설문 요청을 받아본 사람이 없었답니다."

워터스는 그 설문을 다른 해에 행하고 1953년의 일이라고 잘못 표기했을 가능성도 거의 없다고 덧붙였다. 그런 일이 있었다면 예일 총동창회가 관련되었을 텐데 거기에서도 그 설문을 기억하는 이가 한 명도 없었기 때문이다. 워터스는 한숨을 내쉬며 말했다.

"사실이 아니라고 하기엔 아쉬울 만큼 좋은 내용인데 말이에요."

물론 목표 설정의 이점에 관한 한 가지 연구가 허위로 밝혀진다고 해서 목표 설정에 이점이 없다는 뜻은 아니다. 실제로 수많은 연구가 목표 설정이 매우 유용하다는 것을 입증하고 있다. 오히려 예일대학의 연구는 목표 설정에 관한 관심이 어느 정도인지를 입증한다. '인생의 목표' 같은 것은 한 번도 적어본 적이 없고 물질적 부가 행복으로 가는 티켓이라는 그 연구의 암시에 동의하지 않을 수도 있다. 그러나 그 모든 것의 바닥에 깔린 기본적인 충동은 거의 보편적이라고 할 만하다. 우리는 인생의 어느 시점에, 어쩌면 여러 시점에 어떤 목표(예컨대 배우자를 찾거나 특정 종류의 직업을 구하거나 특정 지역에서 사는 것)를 정하고 그것을 이루기 위한 계획을 세울 가능성이 크다. 넓은 의미로 해석하면 우리는 대부분 깨어 있는 시간의 상당 부분을 목표를 정하고 그것을 이루기 위한 계획을 세우며 보낸다. '목표'라는 단어를 쓰든 쓰지 않든 우리는 언제나 원하는 결과를 기반으로 계획을 세운다.

프랑스의 정치철학자 알렉시스 드 토크빌은 이렇게 썼다.

"누구든 어느 시기든 상관없이 인생을 살아가는 한 개인을 관찰해보라. 그러면 그가 자신의 안위를 위한 참신한 계획을 세우는 데 정신

이 팔려 있음을 알게 될 것이다."³

토크빌이 사용한 '안위'라는 말 때문에 헷갈리지 말자. 우리는 그보다 더 거창하고 이타적인 목표를 세울 수도 있다. 그렇다고 우리 중 상당수가 늘 계획 세우는 일에 정신이 팔려 있다는 확고한 진실이 달라지는 것은 아니다.

행복에 이르는 '부정적 경로'를 옹호하는 사람들은 그런 정신 팔림을 문제시한다. 목표를 세우고 그것을 성취하려는 노력이 끔찍한 역효과를 내는 경우가 많기 때문이다. 개인과 조직이 목표 설정에 할애하는 시간을 줄이고 원하는 미래를 계획하는 데 적당히 집중하면 훨씬 더 좋은 결과를 낼 수 있다.

이러한 관점의 핵심에 케이스와 제임스 레스터가 각자 에베레스트 등반가들을 연구해 얻은 통찰이 있다. 우리가 목표에 집착하고 미래를 계획하는 것은 대개 앞날을 내다보고 준비하는 일의 가치를 냉철하게 의식한 결과가 아니라는 것이다. 오히려 그것은 앞날의 불확실함을 느낄 때 우리 마음이 얼마나 불편해지는가 하는 감정적인 문제다. 미래에 어떤 일이 벌어질지 모른다는 불안감에 직면하면 우리는 우리가 원하는 미래의 모습에 훨씬 더 강하게 집착한다. 그 미래를 성취하는 데 도움을 주어서가 아니라 불확실함 때문에 지금 당장 느끼는 불안감을 해소하는 데 도움을 주기 때문이다. 케이스는 내게 말했다.

"불확실함은 미래를 이상화하게 만듭니다. 미래가 자신이 기대하는 대로만 된다면 모든 게 괜찮을 거라고 자신을 설득하는 거지요."

에베레스트 등반에는 분명 상당한 계획이 필요하고, 그 일에는 정상에 도달한다는 구체적인 목표가 내포되어 있다. 케이스는 여러 증거를 토대로 1996년 참사의 경우에는 불확실함을 느끼지 않으려는 강한 회피 때문에 사람들이 균형을 잃고 목표에 지나치게 집착하는 바람에 치명적인 결과에 이르렀을 것이라고 판단한다.

우리는 불확실함에서 오는 불안감을 터무니없을 정도로(도로시 로라는 심리학자에 따르면 죽음보다 더) 두려워하고,[4] 그 불안감을 제거하기 위해 무슨 짓이라도 하며 심지어 죽음을 초래하는 일도 서슴지 않는다. 그러나 이 장의 뒷부분에서 보게 되겠지만 강력한 대안적 가능성은 분명 존재한다. 그것은 우리가 불확실함을 더 편안하게 받아들이고, 불확실함 속에 감춰진 잠재력을 활용한다면 현재의 심리가 안정되는 것은 물론 미래에 더 큰 성공을 거둘 수 있다는 것이다.

우리가 당장 느끼는 불편한 감정을 떨쳐내겠다는 눈앞의 목적 때문에 인생의 중대사를 함부로 결정하는 경우가 얼마나 많은지 아는가. 실상은 경악스러울 정도다. 당황스러울 수도 있지만 다음의 시험으로 자신을 점검해 보기 바란다.

중요한 결정을 내리고 이어 그 결정을 후회한 경우를 생각해 보자. 어렴풋이 자신에게 맞지 않음을 알고 있으면서도 시작한 대인관계나, 돌이켜 보면 자신의 관심사 혹은 능력에 맞지 않는데도 선택한 직업 같은 것 말이다. 당시 그 결정을 내리기가 쉽지 않았다면, 결정하기 전에 불확실함 때문에 뱃속에 뭔가가 뭉친 듯한 느낌이 들었을 것이다. 어떤 식으로든 결정을 내렸을 때 그 느낌이 가라앉았는가? 만약 그랬다면 심란하겠지만 당신이 그 결정을 내리게 한 것은 합리적인 판단이 아니라 단지 불확실함이 주는 불안을 제거해야 한다는 다급한 욕구였을 가능성이 크다.

심리학에 관한 글을 쓰는 데이비드 케인이라는 블로거는 불확실함을 견디지 못하는 것이 자신의 선택을 좌지우지했던 때를 돌아보며 이런 글을 썼다.[5]

"(불확실함을 견디지 못하는 것이) 내 인생을 어디로 몰고 왔는지 머릿속으로 되짚어 보면 정말 속이 상한다. 그것이 내가 사실은 생업으로 삼고 싶지 않던 컴퓨터 프로그래밍을 배우느라 3년이라는 시간과 1만 달러라는 돈을 허비한 이유다. 그 모든 날을 나에게 아무런 영감도 주지 않는 일을 하면서 하루하루를 보내온 이유이기도 하다. (불확실함은) 내가 가라앉고 있는 것 같은 느낌을 주고, 재빨리 어느 방향으로든 제일 가까이에 있는 단단한 땅을 찾아가야 한다는 느낌을 준다. 일단 그 땅에 발을 딛고 난 후에야 숨을 돌릴 수 있다."

목표에 지나치게 매달리는 것은 제일 가까운 땅에 도달하고자 하는 우리의 집착을 표출하는 주된 양상 중 하나다. 목표가 역효과를 내는 여러 이유 중 하나를 이해하려면 폭우가 쏟아질 때 대도시에서 택시를 잡으려고 애쓰는 일을 떠올려보는 것도 좋다. 그런 경험을 해본 사람은 그때 느껴지는 절망감을 익히 알 것이다. 어쩌면 그 일이 어려운 이유를 이해한다고 생각할지도 모른다. 그것은 다섯 살짜리도 알 만한 경제 문제처럼 보이기 때문이다.

비가 올 때는 택시를 타려는 사람이 늘어나고 결국 수요가 공급을 앞질러 빈 택시를 찾기가 어려운 것 아닌가. 그런데 그게 정말 그토록 명백한 일일까? 경제학자 콜린 캐머러와 그의 세 동료가 뉴욕 시 택시를 대상으로 비 오는 날의 택시 부족 문제를 조사하기 시작했을 때,[6] 동료 학자들로부터 어떤 시선을 받았을지 충분히 상상이 갈 것이다.

하지만 그들은 그 문제의 이유가 겉보기와 달리 그리 명백하지 않다는 것을 밝혀냈다. 비가 올 때 택시 수요가 급증하는 것은 사실이다. 동시에 그보다 훨씬 더 이상한 일이 벌어진다. 택시 공급이 감소하는 것이다. 이는 사람들이 돈을 더 많이 벌고자 할 때는 더 많이 일한다는 일반적인 경제학적 가정에 어긋난다. 자신의 업무 시간을 어느 정도 자유롭게 조절할 수 있는 택시기사는 수요가 가장 높을 때 열심히 일할 거라고 짐작하기 쉽지만, 뜻밖에도 그들은 비가 오면 일찍 일을 접는다.

좀 더 자세히 조사하자 주범은 목표였음이 드러났다. 뉴욕의 택시기사들은 열두 시간 교대로 차량을 임차하며, 보통 임차료의 두 배를 하루 목표액으로 정한다. 비가 올 때는 그 목표액이 훨씬 빨리 채워지므로 더 일찍 집으로 돌아가는 것이다. 뉴욕에서 택시가 가장 필요할 때 택시가 부족하고, 택시기사들이 돈을 벌기가 가장 쉬울 때 추가로 수입을 올리지 못하는 이유가 여기에 있다. 요점은 택시기사들이 추가 수입보다 여가를 선택한 게 잘못이라는 말이 아니라(그것은 충분히 이해할 만한 선택이다), 하필이면 비가 올 때 목표를 일찍 채워 여유 시간을 누린다는 데 있다.

택시기사들은 합리적인 경제 행위자가 아닌 행동주의 심리학자 B. F. 스키너의 실험에 나오는 비둘기처럼 행동한 것으로 보인다. 스키

너는 새장 안에 있는 어떤 장치를 부리로 쪼면 먹이를 얻는다는 걸 알게 된 비둘기들이 어느 정도 목표량만 달성하면 긴장을 풀고 '휴식'을 취한다는 것을 발견했다.

택시기사의 하루 수입 목표액은 에베레스트 등반이라는 목표와는 상당히 다른 문제이고, 택시기사의 감정적 동기를 연구한 연구가도 없다. 그러나 사소해 보이는 택시 부족 문제는 우리가 불확실함에 얼마나 불편한 감정을 보이는지 밝혀주는 하나의 예다. 택시기사들은 더 많은 돈을 벌어들일 가능성이 있는 불확실한 상황보다 예측 가능한 하루 수입의 규칙성과 확실성을 선호하는 것으로 보인다. 이익에 도움이 되는 것보다 목표에 더 많은 감정적 투자를 하는 셈이다.

2009년 세 명의 동료와 함께 목표 설정에 의문을 제기하는 이단적인 프로젝트에 착수한 리사 오르도네스 교수도 이 뉴욕 택시기사의 문제를 염두에 두고 있었다. 경영학 분야에서는 목표 설정을 의문시하는 일이 거의 없는데, 이런 상황은 상당 부분 게리 레이섬과 에드윈 로크라는 두 경영이론가의 작업에서 기인한다. 지난 40년 동안 레이섬과 로크는 20여 권의 책을 출간하며 목표 설정에 관한 대부의 지위를 확고히 지켜왔다. 그들의 견해는 경영학과 신입생들이 가장 먼저 배우는 내용으로, 이는 기업가로 성공하려면 먼저 구체적인 목표에 초점을 맞춘 사업 계획을 세워야 한다는 것이다. 그 요건을 충족하지 못하는 건 용납받기 어렵다. 에드윈 로크는 어느 인터뷰어에게 말했다.

"사람들에게 최선을 다하라고 하면 최선을 다하지 않습니다. 그건 너무 모호한 말이죠."

오르도네스와 동료들은 2009년 그에 대한 반대 주장을 담은 〈고삐 풀린 목표(Goals Gone Wild)〉라는 제목의 논문[7]을 《아카데미 오브 매니지먼트 퍼스펙티브(Academy of Management Perspectives)》라는 건조한 학술저널에 실었다. 그들은 레이섬과 로크의 연구에서 좋은 효과를 낸 목표 설정이 자신들의 실험에서는 여러 가지 불편한 부작용을 낳았다고 지적했다. 예를 들어 명확한 목표는 사람들이 부정행위를 저지르도록 부추긴다. 한 실험에서는 참가자들에게 임의로 문자를 제시한 뒤 그것으로 단어를 만들라는 과제를 냈고, 진척 상황을 익명으로 보고하게 했다. 이때 특정 목표치를 제시받은 사람은 단순히 '최선을 다하라'는 지시를 받은 이들에 비해 거짓말을 하는 경우가 훨씬 더 많았다.

오르도네스와 동료 연구진은 목표 설정에 관한 연구들이 심리실험 환경에서는 좋은 효과를 내도 실험실 밖에서는 그만한 효과를 내지 못한다는 게 더 중요한 문제라고 주장했다. 실생활에서는 목표에 집착하는 일이 사람과 조직을 곤경에 빠뜨리는 경우가 훨씬 많아 보였기 때문이다.

미국의 거대 자동차기업 제너럴 모터스(GM)의 사례를 보면 이 문제를 더 쉽게 이해할 수 있다.[8] 21세기에 들어설 무렵 GM은 심각한 곤경에 빠져 있었다. 일본의 민첩한 경쟁사들에게 고객과 수익을 빼앗기고 있었던 것이다. 이때 디트로이트에 있는 본사 경영진은 레이섬과 로크의 철학에 따라 29라는 숫자로 상징적인 하나의 목표를 세웠다. GM은 언론에 요란하게 떠들어대며 미국 자동차 시장의 29퍼센트를 확보해 과거의 주도권을 되찾겠다고 선언했다. GM의 중역들은 옷깃에 꽂는 작은 금색 핀에도 29라는 숫자를 새겨 그 계획에 헌신하겠다는 다짐을 표현했다. 29는 사내 모임과 GM 내부 문서에도 등장해 영업직부터 엔지니어, 홍보직에 이르기까지 모든 직원의 귀에 못이 박이도록 되풀이되었다.

하지만 그 계획은 실패했고 오히려 상황은 더 나빠졌다. 시장 점유율 회복에 집착한 GM은 그렇지 않아도 부족한 자금을 보다 혁신적이고 인기를 끌 만한 자동차를 개발하는 데 쏟지 않았다. 그들은 모험적이고 결과가 열려 있는(따라서 더 불확실한) 연구에 투자하는 대신 인기 없는 자사 자동차를 사도록 소비자를 유인하고자 할인 정책과 영악한 광고에만 돈을 쏟아부었다. 물론 GM이 계속해서 내리막길을 걸은 데는 다른 이유도 많았다. 하지만 29라는 숫자는 하나의 숭배 대상이 되어 GM이라는 조직을 파괴적인 방식으로 왜곡하며 단기적인 사고와 협소한 시야를 부추겼다. 그 모든 것은 오로지 부사장의 옷깃 핀에 새겨진 숫자가 경제 뉴스의 헤드라인에 나왔으면 하는 바람에서 벌어진 일이었다. 그러나 그런 일은 결코 일어나지 않았다.

GM은 계속 실패를 향해 내리닫다가 결국 2009년 파산해 정부의 긴급 구제를 받았다. 2010년 디트로이트 모터쇼에서 GM의 북미 지역 신임 사장은 '29 캠페인'을 앞으로 GM이 결코 하지 않을 일의 실례로 들며 GM이 얼마나 달라졌는지 보여주려 애썼다. 그는 한 라디오 방송 기자께 말했다.

"이제 우리는 핀을 찍어내지 않습니다. 그런 유형의 일은 어떤 것도 하지 않습니다."

게리 레이섬과 에드윈 로크가 〈고삐 풀린 목표〉에 보인 반응은 《아카데미 오브 매니지먼트 퍼스펙티브》에 실린 모든 글 중 가장 격렬한 분노의 폭발이라 해도 무방할 것이었다.[9] 그들은 오르도네스와 그 동료들이 극단주의자이며 '위협 전술'을 사용했고 건전한 학술성을 내던진 채 일화나 꿰어 엮었다고 비난했다. 또한 "허위 사실과 모욕"을 유포했고 "입증되지 않은 주장들"을 내세웠다고 비판했다. 내가 그 논쟁에 관해 질문했을 때 오르도네스는 "오, 맙소사!"라고 탄식했다.

"나는 한 주 내내 얼굴이 벌겋게 달아올라 있었어요. 그건 완전히 개인적인 인신공격이었죠. 하긴 그들의 입장에서 생각해 보세요. 목표가 얼마나 좋은지 연구하며 40년을 보낸 사람들이잖아요. 그런데 우리가 나타나 목표의 위험성을 지적한 거죠. 그건 그저 분풀이였을 뿐이에요."

이런 학계의 내분이 외부 사람들에게도 중요한 이유는 양측이 미래 계획을 세우는 일에 근본적으로 다른 시각을 제시하기 때문이다.

오르도네스 연구팀이 일화를 중시하고 실험 데이터를 완전히 무시했다는 레이섬과 로크의 비난은 부당하다. 〈고삐 풀린 목표〉가 주는 진짜 교훈은 실험실의 단순화한 조건은 실생활에는 거의 적용되지 않는다는 사실이다. 목표 설정과 관련된 대부분의 인위적인 실험에서는 실험 참가자들에게 앞의 단어 게임처럼 한 가지 과제 혹은 단순한 몇 가지 과제를 제시한다. 그런 다음 일부에게는 목표를 확실히 염두에 둔 채 과제를 수행하게 하고, 나머지는 그냥 수행하게 한다.

그런데 GM의 사례가 보여주듯 실험실 밖(기업이든 실생활 전반이든)에는 그처럼 단순한 상황이 존재하지 않는다. 우리가 하나의 목표나 몇 가지 목표를 뽑아내 그것을 이루려고 전력을 기울이면, 우리가 변화시키려 노력하는 것과 상호 연관된 다른 측면에도 여지없이 영향을 미친다. 자동차 제조회사의 경우, 이는 미리 정해놓은 시장점유율 목표치를 맞추기 위해 연구 부문 투자를 중단하는 일이 될 수도 있다. 개인의 영역에서는 목표를 이루려다 자기 인생을 망치게 될지도 모른다.

케이스는 강연 중에 있었던 경험을 들려주었다.

"강연이 끝난 뒤 한 경영자가 다가오더니 자기 목표는 마흔 살에 백만장자가 되는 것이었다고 하더군요. 경영학과에서 늘 들을 수 있는 이야기죠. 그는 그 목표를 이루었어요. 마흔두 살이었으니 과녁을 명중한 셈이었죠. 하지만 그는 이혼했고 건강에도 문제가 생겼으며 자녀들도 더 이상 그와 말을 주고받지 않는다더군요."

또 다른 사람은 그가 처음 만났을 무렵 마라톤을 위해 격렬한 훈련을 받는 중이었다. 결국 그 사람은 목표를 이뤘지만, 여러 가지로 심하게 부상을 당해 몇 주 동안 집에서 꼼짝 못하는 대가를 치러야 했다.

이런 문제는 생각보다 깊이 뿌리내리고 있다. 목표 설정을 옹호하는 사람들이 내놓는 전형적인 답변은 그 예들이 잘못된 목표, 즉 지나치게 크거나 협소한 목표를 세웠기 때문이라는 것이다. 물론 목표 중에는 더 현명한 것이 있고 어리석은 것도 있다. 여기서 심각한 위험은 그것이 거의 모든 형태의 미래 계획에 영향을 미친다는 점이다.

어느 한 가지 모습의 미래를 구축하는 것은 본질적으로 우리의 인생이나 조직, 사회의 한 측면을 분리해낸 다음 나머지 측면을 희생해가며 그것에만 집중할 것을 요구한다. 문제는 '한 번에 한 가지만 변화시키는 것은 불가능하다'는 것, 즉 의도하지 않은 결과의 법칙 때문에 생긴다. 조금이라도 복잡한 시스템에서는 한 가지 변수가 다른 변수를 어떻게 변화시킬지 예측하는 것이 대단히 어려운 일이다.

"어느 한 가지만 골라내려 할 때, 우리는 그것이 우주의 다른 모든 것과 묶여 있음을 발견한다."[10]

동식물연구가이자 철학자인 존 뮤어의 말이다. 이 개념을 누구보다 깊이 파고든 사상가는 그레고리 베이트슨이다. 그는 연구 경력 초기에 발리 섬 마을들의 일상을 연구했다. 발리의 마을들이 사회적 화합을 이루고 효과적으로 돌아가는 것은 그들의 관습과 의식 덕분이라는 게 베이트슨이 내린 결론이었다. 그는 그 전통들이 '비극대화(non-maximizing)' 기능을 한다고 표현했다. 이는 그 전통에 마을 사람들이 어느 한 가지 목표에 집중함으로써 다른 일에 해로운 영향을 미치는 것을 막는 효과가 있다는 의미다.

예를 들어 발리 사람들의 검소함은 때로 제의를 통한 과시적 소비 관습으로 균형을 이루고, 이를 통해 부의 추구가 다른 사회적 목표를 훼손하는 일을 방지한다. 나아가 마을 사람들 사이의 경쟁과 불평등을 억제한다. 경제 성장 극대화를 다른 모든 것을 희생해서라도 이루어야 할 목표로 삼는 산업화한 서구사회와는 극명한 대조를 이루는 부분이다. 미국인이나 영국인의 삶이 사다리를 오르는 것이라면, 발리인의 삶은 어느 특정 목표에 얽매이지 않고 사회적 번영의 '안정된 상태'를 만들어내는 우아한 줄타기 곡예에 더 가깝다.

베이트슨은 이렇게 말했다.

"복잡한 대화형 시스템이 지속적으로 유지되는 일은 특정 변수가 극대화하는 것을 막는 일에 달려 있다."[11]

이것을 미래 계획을 모두 포기해야 한다는 주장으로 받아들일 필요는 없으며, 특정한 한 가지 비전만 너무 열성적으로 추구하는 것에 대한 경고쯤으로 보면 된다. 케이스가 지적했듯 1996년에 에베레스트를 오르다 목숨을 잃은 등반가들은 자신의 목표는 성공적으로 달성했다. 그들이 살아서 산을 내려오지 못한 것은 그 목표에 따른 의도치 않은 비극적 부작용이었다.

불확실함까지
끌어안을 때 생기는 일

 불확실함을 향해 다가선다는 것, 불확실함에 대한 내성을 기른다는 것 심지어 불확실함을 포용한다는 것은 어떤 의미일까? 이 질문의 답을 찾기 위해 내가 가장 먼저 만난 사람은 목표 중독증에서 회복 중이며, 그 문제에 관해 급진적인 사고방식을 갖게 된 사람이었다.

 내가 스티브 샤피로를 만난 곳은 뉴욕 웨스트빌리지에 있는 어둑한 바였다. 거기서 그는 맥주 한 잔과 치즈버거를 먹으며 TV의 야구 중계를 지켜보고 있었다. 다시 말해 겉모습은 모든 면에서 전형적인 40대 중반 미국 남자로 보였다. 그의 경력을 미리 살펴봤더라도 그런 인상은 달라지지 않았을 것이다.

 그는 전국을 돌아다니며 기업인 워크숍을 진행하는 컨설턴트다. 그의 인생은 회의실과 공항 라운지, 호텔 바를 배경으로 펼쳐졌고 때로는 파워포인트도 끼어들었다. 그런데 만연한 미소와 솔직한 표정 뒤의 진짜 샤피로는 일종의 첩자 같은 존재다. 그가 전하는 메시지는 미국의 기업 세계가 가장 소중히 여기는 이데올로기의 일부와 정면으로 충돌하기 때문이다. 그는 목표를 포기하고 불확실함을 포용하라고 설득한다. 사실 샤피로도 원래 보수 높은 경영컨설턴트가 되겠다는 목표에 전념하던 성취 지향적인 사람이었다. 하지만 살인적인 업무시간은 그의 결혼생활을 무너뜨렸다. 후에 그는 과거를 돌이켜보며 말했다.

"정말로 내 목표가 나를 그토록 미친 듯이 일하게 내몬 것인지, 아니면 내가 사적인 인생의 문제를 회피하기 위한 핑계로 목표를 이용한 것인지 확실히 모르겠습니다."[12]

그는 더 많은 목표를 세움으로써 인생의 위기에서 빠져나가려고 했다. 어느 시점에는 '기업 혁신 분야의 지도적 인물'이 되겠다는 5개년 계획도 세웠다. 그러나 그 계획 중 어느 것도 그의 인생을 바꿔주지는 못했다. 결국 변화를 불러일으킨 것은 그가 미래를 생각하는 데 너무 많은 에너지를 허비한다고 말해준 한 친구와의 대화였다. 그 친구는 샤피로에게 자신을 '개구리'처럼 생각해야 한다고 말했다. 샤피로는 친구의 설명을 들으며 모욕감을 느껴야 하는 건지 아닌지 헷갈렸다.

"가령 너는 수련 잎 하나를 골라 지켜워질 때까지 거기에서 햇볕을 쬐고 있어야 해. 그러다가 적절한 때가 되면 새로운 수련 잎 위로 폴짝 올라가서 또 한동안 시간을 보내는 거지. 그렇게 반복하면서 어디든 괜찮다 싶은 느낌이 드는 방향으로 계속 이동하는 거야."

수련 잎 위에서 햇볕을 쬔다는 비유가 게으름을 암시하는 것은 아니다. 샤피로의 친구가 말한 요지는 성취를 갈망하며 맹렬히 돌진하던 샤피로의 성격과 딱 맞아떨어졌다. 단지 그 성격을 좀 더 건강한 방식으로 발산하라는 얘기였다. 사실상 그것은 샤피로가 5년 뒤의 시점으로 행복을 유예하는 대신 현재의 일을 즐기도록 해줌으로써 더 많이 성취하게 도와줄 방법이었다. 어차피 그 5년 후에는 분명 새로운 5개년 계획으로 지난 계획을 대체할 테니 말이다. 이러한 발상은 샤피로의 관점을 바꿔놓았고 결국 그를 목표를 없애는 일의 옹호자로 다시 태어나게 해주었다.

스티브 샤피로에게 돈을 주고 조언을 구하는 기업들이 때로 그 발상에 저항감을 느끼는 것도 놀라운 일은 아니다.

"사람들이 나를 이상하게 쳐다볼 때가 간혹 있죠."

샤피로의 말이다. 크리스토퍼 케이스도 비슷한 반발을 경험했다.

"어느 회사를 방문하든 거기엔 꼭 이렇게 말하는 경영자들이 있습니다. '그 사람들이 에베레스트 산에서 했던 그런 일 있잖습니까. 어마어마한 위험을 감수하고 닥쳐올 결과도 무시하면서 아무것도 개의치 않고 꾸역꾸역 앞으로 나아가는 거요. 그게 바로 내가 우리 직원들에게 바라는 겁니다!'"

샤피로가 반신반의하는 고객들에게 펼치는 반론은 그가 '행복과 자기가치의 측면'이라고 부르는 것에서 출발한다. 한마디로 목표 없는 삶이 더 행복한 사람으로 만들어준다는 것이다. 그가 의뢰해 미국의 성인들을 대상으로 실시한 설문조사[13]에서는 41퍼센트가 목표를 달성하는 것이 자신을 더 행복하게 해주지 않았다거나 환멸감만 안겨주었다는 항목에 동의했다. 18퍼센트는 자신의 목표가 친구 사이나 결혼생활, 그밖에 중요한 인간관계를 망쳤다고 응답했다. 36퍼센트는 목표를 많이 세울수록 스트레스가 더 심해졌다고 말했다. 자기 인생에서 스트레스를 줄이는 것이 목표 중 하나라고 한 응답자가 52퍼센트나 되었는데도 말이다.

그러나 경영자들은 샤피로의 또 다른 주장에는 곧잘 긍정적인 반응을 보였다. 그것은 목표를 없애거나 목표에 집착하지 않는 것이 직원들에게서 성과를 이끌어내는 좋은 방법이기도 하다는 주장이다.

샤피로가 목표를 세우지 않고 일하는 것이 효율적임을 보여주는 일화들을 이야기하자 그들은 솔깃해했다. 이를테면 그가 함께 작업한 적 있는 포뮬러원(F1) 피트크루(pit crew, F1 경기에서 연료 주입이나 타이어 교체, 간단한 점검을 맡은 사람)들에게 그는 더 이상 스피드 목표치가 아니라 스타일을 토대로 평가하겠다고 말했다. 현재의 속도 기록을 깨는 것이 아니라 '유연하게' 작업하는 일에 초점을 맞추라는 지시를 따르자, 그들의 작업 속도는 더욱 빨라졌다. 또한 목표를 달성하지 못하다가 목표치를 능가하게 된 판매팀 사례도 있다. 판매사원들에게 목표치를 비밀로 하자는 방침을 세우자마자 나타난 결과였다. 샤피로는 내게 말했다.

"특정 목표 하나나 미래에 대한 확고한 비전 하나만 고집하지 않으면 보다 넓은 방향 감각이 생깁니다. 난 그걸 재즈 같다고 생각해요. 재즈의 즉흥 연주 같은 거죠. 중요한 건 분명한 의도를 염두에 둔 채로 자유롭게 이리저리 거닐어보는 겁니다."

최근에는 단순한 일화 이상의 사례에서도 목표 없는 사업 접근법의 이점이 입증되고 있다. 몇 년 전 사라스 사라스바시라는 학자는 '성공적'이라는 단어를 일정하게 정의한 다음 그 기준에 부합하는 기업가 마흔다섯 명을 모집했다.[14] 각자 사업을 시작한 지 최소한 15년의 경력이 있고 적어도 상장기업 하나를 소유한 이들이었다. 사라스바시는 그들에게 잠재적 수익성이 있는 신제품 소프트웨어와 관련해 자세한 가상 시나리오를 제시했다(공교롭게도 그것은 기업가의 창업을 돕는 소프트웨어였다). 이어 각 참가자와 두 시간씩 면담을 진행해 그들이 솔깃하지만 모호한 그 아이디어를 어떻게 받아들였는지, 그로부터 실제로 돈을 벌 생각이 있는지 알아보았다. 이때 수백 쪽의 면담 녹취록을 만들었고, 이후 비교를 위해 더 역사가 길고 더 큰 기업의 경영자들을 상대로 똑같은 과정을 진행해 역시 수백 쪽의 녹취록을 얻었다.

우리는 흔히 기업가의 특별한 능력이란 독창적인 발상을 내놓고 그 비전을 적극적으로 현실화하는 것이라고 생각한다. 그러나 사라스바시가 면담한 사람들의 관점이 그런 가정을 입증해 주는 경우는 거의 없었다. 그들은 대부분 자신이 정확히 어떤 종착점에 도달할지 알지 못했고 일을 진행하는 방법에도 그 사실이 반영되었다. 그들은 압도적인 비율로 레이섬과 로크의 목표 우선주의를 비웃었다. 자신이 출시하려는 제품에 더욱더 완벽을 기하고자 상세한 사업 계획을 세우거나 포괄적인 시장조사 따위를 거론하는 이는 거의 없었다. 익명의 한 참가자는 사라스바시에게 다음과 같이 말했다.

"나는 시장조사 결과를 믿지 않습니다. 예전에 누군가가 나에게 필요한 건 고객뿐이라고 말하더군요. 온갖 질문을 퍼부어대는 대신 나는 실제로 물건을 팔려고 노력할 겁니다."

기업가는 어떤 요리에 대한 비전을 떠올린 다음 그것을 위해 완벽한 재료를 찾아나서는 고급 셰프처럼 행동하지 않는다. 오히려 그들의 행동은 시간에 쫓기는 평범한 가정요리사에 더 가깝다. 냉장고와 찬장에 무엇이 있는지 체크하고 그때그때 무엇을 어떻게 만들지 생각해내는 방식이다. 한 참가자는 이렇게 말했다.

"나는 항상 '준비하고 쏘고 조준하라'는 모토에 따라 살아갑니다. '준비하고 조준하고, 조준하고 또 조준하는' 데 너무 많은 시간을 쏟으면, 그냥 일에 착수했을 때 생길 좋은 결과는 하나도 얻지 못하죠. 사업 계획이란 게 흥미롭긴 하지만 거기에 실질적인 의미는 없습니다. 긍정적인 일을 계획에 넣는다고 그런 일이 다 일어나는 건 아니니까요."

크리스토퍼 케이스는 '비전'이나 '열정' 혹은 '자신이 집착하는 보상과 자신 사이에 놓인 설람돌을 모조리 부숴버리겠다는 단호한 고집'이 성공적인 기업가의 가치 있는 능력이라고 생각하지 않는다. 그보다는 인습에 얽매이지 않고 무엇이든 배움으로 받아들일 수 있는 태도가 바로 그들의 능력이다. 다시 말해, 목표 지점에 어떻게 도달할 것인지뿐 아니라 어디를 목표 지점으로 삼을지에 대해서도 그때그때 상황에 맞추어 유연하게 결정하는 능력이다. 하나의 특정 목표를 융통성 없이 고수하는 것은 그러한 유연성을 짓눌러 버린다.

사라스 사라스바시는 자신의 반(反)목표 접근법을 일련의 원칙으로 추려내고 그것을 '실행화'라고 불렀다. 그것은 기업가 세계뿐 아니라 그 너머에까지 영향을 미치는 의미 있는 태도로 소중한 삶의 철학이 될 수 있다. 사라스바시의 말을 빌리면 '평범한 정신의 소유자'는 하나의 특정 목표를 채택하거나 제시받은 다음, 사용 가능한 모든 수단 가운데 적절한 것을 골라 목표 달성 계획을 세우는 사람이다. 반면 실행적 정신의 소유자는 자신이 마음대로 사용할 수 있는 수단 및 재료를 검토한 다음, 그 수단으로 실현 가능한 목적 혹은 잠정적인 다음 단계가 무엇인지 생각해낸다.

냉장고를 뒤져 남은 재료로 요리하는 요리사, 자기가 개발한 풀이 점착성이 떨어진다는 것을 알고 그것을 이용해 포스트잇을 만들어낸 화학자, 자기 직업을 불만족스러워하다가 여가용 취미로 즐기던 사진 찍기를 직업으로 삼은 변호사 같은 이들이 실행주의자다.

실행화의 첫째 토대는 '손 안의 새'라는 원칙이다. 당신이 갖고 있는 수단으로 시작하라. 완벽한 기회를 기다리지 마라. 당신이 이미 손쉽게 사용할 수 있는 것, 즉 당신이라는 존재와 당신이 아는 것 또는 아는 사람을 기반으로 행동에 착수하라.

둘째는 '감당할 수 있는 손실'의 원칙이다. 어느 때든 '다음 단계에 어마어마한 성공을 거둔다면 얼마나 멋진 보상이 기다리고 있을까' 하는 생각에 이끌려 행동하지 말라는 얘기다. 그보다는 다음 단계가 실패할 경우 그 손실이 얼마나 클까를 기준으로 행동해야 한다(여기서 스토아 철학의 '최악의 경우' 시나리오의 메아리가 들린다). 그 손실이 감당할 만한 정도라면 더 이상 알아야 할 것은 없다. 그다음 단계를 실행하고 어떤 일이 벌어지는지 지켜보라.

'어떤 일이 벌어지는지 지켜보라'는 말이 사실상 일과 생활에 대한 이 접근법 전체의 모토다. 그것은 두루뭉술한 게 아니라 냉철한 메시지다. 독일의 사회심리학자 에리히 프롬은 "확실성 추구는 의미 추구를 가로막는다. 불확실성이야말로 사람이 자기가 지닌 힘을 다해 무언가를 추진하게 하는 조건이다"[15]라고 했다. 불확실성은 일이 벌어지는 장소이자 성공과 행복 그리고 진짜로 살아가기 위한 기회가 기다리고 있는 곳이다.

미국의 철학자 마사 누스바움은 자신의 전공 분야인 윤리학에 이 관점을 적용해 다음과 같은 결론을 이끌어냈다.

"좋은 사람이 된다는 것은 세상을 향해 특정한 방식의 열린 마음을 갖는 것이다. 이 열린 마음은 자신이 통제할 수 없는 불확실한 일, 극단적인 상황에서라면 자신을 무너뜨릴 수도 있는 불확실한 일조차 신뢰할 수 있는 능력이다. 이는 윤리적 삶과 관련하여 중요한 뭔가를 말해준다. 요긴대 윤리적 삶이란 불확실성에 대한 신뢰, 기꺼이 노출되겠다는 의지를 토대로 한다는 것이다. 이는 보석보다는 식물처럼 존재하는 일이기에 다소 취약한 것이지만, 그런 삶이 지닌 특유의 아름다움은 바로 그 취약성 없이는 존재할 수 없다."[16]

5장

행복이라는 감정에 앞서 '내'가 있었다

THE ANTIDOTE

"당신이 행복하지 않은 이유는 무엇일까?
당신이 생각하고 행하는 모든 것의 99.9퍼센트는
당신 자신을 위한 것이지만,
사실 당신 자신이란 존재하지 않기 때문이다."

-웨이 우 웨이,
《깨달은 자에게 물어라(Ask the Awakened)》 중에서

내가
사라지다

런던 중심부에 있는 러셀 스퀘어의 공원에서 1970년대 말에 시간을 보낸 적이 있다면, 서른 살 정도에 거의 요정처럼 비쩍 마른 남자가 공원 벤치에 앉아 있는 모습을 보았을지도 모른다. 그의 계산을 믿어도 된다면 울리히 톨레는 거의 2년간 비나 폭설이 내릴 때만 제외하고 하루 종일 공원 벤치에 앉아 있었다. 비나 눈이 올 때는 근처의 공공도서관을 피신처로 삼았다. 밤에는 인정 많은 친구들 집 소파 신세를 졌고 그 친구들의 참을성마저 바닥나면 햄스테드 히스의 덤불 속에서 되는 대로 잤다. 이 모든 점을 고려해 볼 때 당신이 그의 존재를 알아차렸을 가능성은 별로 없다. 톨레는 없는 것과 다름없는 존재였기 때문이다. 톨레 본인도 이 표현을 모욕으로 받아들이지 않을 것이다. 그의 관점에서는 그것이 진실이니 말이다.

공원 벤치 생활을 시작하기 몇 달 전, 톨레는 런던 북서부 벨사이즈 파크에 있는 단칸 셋방에서 혼자 살았다. 얼마 전 런던대학에서 석사 과정을 마친 그는 수시로 자살을 생각할 정도로 깊은 우울증을 앓고 있었다. 그러다가 평소보다 더 극심한 절망에 빠진 어느 날 밤, 자기 한계를 넘어 무언가가 툭 하고 부러졌다. 어둠 속에서 그는 거의 마비된 상태로 침대에 누운 채 무시무시한 영적 경험을 했고 그의 주장에 따르면 그 경험은 그때까지 그가 지니고 있던 정체성을 완전히 지워버렸다. 여러 해가 지난 뒤 그는 다음과 같이 썼다.

"그것은 처음에는 느린 움직임이었다. 나는 강렬한 공포에 사로잡혔고 몸이 떨려오기 시작했다. …… 내 자신이 허공 속으로 빨려 들어가는 것을 느꼈다. 그 허공은 외부가 아니라 나 자신 안에 있었다. 갑자기 공포가 사라졌고 나는 내가 그 허공 속으로 빨려 들어가도록 내버려두었다. 그후로는 무슨 일이 일어났는지 전혀 기억이 없다."[1]

의식을 잃은 것이다. 다음 날 깨어났을 때 그는 본능적으로 자신이 이전과 전혀 다른 사람이 되어 있음을 깨달았다. 실제로 일어난 일은 그보다 훨씬 더 비통하고 광포했던 듯하다. 그 자신도 적절히 언어로 표현하지 못할 정도로 말이다. 어쩐 일인지 이제 그에게는 명확한 경계기 그러진 정체성이 존재하지 않는 느낌이었다. 그의 '나'는 행방불명이었다. 이후 그는 '지속적인 평화와 희열'의 느낌에 젖었는데 그것은 얼마 후 조금 희미해지긴 했지만 결코 사라진 적은 없었다.

"나는 마치 갓 태어난 것처럼 지상의 생명이라는 기적에 순전한 경이를 느끼며 시내를 돌아다녔다."

얼마 후 그는 단칸방마저 포기했다. 개인적으로 무엇을 해야 한다는 생각도 해야 할 일도 없었다. 자신의 존재 이외에 다른 어떤 존재가 되어야 한다거나 무엇을 이뤄야 한다고 부추기는 내면의 소리도 없었다. 따라서 러셀 스퀘어 공원 벤치에서 세월을 보내는 것이 그에게는 전혀 이상한 행동으로 여겨지지 않았다. 그는 평화롭고 만족스러운 상태에서 그렇게 살았다.

단칸방에서 그 위기를 겪고 어느 정도 시간이 흐른 뒤 울리히 톨레는 이름을 에크하르트 톨레로 바꾸고 자신의 경험을 이야기하고 글로 쓰기 시작했다. 그로부터 몇 년 뒤 오프라 윈프리라는 또 하나의 힘이 등장해 그를 오늘날의 위치로 끌어올렸다. 그 결과 그는 달라이 라마는 제외해야 할지도 모르지만, 생존하는 '영적' 저술가 중 세상에서 책이 가장 많이 팔리는 작가의 자리에 올랐다. 이러한 사실이 모든 사람에게 그에 대한 신뢰를 높여준 것은 아니다. 회의적인 사람들은 그가 말하는 변화 이야기를 의심해 왔다. 톨레가 의심하는 사람들을 개의치 않는다고 말하는 것을 두고, 그로서는 그럴 수밖에 없을 거라고 말하는 사람도 있다. 자신이 무한한 평온의 영역에 살고 있다고 온 세상을 향해 말해왔는데, 사람들이 자기 말을 곧이곧대로 믿지 않는다고 해서 버럭 화를 낼 수는 없을 거라고 말이다.

톨레 같은 인물이 행복에 이르는 '부정적인 경로'에 기여할 만한 것은 없다고 의심을 해볼 수도 있다. 물론 그것은 타당한 의심이다. 그의 저서가 자리 잡은 '심신과 영혼' 분야의 서가에는 '낙관주의 숭배'를 최악의 형태로 구현한 책이 빽빽이 들어차 있지 않은가. 마술적인 긍정적 사고의 전형인 《시크릿》뿐 아니라 여러 미심쩍은 자기계발계 구루들을 지지한 전력을 감안하면 오프라의 응원도 껄끄럽긴 마찬가지다. 2007년 45일간의 수감생활을 준비하고 있던 사교계 유명 인사 패리스 힐튼이 톨레의 베스트셀러 《지금 이 순간을 살아라(The Power of Now)》를 팔로 감싸안고 있는 모습이 사진에 찍히기도 했다. 이 중 어느 것도 좋은 징조는 아니다.

어쨌든 그날 밤 벨사이즈 파크에서 그에게 어떤 일이 일어났는지는 차치하더라도 그의 통찰은 깊이 생각해 볼 가치가 있다. 대다수가 거의 전적으로 당연하게 받아들이는 것, 즉 자아라는 개념에 대한 그의 관점을 말이다.

지금까지 우리는 행복과 성공에 관한 전통적인 접근법이 본질적으로 동일한 이유 때문에 역효과를 내는 여러 상황을 탐색했다. 그 이유는 행복과 성공을 위해 스스로 노력하는 일과 관련된 뭔가가 그 시도를 방해하기 때문이었다.

이제 바닥부터 뒤흔드는, 다시 말해 그보다 훨씬 더 불안한 가능성을 하나 생각해 보자. 그것이 단순히 방법에 얽힌 문제가 아니라면? 우리가 자신을 바꾸기 위해 동원하는 방법에 관해서뿐 아니라, 우리가 바꾸려고 애쓰는 그 자아의 본성에 관해서까지 착각하고 있는 것이라면? '자아를 말한다는 것'의 의미에 관한 우리의 가정에 의문을 제기한다면, 행복 심리학에도 전혀 다르게 접근할 수 있다.

《지금 이 순간을 살아라》는 '마음은 내가 아니다'라는 첫 장의 제목에서부터 그러한 가정에 의문을 제기한다. 감히 그럴 용기가 있다면 그 제목을 깊이 생각해 보기 바란다.

　물론 우리가 자아에 관해 상식적으로 알고 있는 가정을 재검토해 봐야 한다는 생각은 에크하르트 톨레가 처음 한 것이 아니다. 그것은 불교와 다른 여러 철학 및 종교 전통에서 중심적인 위치를 차지하는 고대의 사유이자 종교와 영성의 역사에 자주 등장해 온 주제라 올더스 헉슬리를 비롯한 여러 사람이 '영원한 철학'이라고 일컬은 것의 일부가 되었을 정도다. 톨레가 한 말에 새로운 것은 전혀 없었지만 그런 사유는 주로 고대의 텍스트 속에 깊이 파묻혀 있다. 내가 톨레를 찾아가보고 싶었던 이유는 그가 몸소 그 모든 것과 관련된 경험을 했다고 주장했기 때문이다. 게다가 그가 그 경험에 관해 기꺼이 이야기하기 때문이기도 했다.

　나는 반쯤은 그가 정교하게 만든 예복을 입고 자기를 떠받드는 시종들에게 둘러싸이고 자기 권위에 도취한 채 아시람(ashram, 힌두교도들이 수행하며 거주하는 곳)에 사는 상투적인 유형의 구루일지도 모른다고 추측했고, 또 반쯤은 정말로 그렇기를 바라기까지 했다. 알고 보니 그는 캐나다 밴쿠버의 쾌적하지만 다소 비좁은 아파트 꼭대기 층에서 살고 있었다. 몸을 살짝 굽힌 그가 직접 문을 열어주었다. 예순 살인 그는 어딘지 새를 닮은 느낌이었고 황금색 예복이 아니라 눈에 띄게 유행에 뒤떨어진 주황색 셔츠와 헐렁한 갈색 바지를 입고 있었다. 내가 그가 가리킨 가죽의자에 앉자 그는 맞은편 소파에 앉아 내가 무슨 말이든 꺼내기를 기다렸다.

　나는 이내 톨레와 함께 있으면 기다리는 일이 많다는 것을 알아챘다. 러셀 스퀘어의 벤치에 앉아 있을 때처럼 그는 그런 상태를 편안하게 받아들이는 것 같았다. 침묵을 메워야 할 필요성도 무언가를 움직여야 할 압박감도 느끼지 않았다. 나는 톨레만큼 편안하지 못했다. 입 밖에 내놓을 만한 분별 있는 말이 하나도 떠오르지 않았기 때문이다. '안녕하세요?(How are you?)'라는 인사조차 첫 질문으로는 문제의 소지가 있다는 생각이 들었다. 그 'you'라는 단어가 정확히 무슨 뜻인지에 관해 이야기하려고 찾아간 것이니 말이다.

나는 생각한다
고로 존재할까

자기 자신만큼 명백하고 근본적이며 부인할 수 없어 보이는 것도 드물다. 어떻게 살아가야 할지(어떻게 하면 행복할지, 어떻게 하면 더 윤리적으로 행동할 수 있을지, 어떤 인간관계를 맺어야 할지, 어떤 직업을 택해야 할지 등)에 대해 아무리 확신이 서지 않아도, 이 모든 것이 그 정체를 쉽게 확신할 수 있는 '나'라는 존재에게서 일어나고 있다는 근본적인 가정은 결코 사라지지 않는다. 사실 이 가정은 서구 철학사에서 가장 잘 알려진 명제, 즉 17세기 프랑스 철학자 르네 데카르트의 "나는 생각한다. 고로 나는 존재한다"라는 말의 토대가 되었을 만큼 견고한 기반으로 여겨졌다.

데카르트는 우리가 살아 있음을 경험으로 알게 해주는 것 중 우리가 정말로 확신할 수 있는 측면이 매우 적다는 것을 깨달았다. 그러나 우리는 우리가 우리라는 것에 대해, 다시 말해 가장 기본적인 의미에서 우리가 우리 자신이라고 여기는 존재에 대해서는 확신할 수 있다.

여기서 데카르트의 논의를 바싹 따라가 보자. 우선 그는 우리에게 할 수 있는 한 많은 농간을 부리기로 작정한 악령이 있다고 상상해 보라고 말한다. "대단히 강력하고 교활하며 (우리를) 속이는 일에 전력을 기울이는"[2] 악령 말이다. 이러한 악령의 농간은 어디까지 갈 수 있을까? 데카르트는 우리가 전적으로 다섯 가지 감각에 의지해 외부세계를 이해하는 것임을 잊지 말라고 지적한다. 보고 듣고 만지고 냄새 맡고 맛볼 수 없다면, 자기 몸 외부에서 일어나는 일에 대해 그 무엇도 알 수 없다. 따라서 원칙상으로는 그 세계에 관해 우리가 알고 있다고 생각하는 모든 것은 사실 악령이 빚어낸 기막히게 상세하고 설득력 있는 환영일지도 모른다.

데카르트는 자신의 머릿속에서 밖을 내다보며 "하늘과 공기, 대지, 색깔, 형태, 소리들을 비롯한 외적인 모든 것"이, 그 악령이 "순진하게 잘 믿는 (우리) 앞에 펼쳐놓은" 단순한 망상이나 함정이 아니라고 어느 정도까지 확신할 수 있느냐고 묻는다. 그런 것은 개연성 없는 시나리오라고 반박할 사람도 있겠지만, 데카르트는 개연성 따위는 신경 쓰지 않는다. 그는 후에 '방법적 회의'라고 알려진 철학적 방법을 동원해 자신이 전적으로 확고부동하게 확실하다고 간주할 수 있는 앎만 분리하려고 시도한 것이다.

데카르트의 악령은 거기서 더 나아간다(어쨌든 그 악령은 극도로 사악한 존재니까). 악령은 적절한 기만적 신호를 뇌로 보냄으로써 우리가 물질적 육체를 소유하고 있다고 느끼도록 조종한다. 실제로 우리에게는 육체가 없을지도 모른다. 우리는 그 악령의 실험실 선반에 놓인 단지 안의 뇌에 불과할 수도 있다. 그런지 아닌지 우리가 어떻게 확신할 수 있단 말인가? 이 대목에서 1999년에 나온 영화 〈매트릭스〉가 떠오르는 것도 우연은 아니다. 그 영화는 본질적으로 17세기 데카르트의 통찰에 대한 20세기의 고찰로 볼 수 있다. 철학자 크리스토퍼 그라우는 이렇게 썼다.

"〈매트릭스〉를 관람한 사람들은 자연스레 의문을 품는다. 내가 매트릭스 안에 있는 게 아니라고 어떻게 확신하지? 이 세계가 어떤 초인적인 지력을 지닌 존재가 꾸며낸 정교한 가짜 세계가 아니라고 어떻게 확신한단 말인가? 내가 도저히 그 계략을 간파할 수 없는 방식으로 꾸며낸 세계 말이다."[3]

데카르트는 기만일지도 모르는 이 모든 가능성에 결코 환상일 수 없는 사실이 딱 하나 존재한다고 주장했다. 그것은 이 모든 것을 경험하는 존재가 우리 자신이라는 사실이다. 다른 모든 것에서 자신이 속고 있을지도 모른다고 두려워하는 사람조차, 그 속고 있는 '자신'이 존재한다는 것은 분명히 알고 있다는 말이다. 악령도 그것만큼은 꾸며낼 수 없다.

"나는 생각한다. 고로 나는 존재한다"는 말은 적절하게 사고하는 사람이면 누구나 인식할 수 있는 가장 우선적이고 확실한 명제다. 우리가 철저하게 확신할 수 있는 것은 얼마 없을지도 모른다. 하지만 우리는 우리가 우리라는 것은 안다. 자기 자신으로 존재한다는 의식이 환상일 리 없다. 일단 환상일 가능성이 있는 이 모든 것을 경험하는 존재가 우리 자신이기 때문이다. 속아 넘어가려면 우선 속을 누군가가 있어야 한다.

그런데 정말 그럴까? 데카르트와 동시대에 살았던 프랑스의 철학자이자 성직자인 피에르 가상디는 데카르트의 이러한 추론에서 잠재적 결함을 발견한 최초의 인물이다. 가상디는 유럽의 지식인들에게 데카르트가 심각한 오류를 범했음을 납득시키는 데 자기 경력의 상당 부분을 쏟아부었지만, 별다른 성과를 거두지 못했다. 데카르트의 '체계적 회의'는 경험의 본질에 관한 근거 없는 가정은 모조리 제거하겠다는 의도로 만들어진 것이다.

그러나 가상디는 '나는 생각한다. 고로 나는 존재한다'에는 하나의 최종적인 악마적 가정이 숨어 있다고 주장했다. 사고가 계속된다는 사실만으로는, 사고하는 주체가 하나의 구체적이고 단일한 사고 행위자, 즉 '나'라고 본 데카르트의 결론이 정당화되지 않는다. 후에 독일의 과학자 게오르크 리히텐베르크가 표현한 바에 따르면, 데카르트가 "생각이 일어나고 있다"라고 주장했다면 모르지만 "나는 생각한다. 고로 나는 존재한다"라고 주장한 것은 타당하지 않다.

여기에 숨어 있는 가정을 가장 생생하게 표현한 이가 18세기 전반에 활동한 스코틀랜드의 위대한 철학자 데이비드 흄이다. 그는 자기식의 사고 실험을 하나 제안했다. 체계적 회의 같은 건 접어두고 단순히 주의를 자기 내면으로 돌려 우리가 '자신'이라고 부르는 그것을 찾아보라고 제안한 것이다. 흄 자신도 수차례 시도했지만 한 번도 성공하지 못했다고 한다. 그가 찾아낸 것은 자신이 아니라 감정, 감각, 생각 같은 특정한 과정뿐이었다. 그러한 감정을 느끼고 감각을 감지하고 생각을 사고하는 자신은 어디에 있단 말인가? 흄은 곤혹스러웠다.

> "내가 나 자신이라고 부르는 것 속으로 가장 내밀하게 들어갈 때마다 항상 마주치는 것은 열기와 냉기, 빛과 그림자, 사랑과 증오, 고통과 기쁨 등에 관한 이런저런 특정 지각이었다. 어느 때든 한 가지 지각을 동반하지 않은 상태로 나 자신을 포착하는 것은 불가능하고 그 지각 외에는 그 무엇도 결코 관찰할 수 없다. 깊은 수면을 취할 때처럼 일정 시간 동안 내 지각을 제거하면, 즉 내가 나 자신을 의식하지 못하면 나는 존재하지 않는다고 말하는 것이 진실일지도 모른다. …… 어떤 사람이 진지하게 편견 없이 고찰해 보고 그 자신에 관해 이와 다른 견해를 얻는다면, 나는 그와는 논리적 토론을 할 수 없을 거라고 고백할 수밖에 없다."[4]

흄은 어떤 식으로든 정체를 명확하게 확신하고, 그것을 쉽게 찾아내는 자아가 다른 사람들(어쩌면 그를 제외한 세상의 모든 사람)에게 존재할 가능성까지 완전히 배제하지는 않는다. 그가 직접 접근할 수 있는 유일한 내면세계는 데이비드 흄이라는 사람의 내면세계뿐이니 그 반대를 어떻게 입증할 수 있겠느냐는 얘기다. 그러나 그는 그 가능성마저 의심하며 다음과 같이 덧붙인다.

"나는 나머지 인류도 상상하지 못할 만큼 재빨리 꼬리를 물고 이어지며 끊임없이 흐르는 다양한 지각 다발 혹은 모음에 지나지 않는다고 감히 단언한다."

현대의 신경과학은 자아란 우리가 상상하는 '그것'이 아니라는 의혹에 힘을 실어주는 강력한 증거를 제공해 왔다. 신경심리학자 폴 브룩스에 따르면 "뇌 속에는 모든 것이 하나로 모이는 중심"[5] 같은 것은 존재하지 않는다.

이와 관련된 적절한 예는 '분할 뇌'를 가진 환자, 즉 뇌의 좌반구와 우반구를 연결하는 뇌량이 끊긴 사람들을 대상으로 한 실험에서 나온다.

신경과학자 마이클 가자니가가 밝혀냈듯 분할 뇌를 가진 환자들은 그들의 양쪽 반구에 각기 독립적인 자아가 존재하는 것처럼 행동한다.[6] 한 연구에서 그런 환자의 우반구에만 '걷다'라는 단어를 입력했다. 그러자 그는 일어나서 걷기 시작했다. 왜 그렇게 했느냐고 묻자 언어를 담당하는 좌반구가 재빨리 '콜라를 가지러 가려고'라는 그럴듯한 이유를 지어냈다. 양쪽 반구는 각자 독립적으로 우리가 흔히 '자아'와 연관 짓는 방식으로 행동할 줄 아는 듯하다. 이는 뇌의 한 영역에 자아가 자리 잡고 있을 거라는 생각을 의심하게 만든다.

철학자 줄리언 바지니는 이것이 자아가 '존재하지 않는다'는 말과 같은 뜻은 아니라고 지적한다. 우리가 단일한 존재가 아닌 여러 가지가 복잡하게 조합된 존재라고 해서 우리가 실재가 아니라고 결론지을 수는 없다는 말이다. 흄의 표현대로 '지각 다발'은 여전히 실재하는 지각들의 다발이다. 그러나 우리가 조금만 더 자세히 살펴보면 실상과 거리가 먼 것으로 밝혀지는 자아라는 용어 및 개념을 사용해 왔다는 사실에는 변함이 없다.

생각들보다
현재의 순간이 더 중요하기에

에크하르트 톨레는 나를 바라보며 다정하게 눈을 깜박였다.

"시간을 내주셔서 감사합니다!"

나는 다소 주저하듯 이렇게 말을 꺼냈다가 곧바로 자책했다. 톨레가 '시간'은 더 이상 의미 있는 방식으로 경험할 수 없는 것 중 하나라고 주장했음을 뒤늦게 떠올렸기 때문이다. 그는 《지금 이 순간을 살아라》에서 "시간은 하나의 환상일 뿐이므로 전혀 소중하지 않다"고 썼다. 오직 현재, '지금'만이 실재다. 이 주제는 나중에(이 대목에서 이렇게 말하는 건 역설적이지만) 좀 더 다루기로 하자.

"저도 정말 기쁜 일인 걸요."

그는 또 친근하게 눈을 깜박이고는 다시 기다렸다. 그의 기다림과 미소, 눈 깜박임은 전에도 본 적이 있다. 몇 년 전 오프라 윈프리는 자신의 토크쇼에서 톨레의 책들을 격찬하는 한편, 10주짜리 온라인 세미나 비디오에 톨레를 출연시켰다. 그때 윈프리는 수차례나 그를 지구의 의식을 변화시킬 힘을 지닌 영적 지도자로 표현했다. 톨레는 그저 미소를 지으며 눈만 끔뻑였다. 윈프리는 침묵이 길게 이어지면 안 된다는 중요한 방송 원칙 중 하나를 아무렇지도 않게 깨뜨리는 톨레의 태도에 안절부절못하는 것처럼 보였다.

스트레스를 받을 때면 우리는 머릿속의 목소리(당시에는 의미 있는 첫 질문을 아직도 찾아내지 못한 나를 책망하던 목소리였다)를 의식하게 되는데, 당시 나는 확실히 스트레스를 받고 있었다. 내가 마침내 던진 질문에 그가 해준 설명에 따르면, 사실 톨레의 철학은 우리가 평생 그런 목소리와 더불어 보낸다는 사실에서 출발했다. 그 목소리는 현실을 판단하고 해석하며 우리의 감정 반응을 결정한다.

그것은 끊임없이 요란하게 재잘거리기 때문에 우리는 그 목소리 자체를 우리 자신과 동일시하게 된다. 조잘조잘 흘러가는 그 생각의 흐름이 바로 우리라고 생각하는 것이다. 만약 마음속에서 일어나는 일에 대한 이 설명이 의심스럽다면, 그 재잘거림을 자신과 너무 긴밀히 동일시한 바람에 실상을 알아차리지 못하는 것은 아닌지 생각해 보라.

행복에 이르는 걸 방해하는 가장 큰 걸림돌이 뭐라고 생각하느냐고 묻자, 톨레는 고향인 독일식 발음이 묻어나는 억양으로 대답했다.

"자기 머릿속에서 일어나는 생각을 자신과 동일시하는 겁니다. 자기 마음속에서 쉴 새 없이 스쳐가는 생각을 제외하면 아무 의식도 존재하지 않습니다. 머릿속의 목소리와 자신을 너무 동일시한 나머지 그 목소리가 자기 자신이라고 생각하는 거죠."

톨레는 《새로운 지구(A New Earth)》에서 벨사이즈 파크의 단칸방에서 그 끔찍한 밤을 겪기 몇 달 전에 일어난, 즉 겉보기에 별로 중요치 않아 보이는 어떤 사건에 대해 들려준다. 그것은 그가 머릿속 생각을 자신과 얼마나 동일시하는지 처음으로 깨닫게 해준 사건이었다.

당시 런던대학 중앙도서관에서 공부하고 있던 그는 매일 아침 혼잡한 출근 시간이 지나면 지하철을 타고 도서관으로 향했다.

> 한번은 30대 초반의 한 여자가 내 맞은편에 앉았다. 그전에도 지하철에서 몇 차례 본 여자였다. 누구라도 그 여자의 존재를 의식하지 않을 수 없었다. 지하철 안은 만원이었지만 그녀의 양옆 좌석에는 아무도 앉지 않았는데, 그녀가 정신 나간 사람처럼 보였기 때문일 것이다. 여자는 극도로 긴장했고 화가 난 듯한 목소리로 끊임없이 혼잣말을 늘어놓았다. 자기 생각에 완전히 몰두해 다른 사람이나 주변을 전혀 의식하지 못하는 것 같았다. …… 그녀의 혼잣말은 이런 식이었다. "그러니까 그 여자가 나한테 이러는 거야……. 그래서 내가 그 여자한테 넌 거짓말쟁이야라고 말했지. …… 감히 네가 날 비난해? …… 항상 나를 이용해 먹는 주제에…… 난 널 믿었는데 넌 내 믿음을 배신했어……"

그 여자는 톨레와 같은 역에서 내렸다. 호기심이 동한 톨레는 뒤를 따라가 보기로 했다. 그런데 알고 보니 그 사람도 자기처럼 대학 도서관으로 향하고 있었다. 그 사실에 톨레의 마음은 불편해졌다. 야심 차고 의욕 넘치는 젊은 대학원생이던 그는 학문 연구가 인간 행위의 정점이며, 대학은 일정 수준에 도달했거나 적어도 그것을 지향하는 지식인으로 이뤄진 엘리트 계층의 근거지라고 생각하고 있었기 때문이다. 그는 자신이 의아해했던 것을 기억한다.

"저 여자처럼 미친 사람이 어떻게 이곳에 속할 수 있지?"

열람실에 들어가기 전 화장실에 들렀을 때도 나는 그 여자 생각만 하고 있었다. 나는 손을 씻으며 '나는 그 여자처럼 되지 않았으면 좋겠어'라고 생각했다. 순간 내 옆에 있던 남자가 나를 흘낏 쳐다보았고 나는 방금 내가 속으로만 생각한 게 아니라 큰 소리로 중얼거렸음을 깨닫고 충격에 빠졌다. 그리고 생각했다.
'이런 세상에, 내가 벌써 그 여자처럼 돼버렸군.'

이 이야기를 처음 읽었을 때 나는 스토아 철학을 연습한답시고 런던 지하철에서 큰 소리로 역 이름을 외쳤던 일이 떠올라 창피함에 몸이 배배 꼬였다. 당시 내 의도는 나도 창피함을 참아낼 수 있는지, 다른 사람들이 나를 미친 사람이라고 생각하는 걸 감당할 수 있는지 알아보는 것이었다. 톨레의 주장은 그보다 더 급진적이었다. 그런 '미친' 사람과 그 나머지를 나누는 것은 아주 가느다란 선이라는 것이다.

둘 사이의 주된 차이점은 미치지 않은 사람들은 머릿속의 끊임없는 재잘거림이 남들에게 들리지 않게 한다는 것뿐이다.

톨레는 우리가 내면의 중얼거림과 자신을 동일시하고, 그것을 우리 자신으로 여길 때 사고가 강박성을 띤다고 말한다. 우리는 끊임없이 그렇게 할 뿐 아니라 사고를 잠시 멈추고 한숨을 돌릴 수 있다는 것은 생각조차 못한다. 우리는 우리가 생각한다는 것과 우리가 사람으로서 계속 존재한다는 것을 동일한 일로 여긴다. 톨레는 "생각을 멈출 수 없다는 것은 끔찍한 고통이다"라고 썼다.

"그러나 우리는 이 사실을 깨닫지 못한다. 거의 모든 사람이 그 고통에 시달리고 있기 때문이다. 그래서 정상적인 일로 여긴다."

자신을 사고와 동일시함으로써 우리가 구축한 자아의식을 톨레는 '에고'라고 부른다(사상가들은 각자 다른 방식으로 이 단어를 사용한다). 본질적으로 에고를 위해 살아가는 일은 우리를 결코 행복하게 해주지 못한다. 에고가 행복을 가져다줄 수 없는 이유는 무엇일까? 여기서 톨레의 주장은 우리의 판단이 우리를 괴롭히는 원인이라고 단언한 스토아 철학과 상통한다. 톨레는 거기서 한 발 더 나아가 우리는 그 판단을 우리의 다른 모든 생각과 더불어 우리 자신으로 여긴다고 말한다.

우리는 생각 때문에 괴로움을 겪을 뿐 아니라 그 생각이 우리 자신이라고 여긴다는 얘기다. 이 동일시의 결과로 생겨난 에고는 그 자체로 생명력을 지닌다. 그것은 불만족을 통해, 즉 그것이 현재의 순간과 맞부딪쳐 만들어내는 마찰로 생명을 이어간다. 우리가 현재 일어나는 일에 반대하고 끊임없이 미래를 향해 투사하기 때문에 행복은 항상 다른 시간에 있을 뿐 결코 현재에 존재할 수 없게 된다.

톨레는 드라마가 에고의 자양분이라는 표현을 곧잘 쓴다. 드라마에는 강박적인 사고가 씹어 먹을 거리가 많기 때문이다. 또한 에고는 미래에 초점을 맞출 때도 잘 자란다. 자기도 모르게 하는 강박적인 사고는 현재보다 미래를 대상으로 하는 게 훨씬 쉽기 때문이다(한번 시도해 보면 현재에 대해 강박적으로 사고하는 것이 쉽지 않음을 알 수 있다).

이 모든 게 옳다면 우리는 무의식적으로 자신에게 불행을 선고해 온 셈이다. 강박적 사고는 우리가 존재의 핵심으로 여기는 것이지만 그것은 불만을 느껴야만 존재할 수 있다. 이 함정에서 빠져나가는 방법은 사고를 멈추는 것이 아니라(톨레도 사고가 매우 유용하다는 데 동의한다) 생각과 자신을 동일시하는 고리에서 벗어나는 것이다.

생각을 자기 자신으로 여기는 것을 그만두는 일은 《지금 이 순간을 살아라》에 나오는 표현을 빌리면 "마음은 내가 아니라는 것"을 깨닫는 일이다. 우리는 보통 마음이 우리를 이용하게 내버려 둔다. 톨레는 마음에 이용당하지 말고 우리가 마음을 도구로 사용해야 한다고 말한다. 그는 데카르트가 "나는 생각한다. 고로 나는 존재한다"라고 말했을 때, '가장 근본적인 진리'를 발견한 게 아니라 '가장 기본적인 오류'를 표현한 것이라고 주장한다.

그날 밤 단칸방에서 어마어마한 힘으로 톨레에게 닥친 일은 정확히 말해 생각과의 동일시를 끊어내는 것이었다. 당시 그는 언어와 역사 전공으로 석사 학위를 받았고 박사 과정을 준비하던 중이었다. 그는 회상했다.

"내가 잘해내지 못하면 어쩌나 하는 두려움이 동기를 자극했기 때문에 나는 정말 열심히 공부했다."

그는 자신을 성장 중인 지식인으로 보았고 "인간 존재의 딜레마에 대한 모든 해답은 지성을 통해, 즉 사고를 통해 찾아낼 수 있다고 확신했다." 그러나 그의 지적인 노력은 그를 행복하게 해주지 못했고 그 깨달음은 그의 마음을 더욱 불편하게 만들었다.

"나는 거의 지속적인 불안 속에서 지냈다."

처음에는 점진적으로, 그러다가 급속도로 불안의 강도가 높아졌다. 무언가는 물러나야 했다. 마침내 그의 스물아홉 번째 생일 며칠 뒤인 그날 밤, 그것은 물러났다.

> 새벽에 나는 절대적인 두려움에 사로잡혀 꼼짝 못하는 채로 깨어났다. 그전에도 그런 기분으로 잠에서 깬 적이 많았지만 이번에는 그 어느 때보다 감정이 강렬했다. 밤의 정적과 어두운 방 안에 어렴풋이 보이는 가구들의 윤곽, 멀리서 지나가는 기차의 소음. 그 모든 것이 낯설고 적대적이며 철저히 무의미하게 느껴져 내 속에는 세상에 대한 깊은 혐오감만 차올랐다. 무엇보다 혐오스러운 것은 나 자신이 존재한다는 사실이었다. …… 완전한 파괴에 대한, 존재하지 않음에 대한 깊은 갈망이 계속 살아야겠다는 본능적 욕구보다 훨씬 강해지고 있음을 느꼈다.
> '더 이상 나 자신을 견디며 살 자신이 없어.'
> 이 생각이 내 마음속에서 계속 되풀이됐다.

'더 이상 나 자신을 견디며 살 자신이 없어'는 진부한 문장이지만 그 문장에 내포된 의미는 톨레를 완전히 멈춰 서게 만들었다.

"내가 나 자신을 견디며 살 수 없다면 나는 '나'와 내가 견딜 수 없다는 '나 자신', 이렇게 둘이어야 한다. 그 둘 중 하나만 진짜일 거라는 생각이 들었다. 이런 깨달음에 망연자실해져 마음이 멈춰 서고 말았다. 의식은 있었지만 더 이상 어떤 생각도 일어나지 않았다."

그가 알아차리기도 전에 아침이 되었다. 그 아침에 그는 '지속적인 평화와 희열'로 가득 찬 상태였다.

그의 이야기를 그대로 믿는다면 그때 일어난 일은 그가 더 이상 자신의 생각이 자신이라는 착각을 하지 않게 된 것이다. 대신 그는 자신을 그 생각을 지켜보는 관찰자로 보았다. 이는 의도적으로 자신의 생각을 지켜보기로 결심하면 누구나 쉽게 해볼 수 있는 경험이다. 톨레는 쥐구멍 앞을 지키는 고양이처럼 다음에 일어날 생각이 무엇일지 가만히 지켜보라고 충고한다.

"생각에 귀를 기울이고 있으면 생각만 의식하는 것이 아니라 그 생각을 지켜보는 자신도 의식하게 된다. 의식의 새로운 차원 하나가 등장하는 셈이다. 생각에 귀를 기울이는 동안, 말하자면 그 생각 뒤 혹은 밑바탕에 있는 의식하는 존재(더 깊은 곳에 자리한 자아)를 느낀다. 이때 생각은 우리를 좌지우지하는 힘을 상실하고 재빨리 주저앉는다. 우리가 더 이상 생각과 자신을 동일시함으로써 생각에 힘을 실어주지 않기 때문이다. 이것이 자신도 모르게 하는 강박적 사고를 끝내는 첫 걸음이다."

누구나 생각 '뒤 혹은 밑바탕에 있는' 무언가를 경험한 적이 있을 것이다. 아름다운 풍경을 보고 경외감에 숨이 턱 막히거나 격렬한 운동을 하고 난 뒤 혹은 사랑을 나누는 동안 일시적으로 사고가 빠져나간 듯한 순간에 말이다. 비결은 생각하고 있을 때조차 생각에 대해 항상 그런 태도를 유지하는 데 있다. 이러한 이야기가 조금이라도 익숙하게 들린다면 그것은 불교와 연결되기 때문일 것이다. 자신의 생각을 지켜보는 것은 명상의 한 형식이다.

톨레의 생각을 회의적으로 보는 사람들이 그의 관점 중 유난히 받아들이기 어려워하는 부분이 바로 이 지점이다. 그는 우리가 에고를 자신과 동일시하는 것만 그만둔다면 진정한 자신이 누구인지 발견할 수 있다고 가정하는 듯하다. 가짜 자아 뒤에 줄곧 숨어 있던 '보다 깊은 자신' 혹은 자신의 '진정한 존재'를 발견한다는 얘기다. 이런 식의 이야기는 당연히 주류 철학자들을 거북하게 만든다. 자아에 대한 전통적인 이해를 해체하는 데 성공했다고 해서 반드시 '진정한' 자아를 발견할 수 있는 것은 아니다. 어쩌면 우리는 흄의 표현대로 '지각 다발'일 뿐인지도 모른다. 우리가 누구인가에 대한 '더 깊고,' '더 참된' 의미는 없을 수도 있다. 그러나 다시 한 번 말하지만 우리가 이 질문에 결정적이고 확실한 답을 내놓아야 하는 건 아니다. 그저 그 질문을 던져보는 것이 중요하다. 지금은 자기 내면을 검토해 보는 것으로 충분히디. 생각을 자신과 완전히 동일시할 때보다 생각의 관찰자가 되려고 할 때 어떤 평온함이 느껴지지 않는가?

낙관주의에 초점을 맞추고 목표에 집착하며 긍정적 사고로 행복에 도달하려는 접근법은 에고가 정말 좋아하는 것이다. 긍정적 사고는 자기 생각과의 동일시에서 벗어나는 게 아니라 오히려 자기 생각과 온전히 동일시하는 방법이다. 낙관주의 숭배는 순전히 행복하거나 성공적인 미래를 기대하는 것이며, 그럼으로써 행복은 지금이 아닌 다른 언젠가에 속한 것이라는 메시지를 강화한다. 상황을 개선하려는 계획과 방안을 세우면 행복을 발견할 수 있는 유일한 시간인 현재에 대한 불만이 커진다. 톨레는 내게 이렇게 말했다.

"중요한 것은 내면의 영상에 끊임없이 정신이 팔려 현재에서 멀어지면 안 된다는 것입니다. 사람들은 대부분 현재의 순간에 온전히 존재하지 않습니다. 무의식적으로 지금보다 다음 순간이 더 중요할 거라고 믿기 때문이죠. 그러면 인생 전체를 놓치고 맙니다. 인생 전체도 결국 언제나 지금이니까요. 어떤 사람들에게 그건 하나의 계시죠. 자기 인생 전체가 언제나 지금일 뿐이라는 깨달음 말입니다. 이 말이 사실이 아닌 것처럼 혹은 그 반대가 사실인 것처럼 인생의 상당 부분을 살아왔음을 갑자기 깨닫는 사람들이 많아요."

우리는 의식하지 못하는 사이에 미래가 현재보다 본질적으로 더 가치 있는 것처럼 행동한다. 그러나 미래는 절대로 도착하지 않는 시간일지도 모른다. 미래의 문제를 해결할 방법을 찾는 대신 지금 자신에게 어떤 문제가 있는지 자문해 본다면 사태를 더욱 분명히 알아차릴 수 있다. 당장 육체적 고통을 느끼는 경우가 아니라면 그 물음에 대한 답은 '없다'일 가능성이 크다. 문제는 대부분 5분 후든 5년 후든 미래에 어떤 일이 나쁘게 풀릴지도 모른다는 생각이나, 과거에 일어난 일에 관한 생각과 관련돼 있다. 지금 이 순간에 자신을 괴롭히는 문제를 찾는 것은 이상할 정도로 어려운 일일지도 모른다. 그리고 우리는 항상 현재에 존재한다.

이제 자존감이라는 까다로운 주제를 생각해 보자. 우리는 자존감이 높아야 좋은 것이라고 가정하는 경향이 있지만, 일부 심리학자는 오래전부터 그 개념 자체가 잘못되었을지도 모른다고 의심해 왔다. 자존감은 쉽게 정체를 규정할 수 있는 단일한 자아라는 전제를 바탕으로 하기 때문이다. 자신의 '자아'에 전체적으로 긍정적인 점수를 주는 것은 사실상 대단히 위험한 일일 수도 있다. 문제는 그럴 때 우리가 자기평가라는 게임을 한다는 사실 그 자체에 있다. 그것은 자신이 보편적인 점수를 매길 수 있는 단일한 자아라고 암묵적으로 가정하는 셈이다.

자신에게 높은 점수를 줄 때 우리는 실제로 나쁜 점수를 줄 가능성을 만든다. 애초에 자신의 자아가 '좋거나' '나쁠' 수 있는 무엇이라는 생각을 강화하니 말이다. 이는 언제나 말도 안 되는 지나친 일반화다.

우리에게는 장점과 약점이 있으며 좋은 행동을 하기도 하고 나쁜 행동을 하기도 한다. 이 모든 미묘한 차이를 자존감이라는 포괄적인 개념으로 덮어버리는 것은 불행을 자초하는 지름길이다. 자존감이라는 개념에 반대하는 심리학자 폴 호크는 자녀에게 높은 자존감을 심어주는 것은 "아이들에게 오만함과 자만심, 우월감을 가르치는 일"이라고 주장한다.7 반대로 아이들의 높은 자존감이 휘청거릴 때는 "죄책감, 우울, 열등감, 불안감"이 파고든다. 일반화는 포기하는 쪽이 더 낫다. 원한다면 자신의 각각의 행동을 좋거나 나쁘다고 평가하라. 가급적 좋은 행동을 많이 하고 나쁜 행동은 적게 하려고 노력하라. 하지만 거기에 자아를 집어넣지는 마라.

자아를 이런 식으로 보는 일에 담긴 가장 중요한 의미는 이타심과 관련이 있다. 우리는 개인적인 경험과 수십 년간의 심리학 연구를 통해 다른 사람을 돕는 것이 자신에게만 초점을 맞추는 것보다 훨씬 믿을 만한 행복 비법임을 알고 있다. 긍정적 사고를 비롯해 행복에 대한 전통적 접근법에서 유난히 못마땅한 측면은 자기 몰두를 조장한다는 점이다. 다른 한편으로는 행복에 대한 '이타적' 접근법도 우리를 개념적 혼란으로 몰고 갈 수 있다. 가령 자신의 행복을 위해 자원봉사를 한다면 그걸 전적으로 이타적이라고 할 수 있을까? 진정으로 이타적이려면 꼭 자신을 불행하게 만들어야 하는 것일까? 이러한 질문은 꼬리를 물고 이어진다. 어쩌면 이 모든 난감한 질문에 대한 답은 이기적 혹은 이타적으로 행동하는 게 아니라, 그 구분의 바탕인 자아 개념 자체에 의문을 제기하는 것일지도 모른다. 결국 '이기적' 행위와 '이타적' 행위 모두 불안을 먹고 번성하는 에고를 살찌울 뿐이다. 톨레는 자아를 움켜쥔 힘을 좀 풀면 에고의 방해를 벗어나 자신의 행복이든 타인의 행복이든 행복을 가꿔나갈 더 좋은 기회를 얻는다고 말한다.

어디까지가
나인가

이 모든 이야기에 아무 감흥도 일어나지 않거나 자신의 내면적 경험과 일치하는 구석이 전혀 없다고 말하는 사람도 있을 수 있다. 그렇다면 자아가 흔히 생각하는 것과 다르다는 것을 보여줄 또 다른 관점이 있다. 여기서는 자칭 '영적 엔터테이너'라는 앨런 와츠의 글을 바탕으로 내가 응용한 제법 긴 사고 실험을 통해 이 논의를 전개하고자 한다.[8] 미국 웨스트코스트에서 살다가 1973년에 세상을 떠난 와츠가 자신만의 획기적인 통찰을 내놓은 것은 아니다. 그는 동양철학을 서양 사람들에게 설명해 주며 대중화하는 일에 열중했다. 오늘날의 전문적인 철학자들 가운데 그를 철학자로 인정해 주는 사람은 별로 없는 듯하다. 하지만 뉴에이지나 사이비과학 따위가 아닌 철저하게 합리적인 사고에 바탕을 둔 그의 통찰은 놀랄 만큼 즐거운 방식으로 우리의 정신을 비틀어준다.

와츠는 지극히 단순명료해 보이는 질문으로 시작한다. 당신은 무엇이 당신의 경계라고 생각하는가? 그러니까 당신이 끝나고 당신이 아닌 '나머지 세계'가 시작되는 곳은 어디인가? 와츠는 사람들의 답을 보면 대개 자신을 '피부로 포장한 존재'로 여긴다는 것을 알 수 있다고 말했다. 육체를 감싸고 있는 피부가 우리의 경계를 이룬다고 생각한다는 말이다.

이러한 생각에 담긴 문제 중 하나를 단박에 찾아낼 수 있다. 우리는 '나'라는 단어를 쓸 때 가끔은 그와 다르게 사용한다. 몸 전체가 아니라 머릿속에 있는 무언가를 가리키는 '나' 말이다. 이 정의에 따르면 몸의 나머지 부분은 머리와 같은 정도로 '나'라고 할 수 없다. 발을 절단해야 한다고 생각해 보자. 발이 없어지면 그만큼 자기 자신에게서 멀어진 거라고 여길까? 아마 아닐 것이다. 그러나 잘라내야 하는 것이 머리라면 사정이 다르다. 결국 신체적인 측면에서만 지칭하는 '나'에도 두 가지 다른 정의가 있는 셈이다.

일단 '피부로 포장한 존재'라는 정의를 계속 따라가 보자. 엄청나게 성능 좋은 현미경으로 왼손을 확대해 집게손가락의 한 부분과 그를 둘러싼 공기의 작은 부분을 보고 있다고 가정해 보자. 충분히 확대할 경우 현미경을 통해 보이는 것은 손가락을 구성하는 분자와 주위의 공기를 이루는 분자의 불협화음이다. 이는 우리를 다음 질문으로 데려가는데, 어쩌면 같은 질문을 달리 표현하는 것뿐인지도 모른다. 우리가 이 분자 가운데 어떤 것과 다른 것 사이에 경계선을 그려 '나'와 '나 이외의 세계'를 정의할 때, 그렇게 경계를 짓는 근거는 무엇인가? 충분히 확대한 상태에서는 우리가 말하는 것이 결국 분자들임을 쉽게 알 수 있다. 그 분자들 중 어떤 것만 '나'라고 할 만큼 특별히 여기는 이유는 무엇일까?

머리에 번뜩 떠오르는 한 가지 명백한 답은 의식적 통제와 관련이 있다. 예를 들어 우리는 피부 외부의 다른 것에 영향을 미치는 것과 다른 방식으로 자신의 집게손가락을 마음대로 움직일 수 있다. 그렇다면 이것이 피부를 경계선으로 정하는 가장 중요한 이유인지도 모른다. 피부를 경계로 한쪽은 의식적 통제가 가능하고 반대쪽은 의식적으로 통제할 수 없다. 와츠는 이 답에도 할 말을 준비하고 있다. 그는 자신의 호흡도 정말로 의식적으로 통제하느냐고 묻는다. 적극적, 의식적으로 혈관을 통해 피를 돌리거나 바이러스 감염에 맞서 싸우도록 항체를 보내는가? 우리는 그렇게 하지 못한다. 그런 일은 저절로 일어난다. 내가 통찰명상센터에서 통렬히 깨달은 대로 사고 자체도 우리가 생각하듯 자발적인 게 아니다. 대개의 경우 생각은 저절로 일어난다. 아마도 당신은 이렇게 대답할 것이다.

"의식적이라는 단어는 쓰지 말았어야 했다. 분명 무의식적 통제도 한 부분을 차지한다. 의시적이든 무의식적이든 나는 내 피부 안에서 일어나는 모든 것을 통제하지만 피부 밖의 것은 전혀 통제하지 못한다."

이 역시 사실이 아니다. 우리는 피부 밖의 수많은 것에도 통제력을 발휘한다. 적당한 도구만 사용하면 뒷마당에 수영장을 만들 수 있고, 독재자를 무너뜨리자고 수천 명을 설득할 수도 있다. 그러면 당신은 그것은 다른 문제라고 주장할 것이다. 그것은 간접적인 형식의 통제지만 자기 팔다리에 미치는 통제력은 보다 직접적인 느낌이 든다고 말이다. 와츠는 이러한 반박을 가만히 흘려듣지 않았다. 그것이 순환 논법에 기대고 있고 우리가 풀려고 하는 그 난제에 대한 해답을 전제하고 있기 때문이다. 결국 '직접적' 통제와 '간접적' 통제의 구별은 우리가 '자신'과 나머지 세계 사이의 경계선을 어디에 긋느냐로 결정된다. 지금 우리가 문제로 삼는 것은 그 경계선이며, 전통적으로 그 경계를 그리던 위치가 정당한 근거에 따른 것인가 하는 점이다.

이쯤 되면 우리가 얼마나 곤란한 입장에 처해 있는지 분명해졌을 터다. '나'와 '나 아닌 것' 사이에 경계를 긋는 근거로 우리가 어떤 기준을 제시하든, 최소한 그 문제를 의심하게 만드는 반론은 항상 존재한다. 바로 이 지점에서 와츠는 자기 논의에서 가장 혼란스러운 부분을 꺼내놓는다. 내 경험에 따르면 이 부분을 처음 접할 때의 느낌은 느긋하게 걸어서 완만한 언덕의 꼭대기에 올라갔다가, 그 꼭대기가 철썩이는 파도 위에 솟은 높고 가파른 절벽임을 알게 되는 것과 비슷했다. 그 주장은 다음과 같이 전개된다.

우리가 어디에 경계선을 긋든(일단 우리가 경계선을 그을 위치를 합의했다고 치고) 전통적인 의미에서는 사실상 경계선을 그은 게 아니다.

왜냐하면(바로 여기를 주목하라!) 경계선이라는 개념 자체가 이미 경계선에 두 면이 있음을 전제로 하기 때문이다. 잘 생각해 보면 경계선이 어떤 두 가지를 나누는 무엇이라는 설명은 이치에 맞지 않는다. 그 두 가지가 서로 만나는 지점이라거나 보다 엄밀하게 말하면 그 두 가지가 정확히 똑같은 지점이라는 설명이 훨씬 이치에 맞는다. 경계선의 안쪽은 바깥쪽의 존재에 달려 있고 그 반대 역시 참이다. 안쪽과 바깥쪽은 본질상 불가분의 관계이며 동일한 전체의 부분들이다. 골이 없는 파도의 꼭대기도, 빛이 없는 어둠도 없다.

이는 고대 중국의 음양사상에 따른 통찰이기도 하지만 거기에는 종교적인 면도, 심지어 딱히 '영적인' 면도 없다. 와츠는 이것이 철두철미한 사고가 결국 도달할 수밖에 없는 결론이라고 주장한다. '다른 모든 것'이 없는 '나'는 존재할 수 없고, 전자로부터 완전히 격리돼 후자만 생각하려는 시도는 의미가 성립하지 않는다. 또한 이는 '우리 모두는 하나'라는 모호하고 김빠진 상투어도 아니다. 그것은 가장 추상적인 수준부터 가장 구체적인 수준에 이르기까지 모든 국면에서 유효하다. 그렇다. 우리의 인간관계나 우리가 속한 공동체를 빼고 우리가 존재할 수 없다는 것은 참이다. 동시에 이 세계에서 우리 자신이 아닌 모든 물리적 대상이 없다면 우리는 우리일 수 없다.

우리는 이 명백한 진실을 깨닫지 못한 채 초조하게 우리의 경계선을 강화하고 에고를 키우고 타인에 대한 우월성을 주장하려 애쓰며 일생을 보낸다. 그 상호의존이야말로 우리를 우리로 만드는 것임을 깨닫지 못한 채 마치 그들로부터 우리를 분리할 수 있는 것처럼 행동한다. 와츠는 이렇게 썼다.

"정말로 근본적이고 궁극적인 신비, 가장 심오한 형이상학적 비밀을 이해하기 위해 우리가 꼭 알아야 하는 단 한 가지는 이것이다. 모든 외부에는 그에 대응하는 내부가 있고, 모든 내부에는 그에 대응하는 외부가 있다. 그것은 서로 다르지만 함께 간다."

'그것은 서로 다르다'는 구절은 매우 중요하다. 여기서 주장하는 바는 경계선이 존재하지 않는다는 게 아니라, 반쯤 녹은 아이스크림처럼 세상을 어떤 커다랗고 경계가 없는 물질의 덩어리로 보는 것이 '참된' 지각 방법이라는 얘기다. '나'와 '다른 모든 것'이 본질적으로 서로 연결돼 있다는 사실이 '내'가 존재하지 않음을 의미하지는 않는다. 우리가 온전한 정신을 갖추는 것은 일관된 자아의식을 유지하고 우리 자신과 다른 존재들 사이에 건전한 경계선을 설정하는 일에 달려 있다.

앨런 와츠도 에크하르트 톨레도 우리의 온전한 정신을 위태롭게 만들기를 원치 않는다. 오히려 두 사람의 사고가 도달하는 결론은 자아는 대단히 유용한 것이기는 하지만 일종의 허구로 생각하는 것이 좋다는 것이다. 그리고 그 사실을 부인하려 안간힘 쓰기보다 그 사실을 깨닫는 것이 성취에 이르는 길일지도 모른다는 점이다.

지나친 자기 방어가
가져온 무시무시한 일들

사람들은 에크하르트 톨레가 고요한 존재감으로 그에 대한 의심들을 녹여버리는 것 같다고 말한다. 내가 받은 느낌도 그랬다. 인정하고 싶진 않지만 그는 진정 피부로 느껴지는 고요함을 발산했다. 그것은 밴쿠버의 그 작은 아파트 구석구석까지 배어 있을 뿐 아니라 그날 오후의 대화가 끝날 즈음에는 나에게까지 스며들었다. 처음 들어섰을 때 무척이나 어색하게 느껴지던 침묵이 서서히 견디기 쉬워지더니, 나중에는 무슨 말로든 그 침묵을 메워야 한다는 초조함이 가라앉으면서 사실상 침묵을 즐기는 경지에 이르렀다. 톨레가 오랫동안 눈을 깜박이며 미소 짓는 동안 나 역시 편안하게 그를 향해 미소 짓고 있다는 것을 깨달았다.

   하지만 나는 그의 내면도 그가 주장하는 것처럼 그토록 고요할 거라고 믿지는 않았다. 갑자기 그가 마지막으로 짜증을 느꼈을 때가 언제인지 궁금해졌다.

"마지막으로 그런 일이 일어난 게 언제인지는 기억나지 않아요. 아마도 그때는……."

오늘? 어제? 잠시 뜸을 들이더니 그가 말했다.

"몇 달 전인 것 같군요. 산책을 하다가 덩치 큰 개 한 마리가 작은 개를 못살게 굴고 있는 걸 봤는데 주인이 그냥 내버려두더군요. 짜증이 솟는 게 느껴졌지요. 하지만 금세 사라졌어요. 생각을 함으로써 그 짜증을 지연하지 않았기 때문이죠. 몇 초 만에 사라졌어요."

《지금 이 순간을 살아라》에서 톨레는 자기 집 근처의 연못에서 오리들을 감탄스럽게 바라보던 일을 기록했다. 오리들은 싸움이 벌어지면 맞붙어 몸싸움을 하지만, 대치가 끝나면 마치 대결의 기억을 떨쳐버리려는 듯 날개를 퍼드덕거리며 깃털을 정리한다. 그런 다음 다시 평화롭게 헤엄친다. 오리들은 앙심을 품지 않는다. 반면 에고가 있는 사람들은 앙심을 품는다. 톨레는 세상에 피해를 끼치는 인간의 잔학 행위는 모두 자신의 에고를 방어하고 강화하려는 노력에서 기인한다고 생각한다. 전쟁과 폭정, 불의는 불안정한 에고가 자기방어의 요새를 지으려는 노력에 지나지 않는다는 말이다. 그것은 경계선을 더 튼튼히 만들어 자신을 분리하고 자신의 사고방식에 생명 자체(사실은 자신의 에고일 뿐이지만)가 달려 있다고 착각하며, 그 사고방식을 나머지 세상에도 강요하려는 억지스러운 시도에 불과하다.

마침내 그 아파트를 나서려고 일어섰을 때 나는 왠지 톨레에게 악수를 청하는 것은 부적절할 정도로 형식적이라는 느낌이 들어 잠시 우물쭈물했다. 그때 갑자기 그가 다가오더니 곰처럼 푸근하게 나를 안아주었다. 나는 엘리베이터를 타고 일 층으로 내려와 택시를 부른 뒤 건물 밖에 있는 벤치에 앉아 택시가 도착하기를 기다렸다. 이상하게 머리가 약간 어지러우면서도 평화로운 느낌이었다. 저물어가는 석양 속에서 딱히 아무 일도 하지 않으며 그렇게 몇 시간 더 벤치에 앉아 있는 것도 나쁘지 않겠다는 생각이 들었다. 하지만 나에게는 선택의 여지가 없었다. 나(이게 무엇을 의미하든)는 집으로 돌아가는 비행기 시간에 맞춰 공항에 가야 했다.

6장

안전하고
평화로운 삶을 살면
행복할까

THE ANTIDOTE

"나는 안정은 일종의 죽음이라고 생각한다."

—테네시 윌리엄스,
〈성공이라는 재앙(The Catastrophe of Success)〉중에서

일어나지도 않을
사고를 걱정하며 사는 이유

9·11 테러 이후 매사에 조심해야 하는 날선 불안감의 시기이던 2002년 1월 13일, 엘우드 미니어(친구들은 우디라고 부른다)라는 항공기 조종사가 필라델피아 국제공항에 도착했다. US항공 소속인 마흔여섯 살의 이 조종사는 그날 미네아폴리스까지 가는 정례 운항을 해야 했고, 머지않아 자기 이름이 부시 대통령의 목에 프레첼이 걸렸다는 그 주의 가장 기억에 남는 뉴스와 나란히 헤드라인에 오를 거라고 상상도 하지 못했다.

필라델피아의 보안검색 과정은 미국 전역이나 세계 전역과 마찬가지로 점점 더 까다로워지고 있었다. '슈바머'라는 별칭의 폭탄 테러 미수범 리처드 레이드가 파리에서 마이애미로 가는 항공기에 탑승했다가 몸싸움 끝에 진압되는 사건이 일어나면서 모든 탑승객의 신발까지 강제적으로 검사한 지 채 한 달도 지나지 않았을 때였다. 조종사들도 이 엄격한 보안검색에서 예외는 아니었고 미니어의 차례가 되었을 때 보안검색 요원은 그의 트렁크에 들어 있는 핀셋에 우려를 표했다.

마침 핀셋은 코르크스크류나 가위 등과 달리 금지물품 목록에는 올라 있지 않았다. 미니어가 핀셋을 가지고 탑승하는 것은 규칙 위반이 아니었던 셈이다. 그러나 검색 담당자가 그 일로 적잖이 시간을 끌자, 다른 동료들과 마찬가지로 계속 추가되는 새로운 규제에 점점 짜증이 솟던 미니어의 마음에 불이 붙었다. 보자보자 하니 정도가 너무 심했던 것이다. 그렇다고 미니어가 폭발적으로 분노를 표출한 것은 아니었다. 그저 빈정대며 질문을 던졌을 뿐이다. 하지만 그 질문으로 그는 즉각 체포돼 유치장에서 하룻밤을 보냈고, US항공은 그를 정직시켰다. 마침내 테러 위협을 했다는 혐의를 벗고 직무에 복귀하기까지 그는 몇 달간 법정 다툼을 벌였다.

미니어는 이렇게 물었다.

"그깟 핀셋 따위에 왜 그리 신경을 곤두세우는 거요? 내가 마음만 먹으면 비행기를 추락시킬 수도 있는 판에."

시간과 장소를 생각하면 참 어리석은 발언이었다. 그러나 그 말에 담긴 통찰은 결코 어리석지 않다. 미니어가 체포되고 나서 비행안전 규제가 점점 더 복잡해지자(2006년 유럽에서 시행한 '모든 기내 휴대용 가방에 극소량을 제외하고 액체 반입을 금지한 조치'가 그 정점을 찍었다), 비판자들은 그러한 정책을 뒷받침하는 논리에 결함이 있다고 더욱 단호하게 지적했다. 물론 항공기 객실에 총이나 다른 무기를 두지 않는 것은 옳다. 그건 이미 오래전부터 금지물품이었다. 그런데 새로운 규칙들은 죄 없는 수백만 승객에게 커다란 불편을 초래하면서도 자신을 완전히 내던지는 헌신적인 납치범의 위협을 제거하는 데는 거의 효과가 없어 보였다.

비판자들은 9·11 사건이 보여준 것은 가벼운 만능 커터칼이 테러리즘의 새로운 도구라는 게 아니라, 어떤 물건을 금지하든 목숨까지 내놓고 덤벼드는 테러리스트는 죽기 싫어하는 사람들에 비해 언제나 우위에 있다는 사실이라고 주장했다.

9·11 이후의 엄중 단속에 가장 강력하게 반대한 이들 중 한 명인 브루스 슈나이어는 그 많은 새로운 규제가 무색하게 오늘날 항공기 납치나 폭발 테러를 손쉽게 할 수 있는 수많은 방법을 설명함으로써 이름을 알린 동시에 적들도 만들었다. 예를 들어 낚싯줄이나 치실만 있어도 교살용 무기를 만들 수 있고 바퀴 달린 트렁크의 손잡이를 잘라내면 '꽤 쓸 만한 창'[1]이 된다는 것이다. 아니면 철물점에서 강철 에폭시 접착제를 사는 것도 한 방법이다. 그 접착제는 두 개의 튜브에 담겨 있는데 하나에는 강철가루가 들어 있고, 다른 하나에는 경화제가 들어 있다. 항공기 운항 중에 이 둘을 섞은 뒤 금속 티스푼을 손잡이로 삼아 뭉툭한 강철 칼도 만들 수 있다(미국에서는 스노볼도 금지되어 있지만 강철 에폭시 접착제나 금속 티스푼은 비행 시 금지 물품에 들어 있지 않다).

물론 슈나이어의 말은 바퀴 달린 트렁크나 치실을 급히 휴대금지 물품에 포함해야 한다는 게 아니다. 모든 물건을 금지할 것이 아니면 또 납치범들이 언제든 맨손을 쓸 수도 있으니 승객을 강제로 좌석에

묶어둘 것이 아니면, 테러리스트가 사용할 만하거나 사용할 수 있다고 우려하는 물건을 모조리 금지한다고 해서 항공여행이 안전해지지는 않을 거라는 말이다. 9·11 사건이 있고 얼마 지나지 않아 한 기자가 슈나이어에게 그런 비극이 다시는 일어나지 않게 보장해 줄 대책이 있느냐고 물었다. 슈나이어는 "물론 있다"고 대답했다. 그 대책이란 바로 모든 항공기의 이륙을 금지하는 것이다.

"9·11 이후 항공여행을 안전하게 만든 것이 정확히 두 가지 있습니다. 조종실 문에 잠금장치를 단 것과 승객들에게 맞서 싸우도록 가르친 것이죠."

슈나이어가 내게 들려준 이야기다. 머리를 질끈 묶은 마흔아홉 살의 이 남자는 자기 생각이 옳다고 확신할 뿐 상대를 설득하는 일에는 별 관심이 없는 사람들 특유의 조용한 어조로 말했다.

"한 가지 더 있다면서 항공사복경찰을 꼽을 사람도 있겠죠. 하지만 일단 사복경찰이 있다고 말하고 나면 실제로는 그들이 없어도 괜찮아요. 우리를 더 안전하게 해주는 건 항공사복경찰이 있다는 생각이지 그 사람들 자체가 아니니까요."

슈나이어의 말이 옳다면 각국 정부는 왜 그처럼 비용도, 시간도 엄청나게 들어가는 규제를 계속 늘리는 걸까? 왜 늘 테러리스트에게 한 발 뒤지는 쥐와 고양이 게임을 계속하는 것일까? 생각해 볼 만한 답은 꽤 많다. 무엇보다 정치가나 안보 담당자가 자기들이 뭔가 하고 있음을 보여줘야 한다고 느끼는 압박감을 들 수 있다. 이들은 자신을 선출하고 봉급을 주는 사람들에게 좋은 인상을 남겨야 한다는 압박감을 느낀다.

슈나이어는 그 모든 것의 뿌리에 안전과 안정을 느끼고 싶어 하는 인간의 근본적 욕망이 있다고 말한다. 비록 그 느낌이 실제로 더 안전하거나 안정적인 상태와 기껏해야 간접적인 관계밖에 없다고 하더라도 말이다. 슈나이어는 실제로는 더 안전하게 만들지 않으면서 안전하다는 느낌을 주는 것을 목적으로 사람들이 취하는 조치를 '안전 극장'이라고 일컫는다. 슈나이어는 자주 이런 주장을 해왔는데, 실제로 안전 극장 때문에 우리가 덜 안전해진다는 것은 전적으로 납득이 가는 주장이다.

그것은 정보 수집 등 효과적인 테러 방지 조치에 쓸 수도 있던 자원을 꿀꺽 삼켜버리고, 승객과 안전요원이 눈치채야 할 의심스러운 행동에 주의를 덜 기울이게 만든다. 사람들은 스노볼까지 압수할 만큼 모든 사람의 짐을 꼼꼼히 검사했으니 마음을 놓아도 된다고 생각하기 십상이다. 브루스 슈나이어의 시각으로 보안 문제를 바라보면 사회가 이 문제에 접근하는 방식이 대단히 어리석게 느껴진다. 예를 들어 2007년 영국 총리 고든 브라운은 공항과 기차역을 비롯한 교통 중심지의 보안을 강화하기 위해 폭발 충격을 흡수하는 장벽 건설 등 여러 가지 집중적인 조치를 발표했다. 슈나이어는 자신의 블로그에 올린 글에서 그 장벽은 리버풀의 주요 기차역인 라임 스트리트 역에 설치할 예정이고, 같은 트랙을 따라 몇 킬로미터 떨어진 덜 번잡한 교외 통근역에는 설치하지 않을 것이라고 설명했다. 그 포스트의 제목은 '영국은 수십조를 퍼부어 열차 테러리스트가 몇 킬로미터 더 달려가게 만들었다'였다.

　브라운 총리의 발표는 안전 극장의 전형적인 예다. 막대한 돈이 들어가는 그 조치는 사람들이 더 안전하다고(자세한 사항을 꼼꼼히 들여다보지만 않는다면) 느끼게 만들 수는 있지만, 테러리스트가 좀 더 부지런히 움직이면 테러를 막는 효과는 전혀 없다.

　우리는 지금까지 사람들이 지배적인 행복론 중 몇 가지를 지나치게 맹렬하게 추구하는 탓에 그것이 제 효과를 내지 못하는 경우를 보아왔다. 그러한 논의는 항공보안에 대한 브루스 슈나이어의 비판과 외형적으로 유사해 보인다. 항공여행을 안전하게 만들어준다고 생각하는 많은 것이 사실은 그렇지 못하거나 오히려 상황을 악화한다. 이 연관관계는 더 깊은 수준까지 들어간다. 항공여행의 '안전'은 우리에게 행복에 대한 '부정적' 접근법의 핵심을 알려주는 훨씬 더 큰 문제의 한 측면에 불과하다. 안전과 안정을 느끼고자 하는 욕구는 대테러 영역에서만 우리를 비논리적인 상태로 유도하는 게 아니다. 그것은 늘 우리를 비논리적인 상태로 이끈다.

　앞으로 살펴보겠지만 개인의 삶뿐 아니라 정치와 사업, 국제관계를 포함해 숱한 인간 행동이 안전과 안정을 느끼고자 하는 욕구에 따라 이뤄진다. 하지만 안전을 위한 노력이 항상 안전을 보장해 주는 것은 아니며 그것이 행복으로 이어지는 것은 더더욱 아니다. 예를 들어 극심한 빈곤처럼 우리가 극도로 불안정하다고 여길 만한 조건에 놓인 사람들이 오히려 그렇지 않은 사람에게 교훈이 될 만한 통찰을 보여주는 경우가 있다. 물론 그 통찰은 행복에 관한 것이며 이는 인간 심리의 불편한 진실을 드러낸다. 실제로 '부정적 경로'를 급진적으로 옹호하는 사람들의 말을 일단 받아들이고 불안정 쪽으로 다가서 보면, 우리는 안전이라는 개념 자체가 일종의 환상이라는 것을, 그리고 우리가 스스로 추구한다고 생각해 온 것에 관해 줄곧 착각해 왔음을 깨닫게 된다.

사람들은 흔히 자신이 유난히 불안정한 시대에 살고 있으며 상황이 점점 나빠지고 있다고 생각한다. 몇 년 전 미국의 정보기관들이 광범위한 미래 예측을 목적으로 '2020 프로젝트'[2]를 실시했는데, 그 보고서에는 '만연한 불안정'이라는 직설적인 소제목이 포함돼 있다. 그 프로젝트의 분석가들은 2020년이 되면 "불안정 의식이 더욱 만연하고 물리적 위협 못지않게 심리적 인식이 그 원인이 될 것"이라고 예측했다. 그들은 불안감의 주요 원인으로 고용 불안정, 이민 문제, 테러 및 국내 갈등, 강대국 사이의 갈등을 꼽았다. 이 보고서는 새로운 불안의 급증을 몰고온 2000년대 말 금융 붕괴 이전에 작성한 것이다.

다른 한편으로 사람들은 어느 시대에나 자기들이 유난히 불안정한 시대에 살고 있다고 믿었다는 증거도 쉽게 찾을 수 있다. 극심한 고통을 안겨준 전후 회복기는 지났고 최악의 냉전시대는 도래하기 전이라 모든 면에서 상대적으로 행복하고 번영했던 1951년, 앨런 와츠는 그 시대의 불안감을 잘 포착했다. 그는 "우리가 드물게 불안정한 시대에 살고 있다는 느낌"[3]이 든다고 썼다.

"가족과 사회생활, 정부 및 경제 질서, 종교적 믿음 등 오랫동안 지켜온 여러 전통이 지난 100여 년 사이에 무너졌다. 해가 갈수록 우리가 의지할 기반도, 절대적으로 옳고 진실하며 영원히 변함없다고 여길 만한 것도 점점 줄어들고 있다."

그런데 기원전 634년, 120년 동안 존속해 온 자기 나라가 무너질 거라고 확신한 로마의 수많은 시민도 그와 똑같이 느꼈다. 이후 전 역사를 통틀어 사람들이 그러한 감정에 휩싸이는 일은 무수히 많았다. 구글 라이브러리에서 '불안한 이 시대'라는 말을 검색하면 17세기를 비롯해 데이터베이스에 망라된 거의 모든 시대에서 수많은 저널과 책에 그 말이 등장한다는 것을 알 수 있다. 와츠는 이렇게 주장했다.

"사실 우리 시대는 과거의 그 어느 시대와 비교해도 특별히 불안정한 시대는 아니다. 가난과 질병, 전쟁, 변화, 죽음은 전혀 새로운 것이 아니다."[4]

사람들은 언제나 자신이 처한 현실보다 더 안전하다고 느끼기를 원해온 셈이다. 그러나 항공보안 영역에 대한 브루스 슈나이어의 연구가 예시하듯 거대한 함정이 우리를 기다리고 있다. 안전하다는 느낌을 얻기 위해 만든 전략들이 실제로는 더 불안전한 경우가 많기 때문이다. 심지어 역효과를 내기도 한다. 슈나이어의 표현대로 "안전이란 느낌이기도 하고 사실이기도 하지만, 그 둘은 서로 다르다."

안전의 느낌과 사실은 구체적이고 예측 가능한 방식으로 나뉜다. 최근 많은 저술에서 다루는 '인지 편향(현실에 관한 우리의 판단이 현실 자체와 일치하지 않는 경우)'은 안전과 관련된 우리의 만성적인 착각을 해명하는 데 도움을 준다. 예를 들어 우리는 습관적으로 자연계보다 다른 사람들의 위협을 더 두려워한다. 또 상상하기 어려운 것보다 머릿속에 생생히 떠올릴 수 있는 위협을 더 두려워하는데, 이를 '가용성 편향'

이라고 한다.

그뿐 아니라 스스로 운전을 하면서 자신에게 통제력이 있다고 느끼는 상황보다 승객으로 비행하는 경우처럼 자신에게 통제력이 없다고 보는 상황을 더 두려워한다. 그러니 우리가 안전하다고 느끼려고 스스로 안전하지 않은 상황을 자초하는 것도 놀라운 일은 아니다. 항공기 추락으로 사망하는 것보다 자동차 충돌 사고로 사망할 확률이 비교할 수 없을 만큼 더 높다. 난폭한 침입자의 손에 죽는 것보다 심장병으로 죽을 확률이 더 높다. 그러므로 항공기 테러 뉴스를 듣고 평소에 비행기를 이용했을 상황에서 자동차를 운전하거나, 식생활 개선에 쓸 시간과 에너지를 침입자로부터 집을 지키는 데 쓴다면, 이는 그릇된 편견에 따라 안전하다는 느낌을 위해 실제적인 안전을 해치는 일이다.

심리학자들도 애초에 왜 이런 편향이 생겼는지에 대해 의견이 분분하다. 슈나이어는 이것을 진화로 설명할 수 있다는 그럴듯한 주장을 내놓았다. 구체적으로 말하면 그는 진화에 따른 변화 속도와 현대 사회의 발전 속도가 일치하지 않기 때문이라고 한다.

진화의 시간을 가로질러 인간 종의 긴 관점에서는 그 편향이 한때 생존에 도움이 되었으리라는 것을 쉽게 알 수 있다. 그런데 우리가 전혀 의도하지 않은 상황에 봉착한 오늘날에는 그러한 편향이 제 역할을 하지 못하고 있다. 어떤 동물은 자동차의 전조등을 보고 놀라 본능적으로 도로의 한쪽에서 반대쪽으로 마구 뛴다. 그러나 그 포식자가 사륜구동 자동차일 경우 떨쳐버리려 애써봐야 소용이 없다. 슈나이어는 다음과 같이 말한다.

"자동차 앞에서는 통하지 않는 포식자 퇴치법만 아는 다람쥐나 매는 피할 수 있게 진화했지만 엽총을 피할 방법은 모르는 나그네비둘기처럼, 우리의 선천적인 위험 대처 능력도 현대 인간사회나 테크놀로지, 미디어 같은 것 앞에서는 무력하다."

가령 가용성 편향을 살펴보자. 생생하게 떠올릴 수 있는 위험을 더 걱정하는 것은 오래전에는 타당한 일이었을지도 모른다. 생생한 장면이 떠오르는 이유는 자기 주변에서, 최근에 일어난 일이기 때문일 가능성이 컸다. 실제로 그런 일은 보다 심각한 위협인 까닭에 가용성 편향은 위험을 정확히 평가하는 데 유용했다.

그러나 오늘날의 '가용성' 이미지가 지구상에서 일어나는 가장 끔찍한 상해 장면을 보여주는 게시판을 매일 들여다보는 습관 때문에 생긴 거라면 얘기는 달라진다. 이 경우 실제로 자신에게 닥치지 않을 위협을 지나치게 집중적으로 걱정하는 엉뚱한 결과를 낳을 수 있다. 예를 들면 외국에서 일어난 테러 공격 뉴스를 보고 안전을 위해 해외여행을 포기할 수도 있다. 하지만 지나치게 오래 소파에 앉아 TV만 본다면 오히려 그것이 생존에 더 큰 위협이 될 수 있다.

안정된 삶이
행복한 삶은 아니다

안전과 안정 추구에서 문제가 인지 편향뿐이라면 그 실행이 쉽진 않아도 단순명료한 해결책이 있다. 그 편향에 유념해 행동을 최대한 조정하면 된다. 그러면 진화가 낳은 감정적 반응 때문에 실수하는 일을 피할 수 있다. 나아가 우리가 추구해 온 대로 위험을 막아내고 완벽한 행복도 누릴 수 있다.

두말할 필요 없이 그건 그리 간단한 일이 아니다. 보다 급진적이고 행복에 대한 부정적 접근법의 핵심에 가까운 방법은 안전이라는 목표 그 자체보다 더 근본적인 문제가 있을지도 모른다는 것, 진정한 행복은 불안정과 취약함에 직면했을 때 그것을 기꺼이 감수하고자 하는 의지에 달려 있을지도 모른다는 것을 인정하는 일이다.

이것은 매우 까다로운 주제다. 정신이 온전한 사람이라면 심각하게 위험한 조건에서 사는 것이 더 좋다고 주장하지 않을 테고, 어느 정도 심리적 안정을 유지하는 게 건강에 좋다는 것을 부정하지도 않을 것이다(용어도 혼동을 더한다. 불안정과 취약함을 침착하게 견뎌낼 수 있는 사람은 이미 처음부터 안정적인 사람이라고 주장할 수도 있기 때문이다).

그런데 우리가 '안전'을 느끼기 위해 동원하는 여러 방법이 궁극적으로 우리를 행복하게 해주지 못한다는 것은 행복 연구 분야에 되풀이해서 등장하는 주제다.

우리는 재정적 안정을 추구하지만 임계점을 넘어서면 더 많은 돈이 곧 더 큰 행복을 주지는 않는다. 안전한 동네로 이사하거나 외부인 출입을 통제하는 주택단지 안에 틀어박혀 모든 물리적 위험으로부터 자신을 차단하는 것은 집단적 행복 수준에 부정적 영향을 미치는 것으로 입증되었다. 또한 굳건한 연인 관계나 안정적인 친구 관계를 위해 지나치게 노력하는 것은 오히려 관계 자체를 압박한다.

그러한 관계를 활짝 피워내려면 관계를 보호하거나 지키려고 노력하는 게 아니라, 부정적이든 긍정적이든 모든 경험에 열린 태도를 취해야 한다. 슈나이어가 말했듯 우리는 테러로부터 자신을 지켜낼 수 있다. 단, 항공여행을 절대 하지 않고도 행복할 수만 있다면 말이다.

이 모든 예가 공통적으로 보여주는 것은 완벽한 안정을 얻으려 애쓰는 것은 도리어 우리에게 해롭다는 사실이다. 우리는 무엇보다 안정을 원한다고 생각할지도 모르지만, 곰곰이 따져보면 그것은 우리가 진정으로 원하는 게 아니다. 심리치료사인 헬 스톤과 시드라 스톤은 이렇게 주장한다.

"연약하다는 것은 방어용 갑옷 없이 산다는 것이자 진실하고 현재에 깨어 있다는 것이다. 자신의 연약함을 느낄 때 우리는 자신을 둘러싼 세계에 대해 우리가 할 수 있는 모든 범위의 반응을 경험할 수 있다."[5]

연약함이 주는 심리적 이점을 연구해 온 사회복지학 교수 브레네 브라운은 이 말의 요점이 "감정은 선택적으로 억압할 수 없다는 것"이라고 말한다.

"'여기 나쁜 것이 있군. 여기엔 연약함이 있고. 이것은 슬픔, 이것은 부끄러움, 이것은 두려움, 이것은 실망이야. 난 이런 것들을 원치 않아' 하는 식으로 말할 수는 없다."[6]

결국 부정적인 것으로부터 자신을 방어하자면 긍정적인 것도 함께 차단할 수밖에 없는데, 이런 경우 자신이 그런 식의 보호를 원치 않는다는 것을 깨닫는다.

C. S. 루이스의 좀 더 시적인 표현에 따르면 다음과 같다.

> 사랑한다는 것은 다치기 쉬운 상태가 되는 것. 어떤 대상이든 사랑하게 되면 당신의 심장은 미어지고 어쩌면 부서질 수도 있다. 심장을 멀쩡한 상태로 보존하고 싶다면 그 누구에게도, 심지어 동물에게도 마음을 주어서는 안 된다. 취미와 약간의 사치로 조심스럽게 심장을 감싸라. 모든 얽힘을 피하라. 이기심이라는 궤짝 혹은 관 속에 안전하게 넣고 잠가라. 그러나 그 궤짝(안전하고 어두우며 움직임과 공기가 없는) 안에서 심장은 달라진다. 다치지 않고 깨뜨릴

수도, 통과할 수도, 구원할 수도 없는 심장이 된다.[7]

브레네 브라운의 연구는 부정적인 감정을 억압하는 것은 그 감정 자체로부터 자신을 보호하는 방법조차 되지 못한다는 것을 보여준다.

가톨릭 수사이자 작가인 토머스 머튼은 자서전 《칠층산(The Seven Storey Mountain)》에서 그 이유를 이렇게 썼다.

"많은 사람이 결코 파악하지 못하는 진실이 있는데, 그것은 고통을 피하려고 노력할수록 더 고통스러워진다는 사실이다. 상처를 주는 일에 대한 두려움이 커질수록 그만큼 더 작고 사소한 것으로부터도 고통을 받기 때문이다."[8]

그렇다면 안전을 추구하는 것이 '낙관주의 숭배' 문제에서 큰 부분을 차지한다는 것이 보다 명확해진다. 우리는 긍정적 사고 및 그와 관련된 접근법을 통해 안전을 추구한다. 더불어 확실성이라는 탄탄한 기반, 미래가 어떻게 펼쳐질지에 대한 탄탄한 기반, 우리가 항상 행복하고 다시는 부정적 감정을 두려워하지 않아도 되는 미래의 어느 시점이라는 탄탄한 기반을 추구한다.

그러나 이 모든 것을 좇는 동안 우리는 그토록 갈망하는 행복을 획득하는 능력을 차단해 버린다. 페마 초드론에게 불안정은 현실의 본질적인 성질이며, 우리의 모든 괴로움은 실제로는 존재하지 않는 탄탄한 기반을 찾아 허둥지둥 달려가려는 데서 생긴다.

초드론은 "불자가 되는 것은 집 없는 존재가 되는 일"[9]이라고 말한다. 몸을 돌려 현실을 직시한다는 것은 우리가 "근본적으로 의지할 기반이 없는" 조건 속에서 살고 있음을 깨닫는 일이다. 그런데 우리는 대부분 어떻게 살아가는가.

"의지할 기반이 없음을 느끼지 않으려고 버둥댄다. …… 풀려 있는 모든 끈을 깔끔하게 묶을 방법이 없다는 것이 내가 가르치는 내용의 전부다. 당신은 의지할 곳 없다는 사실을 결코 지울 수 없다. 헝클어짐 하나 없는 깔끔하고 예쁜 그림 같은 것은 결코 가질 수 없다."

초드론의 가장 유명한 저서 《모든 것이 산산이 무너질 때(When Things Fall Apart)》는 제목만 보면 마치 상황이 재앙 수준일 때 다시 안전한 토대로 돌아오게 해주는 안내서 같은 느낌을 준다. 사실 초드론이 말하는 요점은 모든 것이 산산이 무너지는 것은 설령 그것이 아무리 고통스럽더라도 좋은 경험이라는 것이다. 표면적 안정이 무너지면 삶을 있는 그대로 직시할 수 있다. 초드론은 다음과 같이 말한다.

"영원한 것은 아무것도 없습니다. 안정이 언제까지나 지속되는 것도 아니고 최종적인 안정 같은 것도 없습니다."[10]

우리는 이 진실 때문에 불행한 것이 아니라 이러한 진실로부터 달아나려 애쓰기 때문에 불행하다. 이쯤에 이르면 내가 고민하던 묵직한 반박이 여러분의 마음도 불편하게 만들 것 같다. 비교적 편안한 상황에 있는 사람이 불안정이나 연약함을 찬미하는 것은 괜찮다.

평생 극심한 불안정을 한 번도 겪지 않고 살아갈 만큼 운이 좋은 사람들도 있다. 그렇다면 피할 수 없는 불안정을 일상적으로 겪는 사람도 행복을 알 수 있을까?

돈만 있으면
행복해질까

구름 한 점 없이 무더운 1월의 어느 일요일, 아프리카에서 두 번째로 큰 도시 빈민가에서 수많은 주민이 옷을 차려입고 교회로 향하고 있었다. 잘 다린 양복을 입은 남자들, 자홍색과 밝은 초록색 옷을 입은 여자들 사이사이에 성경을 꼭 끌어안은 아이들이 있었다. 쓰레기가 군데군데 널려 있는 철로가 나이로비의 나머지 지역과 이 빈민가를 가르고 있었다. 키베라(케냐 나이로비에 위치한 슬럼가)에서도 가장 가난한 이 구역에서는 진흙탕 길을 따라 조심조심 발을 내디뎌야 하기 때문에 교회에 갈 때 입는 옷을 깨끗이 유지하는 게 쉬운 일이 아니다. 버려진 비닐봉지와 각종 폐기물이 바닥에 널브러져 있는 곳도 많다. 닭과 개들은 금속 박판과 진흙으로 만든 집들 사이를 쏘다니거나 폐수가 흐르는 도랑을 헤집는다.

사람들은 예배를 보려고 언덕 위에 있는 커다란 '아프리카 인랜드' 교회와 그 반대편에 있는 가톨릭 성당으로 향한다.

그밖에도 구멍가게 같은 작은 교회가 주택가 사이사이에 무수히 숨어 있다. 어두운 한 칸짜리 판잣집 안에서 목사는 두세 명의 신도를 앞에 두고 설교를 하거나 카시오 키보드로 찬송가를 연주한다. 일요일에 예배를 보는 대신 다양한 사업거리를 처리하는 스물두 살의 프랭키 오티에노는 그 작은 교회들은 사실상 사기꾼이라고 말한다.

"키베라에서 교회는 사업체죠."

그의 부드러운 표정에는 냉소가 배어 있었다. 그는 자기 어머니 집의 어둑한 안방에서 너덜너덜한 소파에 앉아 유리잔에 콜라를 따라 마시고 있었다.

"교회는 구호단체의 돈을 뜯어내는 가장 손쉬운 수단입니다. 그들은 날을 잡아 교회에 아이들을 잔뜩 데려다놓아요. 꾀죄죄한 애들도 있고 굶주리는 애들도 있죠. 그러면 구호단체 사람들이 찾아와 교회가 가득 차 있는 모습을 보고 후원자들에게 보여줄 사진을 찍어가요. 그런 다음 돈을 주는 겁니다."

오티에노가 싱긋 웃으며 덧붙였다.

"제일 중요한 건 사진이죠. 안 그래요?"

더 좁다란 골목을 따라 빈민가의 중심부로 깊이 들어가면 키베라의 또 다른 구역에 도착한다. 거기에서 모퉁이를 돌고 진료소를 지나자 세 남자가 염소 뼈 재활용 작업장에서 하루 일을 시작하고 있었다. 옥외에 단순하게 꾸며놓은 작업장이었다. 한쪽에는 금방 깨끗하게 손질

해온 염소 뼈가 잔뜩 쌓여 있고 중간에는 온갖 톱과 연마용 도구가 있었다. 다른 한쪽에는 작업을 끝낸 맥주 병따개, 목걸이, 자질구레한 장신구가 나이로비의 중심가로 실려가 관광객에게 팔려나가기를 기다리고 있었다. 배터리로 작동하는 큼지막한 카세트에서는 록음악이 흘러나오고 있었지만, 귀를 기울이면 언덕 위 교회에서 부르는 찬송가 소리도 들려왔다. 가까운 어딘가의 석쇠 위에서 '나마 초마'라고 불리는 염소고기 구이가 지글지글 익어가는 냄새가 그곳 작업장까지 날아와 하수 냄새를 덮고 있었다.

상업적 측면에서 말하자면 키베라의 일요일은 다른 여느 날과 똑같이 분주하다. 염소 뼈 작업장과 노천 그릴을 지나 골목길을 따라가면 파란색 비닐 시트가 나오는데, 그 시트는 빈민가에서 가장 큰 시장으로 들어가는 공식적인 출입문이다. 그곳에서는 움푹 파인 웅덩이 투성이인 길을 따라 장사꾼들이 간이 탁자를 놓고 라디오, 파인애플, 현란한 형광색 아기 옷을 팔고 있다. 손수레에 건축자재와 버려진 전자제품을 싣고 가는 사람들은 보행자나 다른 손수레와 충돌하지 않으려고 요리조리 피해가며 지나간다.

시장에서 빠져나오는 골목을 따라가다가 영국 프리미어리그 축구 경기를 위성 TV로 보여주는 곳을 지니지, 자신을 조지라고 소개한 남자가 자기 집 마당에 임시로 만든 체육관에서 운동을 하고 있었다. 그의 역기는 재활용한 쇠파이프 양쪽 끝에 철제 원반 대신 원통형 물통에 부어 굳힌 콘크리트를 붙여 만든 것이었다. 이마의 정맥이 불끈 솟아오르도록 육중한 역기를 들어올린 그에게 무게가 얼마나 되느냐고 묻자, "150킬로그램!"이라고 소리쳤다. 안방을 가린 천 가리개 뒤에서 아이들이 목을 빼고 내다보며 웃었다.

키베라를 제외한 거의 모든 곳에 사는 사람들의 기준으로는 키베라 주민(인구조사기관에 따라 17만 명부터 100만 명까지 그 수가 오락가락내리락)이 처한 상태는 상상을 초월할 정도로 혹독하다. 이 빈민가에는 수돗물이 없고 형편이 좀 더 나은 나이로비 시민들에게 전력을 공급하는 전선을 따서 '빌려 쓰는' 것을 제외하면 전기도 없다. 성범죄, 차량 탈취, 기회주의적 살인은 매주 벌어지는 일이다.

제대로 된 위생 시설이 없는 키베라에서는 그곳 주민들의 표현으로 '날아다니는 화장실'이 인간의 배설물을 처리하는 기본적인 방법이다. 비닐봉지에 배변한 다음 집에서 가능한 멀리 던지는 것이다. 이 날아다니는 화장실은 키베라의 고민거리 목록에 설사와 장티푸스를 추가한다. 그 목록에는 어떤 추정치에 따르면 인구의 20퍼센트가 감염자라고 하는 에이즈도 포함된다.

그 모든 이유로 또한 국제공항과 편리한 비즈니스 호텔이 있는 나이로비 중심지에서 가깝다는 이유로 키베라는 세계적으로 '고통'을 대표하는 지역이 되었다. 총리와 대통령은 사진 촬영을 위해 방문하고 TV 뉴스 제작진도 정기적으로 찾아와 그곳의 광경을 넋을 놓고 바라본다. 비율상으로 과도하게 많은 수백 개 구호단체(주로 미국과 유럽에서 온)의 집중적인 관심도 받고 있다. 그 단체의 이름에는 '키베라'가 상징하는 고통스러운 절망감이 그대로 반영돼 있다. 예를 들면 '희망의 씨앗', '공동체를 위한 빛나는 희망', '키베라 희망센터', '곤경에 처한 키베라' 등이 있다.

그런데 키베라에서 나고 자란 키 크고 마른 젊은 사회활동가 노버트 알루쿠에게 어린 시절을 비참하고 고통스럽게 보냈느냐고 묻자 어이없다는 듯 웃어댔다.

"절대로 그렇지 않아요! 따지고 보면 중요한 건 자기가 처한 조건이 아닙니다. 자기가 가진 것을 이웃과 함께 최대한 잘 활용하는 게 중요하죠. 키베라에서는 이웃과 함께하는 것이 삶을 헤쳐나가는 유일한 길입니다."

역시 키베라에 살고 있고 유년기에 깊은 상처를 남긴 암울한 사건들을 겪었다는 이렌 무에니에게 물어봐도 대답은 다르지 않았다.

"행복은 주관적인 거예요. 빈민가에서도 행복할 수 있고 도시에서도 불행할 수 있어요. 행복을 위해 필요한 것은 자기가 필요하다고 생각하는 것과는 달라요."

이것은 키베라를 방문한 사람들이 받아들이기 어려워하는 진실이다. 그들은 오해의 소지가 있음을 알기에 그 진실을 어떤 말로 표현해야 할지 고심한다. 단도직입적으로 말하면 키베라 사람들은 보통 사람들이 예상하는 것처럼 불행하거나 암울해 보이지 않는다. 다큐멘터리 영화감독으로 키베라에서 많은 시간을 보낸 장 피에르 라로크는 다음과 같이 말한다.

"가난이 키베라에 심각한 손상을 준 것은 분명하다. 하지만 비정부기구나 교회 선교사, 자선단체가 심어준 이미지처럼 동정심을 유발하고 구제가 필요한 정도는 아니다."[11]

그는 오히려 그곳에서 목격하는 것은 '산업으로 북적거리는 거리'라고 지적한다. 키베라는 절망의 장소라기보다 기업가 정신의 온상에 더 가깝다.

극도로 취약한 조건에서 살아가는 사람들이 놀랍도록 잘 살아가고 암울해하지도 않는다는 그 얼떨떨한 깨달음은 키베라에만 적용되는 것이 아니다. 특히 사하라 사막 이남 아프리카에서는 아주 익숙해서 기정사실이 되었을 정도다. 이러한 상황은 여러 가지 문제를 안고 있다.

그것은 자연스럽게 눈살을 찌푸리게 하는 여러 가지 일반화나 인종주의로 이어지기도 한다. 심지어 현대의 때에 오염되지 않은 '원시인'이라는 악의적인 신화로 흘러가기도 한다. 때론 수상한 정치적 결론에 이르는 경우도 있다.

일부 논평가는 극심한 가난과 심각한 건강 상태로 고통받는 사람들이 그토록 행복하다면 굳이 외부에서 지원할 필요는 없지 않느냐고 말한다. 또 돈 많은 유명인이 자아도취에 빠져 무소유의 소박한 기쁨을 떠벌리는 소리를 들으면 우리는 민망해서 몸이 움츠러든다.

예컨대 방송 진행자이자 축구선수의 아내인 콜린 루니는 한 인터뷰에서 이렇게 말했다.

"TV에서 가난한 나라 사람들을 볼 때 나는 정말 큰 영감을 받아요. 그들은 물질적으로 심각하게 부족한데도 자기 인생을 행복해하는 것처럼 보이거든요. …… 나도 나중에 아프리카 같은 곳에 가볼 생각입니다."[12]

이러한 관점은 부분적으로 옳기 때문에 전체를 틀렸다거나 오해라고 치부하는 것도 문제가 있다. 세계가치조사 등 평판 좋은 조사 프로젝트를 포함해 세계적인 행복도 조사를 보면 가장 가난한 축에 속하는 몇몇 나라가 가장 행복한 나라라는 결과가 지속적으로 나오고 있다.[13]

아이러니하게도 인구의 92퍼센트가 하루에 2달러 미만으로 살아가는 나이지리아가 1등을 차지했다. 케냐를 비롯한 아프리카 십여 개 나라를 대상으로 조사하는 아프로바로미터의 설문조사 데이터에 따르면 그 지역에서 "가장 가난하고 가장 불안정하게 살아가는 응답자가 드물게 높은 수준의 낙관론을 유지하는 것"으로 나타났다.[14]

또한 부모가 자녀의 미래를 얼마나 낙관적으로 바라보는가에 관한 구체적인 조사에서는 재산이나 교육과 반비례하는 결과가 나왔다. 가진 게 가장 적은 사람들이 자녀의 미래를 더 낙관적으로 바라보았다는 얘기다.

정신건강을 연구하는 사람들에 따르면 가난한 나라에서는 불안장애나 우울증이 훨씬 드물게 나타난다[15]고 하는데, 이는 진단받을 가능성의 차이도 계산에 넣은 결과였다. 전 세계의 정신건강을 조사한 최근의 한 보고서를 보면 정신질환 빈도 측면에서 사하라 이남 아프리카가 가장 낮게 나타났다. 반면에 최상위는 모두 산업화한 부유한 국가가 차지했다.

"보세요. 이게 사회과학자들이 심심하면 지적하는 점이라고요."

내가 두 번째로 키베라를 방문했을 때 노버트가 내게 한 말이다. 우리는 키베라 외곽에 있는 그의 일 층짜리 사무실 건물 그늘에 접이식 의자를 놓고 앉아 있었다.

"사회적인 문제가 있다고 해서 꼭 행복하지 않은 건 아니란 말이죠. 물질적으로 풍요로운 사람들에게는 정말로 문제가 더 적을까요? 우리나라에는 부패 혐의로 감옥에 가는 정치인들도 있는데, 나는 정말로 그들이 나보다 더 행복할 거라고 생각하지 않습니다. 어떤 환경에서든 문제는 있어요. 스트레스를 받으면 심장병에 걸리거나 혈압에 문제가 생기는 것처럼 말이죠." 그는 어깨를 으쓱했다. "너무 뻔한 얘기 아닌가요?"

이런 심리적 현상에는 설명이 필요하다. 세계적인 행복도 조사 방법을 놓고 이러쿵저러쿵 논쟁이 오가고 장 피에르 라로크 같은 사람이 전달하는 얘기가 전체적인 상황을 포착한 것은 아닐지라도 키베라 같은 지역이면 모든 행복지수 평가에서 매번 확실하게 바닥을 차지하는 게 정상이 아닐까? 실제로는 그렇지 않은 이유가 무엇일까? 여러 가지 대답이 나왔지만 그중 만족스러운 것은 하나도 없었다.

하나는 단순히 사람들의 기대치가 더 낮기 때문이라는 것이다. 이와 관련된 또 다른 대답은 행복이 상대적이라는 그럴싸한 견해를 바탕으로 한다. 주위에서 보다 쾌적하게 살아가는 사례를 흔히 볼 수 없는 사람들은 자신의 힘든 상황을 낮게 평가하지 않는다는 말이다. 이러한 주장의 문제는 빈민가 주민은 그런 삶밖에 모른다고 암시하는 동시에 그들을 무시하는 태도에 쉽게 빠져버린다는 점이다. 그들은 수도 시설과 제대로 된 화장실을 갖추고 질병 발생률이 낮은 환경에서 살아가는 게 어떤 것인지 모른다고 생각하는 것이다.

이 말은 키베라의 경우에는 확실히 해당하지 않는다. 그곳 주민들은 나이로비의 부유한 지역과 어깨를 맞대고 살아가며, 일부는 잘사는 집에서 가사노동자로 일하고 있다. 키베라에서 나이로비 쪽으로 조금만 걸어가면 케냐의 한 고위 정치가의 저택이 있다. 키베라의 중심부에 있는 한 여학교에서는 다섯 살짜리 아이들이 뉴욕 타임스퀘어의 전경이 담긴 커다란 사진 아래서 글을 배운다. 그들에게 헐리우드 영화가 담긴 비디오테이프는 매우 흔한 물건이다. 노버트 알루쿠는 키베라의 어린 세대에게 그들이 노력하면 어떤 것을 누릴 수 있는지 보여주기 위해 보다 부유한 나이로비 지역에 데리고 다니며 야망(그는 이를 '갈증'이라고 표현했다)을 심어주려 노력했다. 더 나은 삶을 알지 못한다는 것은 적어도 키베라의 경우에는 그 수수께끼의 답이 될 수 없다.

나 역시 이 문제의 해답을 찾지 못했다. 그러나 안전과 불안정에 얽힌 심리의 맥락에서 보면 조금은 문제가 풀릴 수도 있다. 우리는 안정을 추구하는 욕구가 우리를 심각하게 그릇된 방향으로 이끌 수 있고, 연약함은 강력한 사회적 유대관계를 비롯해 가장 큰 행복을 가져다주는 것들의 전제조건이 될 수 있음을 살펴보았다.

키베라 주민이나 그와 유사한 상태에 처한 사람들의 공통점은 다른 사람들이 불안정한 느낌을 가라앉히려다 도리어 문제를 조래하는 것들에 대한 접근성이 없다는 것이다. 물론 돈이 있는 것보다 없는 게 낫다는 말은 결코 아니다. 그러나 돈이 없으면 돈에 감정적으로 지나치게 몰입할 가능성이 훨씬 낮다는 것도 부인하기 어렵다. 명망 있는 직업과 물질적 소유, 높은 교육 수준 등에 대해서도 똑같이 말할 수 있다. 그런 것을 얻을 가능성이 거의 없을 때는 그것이 실제보다 더 큰 행복을 줄 거라고 착각할 일도 없다.

더 넓게 보면 절망적인 환경에서 사는 사람들은 불안정을 완전히 제거하는 것이 실현 가능한 일이라고 생각하지 않는다. 그들은 그저 불안정한 현실을 직시하는 수밖에 없다. 키베라 사람들은 자신이 원하든 원치 않든 상처받을 가능성에 노출되어 있다. 키베라에서 일하는 미국인 페이지 엘린슨은 그러한 깨달음에서 큰 영향을 받았다고 말했다.

"저는 '아, 저 사람들은 무척 행복하구나'라고 말하면서 낭만화하는 태도가 너무 싫어요. 여러 가지 면에서 그들은 정말 행복하지 않거든요. …… 좋은 옷이나 좋은 직장을 구할 수 없을 때, 의지할 만한 것이 하나도 없을 때는 입고 있는 옷이나 직업이 아니라 자신의 존재 방식 자체로 사람들에게 자신을 알리는 수밖에 없습니다. 사람들이 자신을 좋아해 주길 바란다면 그들에게 친절하게 행동해야죠. 사람들의 눈을 들여다봐야죠! 미국에서는 그런 경우가 별로 없어요. '내가 뭘 입고 있는지 봐. 내 명함에 뭐라고 적혀 있는지 보라고. 난 당신한테 상냥하게 굴 필요가 없어' 하는 식이죠. 여기엔 그러한 것과 거리가 먼 취약함이 있어요. 그건 그만큼 꾸밈이 없다는 말이기도 해요. 그게 더 행복하게 만들어주는 건지는 나도 모르겠어요. …… 하지만 붙잡을 게 별로 없을 때, 선택의 여지가 없을 때는 그것만으로도 달라져요. 헛소리는 다 집어치워야 하는 거죠."

어느 날 노버트는 자기가 관여하고 있는 프로젝트를 보여주겠다며 나를 어딘가로 데려갔다. 사람의 배설물을 재활용해 시장성 있는 바이오가스를 만드는 곳이었다. 그것은 '날아다니는 화장실' 문제에 새로운 해법을 제시했다.

배설물로 돈을 벌 수 있다는 걸 알면 사람들은 배설물 봉지를 길거리로 던지는 일을 그만둘 터였다. 바로 이런 게 전형적인 키베라식 실용주의로 이 일에는 미국의 한 구호단체가 도움을 주었다. 이웃과 함께 일하는 것, 자기가 갖고 있는 것으로 일하는 것의 중요성을 말했을 때, 노버트는 그저 감상적이고 상투적인 말만 늘어놓은 게 아니었다. 그가 말하는 공동체 활동에는 인간의 배설물 재활용 같은 일이 포함되어 있었다.

내가 그런 일에 관해 질문할 때 프랭키 오티에노는 자기 어머니 집 소파에 앉아 말했다.

"키베라는 좋은 곳이 아닙니다. 큰 문제점들이 있고 NGO가 백만 개쯤 있어도 소용없어요. 거대하고 또 거대한 문제들이니까요. 그래도 달리 도리가 없으니 헤쳐나가는 수밖에요. 자기 수중에 있는 걸 가지고 해결해나가야 합니다. 그런 식으로도 행복할 수 있어요. 행복은 가족과 다른 사람에게서 오죠. 또 자신을 더 나은 사람으로 만드는 데서, 새로운 지평에서 오는 것이죠. 그렇잖아요? 자기에게 없는 걸 가지고 속을 끓여봐야 뭐 하겠어요?"

그처럼 선천적인 불안정 속에서 살아가는 것은 결코 선호할 만한 상태는 아니지만, 상황을 명확하게 해주는 힘이 있다. 그러한 상태를 부러워하는 사람은 아무도 없을 것이다. 그렇지만 환상을 품지 않고 산다는 것은 현실을 직시한다는 것을 의미한다. 역효과만 내는 자기 보호 수단이 없을 경우, 오히려 곤경에 닥쳤을 때 회복력이 강하고 이것은 결국 소박하지만 매우 견고한 행복의 요건으로 작용한다.

삶의 또 다른 이름,
불안정

지금까지 살펴본 대로 안전이 우리가 상상하는 것처럼 언제나 이로운 것은 아니다. 불안정은 행복과 양립 가능하거나 심지어 어떤 의미에서는 행복을 유도할 수도 있다. 그런데 그보다 더 급진적인 견해는 우리의 안전 추구가 근본적인 오해를 바탕으로 한다는 것이다. 헬렌 켈러의 유명한 말을 빌리면 안전은 "상당 부분 미신"이다. 이러한 발상에 담긴 중요한 의미를 이해하려면 다시 한 번 앨런 와츠를 만나봐야 한다.

 와츠는 1951년에 발표한 〈불안정함의 지혜(The Wisdom of Insecurity)〉라는 얇은 논문 첫머리에서 당대 사람들이 느끼는 불안정은 과학 발전이라는 단 하나의 포괄적인 이유로 설명할 수 있다고 말했다. 이제는 내세에서 영원한 행복을 누릴 거라고 확신하거나 굽어살피는 신이 존재한다고 믿는 사람, 교황 혹은 캔터베리 주교가 세운 도덕률을 무조건 따라야 한다고 믿는 사람이 거의 없다. 설령 그런 사람이 있을지라도 그들의 수는 점점 줄어들고 있다.

"지난 세기를 거치는 동안 대중의 의식 속에서 과학의 권위가 종교의 권위를 대체하고 최소한 영적 영역에서는 믿음보다 의심이 더 일반적이 되었다는 것은 분명한 사실이다."[16]

와츠는 이 글을 미국에서 기독교 근본주의가 부활하기 이전에 썼다. 그러나 와츠가 그 현상을 목격했더라도 자신이 묘사하는 과학의 우세에 따른 필연적 반응으로 여겼을 것이다. 과학적 탐구가 헤아릴 수 없는 혜택을 안겨주었다는 것은 따로 말할 필요도 없고 와츠 역시 전적으로 동의한다. 동시에 과학이 많은 사람에게 영적 공허함을 남긴 것도 사실이다. 우주에 관한 과학적 설명은 신과 내세를 제거해버림으로써 인간 개개인의 삶에 어떤 특별한 의미도 남겨두지 않았다. 그 우주 안에서 우리는 아무런 이유도 없이 짧은 생을 채운 뒤 결국 사멸하는 단순한 유기체로 존재할 뿐이다.

와츠는 이 점을 모든 불안정의 기저를 이루는 궁극적인 불안의 근원으로 꼽았다. 그렇다고 우리가 교조적인 옛 종교의 편안한 날개 아래로 후퇴하기는 어렵다. 진실이 아님을 알고 있는 주장을 다시 믿을 수는 없지 않은가. 그러면 우리에게는 무의미하지만 과학적으로 진실한 삶을 사느냐, 아니면 미신과 자기기만을 바탕으로 사느냐 하는 양자택일밖에 없는 걸까? 와츠는 세 번째 대안이 존재한다고 주장한다. 앞서 말한 얇은 논문은 바로 그 대안을 다루고 있다. 그 논의의 출발점은 무상함이 우주의 본질이라는, 즉 "변치 않는 유일한 것은 변화한다는 사실"이라는 견해다.

기원전 6세기부터 5세기에 걸쳐 살았던 헤라클레이토스는 "아무도 같은 강에 발을 두 번 담글 수 없다"고 했고, 그와 동시대에 중국에서 살았던 공자는 개울을 가리키며 "저것은 밤이나 낮이나 항상 흐른다"고 말했다고 전해진다. 사람, 동물, 식물, 공동체, 문명은 모두 성장하고 변화하고 사멸한다. 이는 세상에서 가장 명백한 사실이고 종교적인 사람이든 과학적인 사람이든 그 점에는 모두 동의한다.

와츠는 이런 명백한 통찰이 있음에도 우리는 끊임없이 그 사실에 저항하며 확고함과 영원함, 고정성, 안정성을 찾으려 발버둥치며 사는 것 같다고 말했다. 그렇다고 무상함을 밀어내려는 몸부림을 포기하라고 꾸짖는 것이 그의 요지는 아니다. 그는 "욕망에게 욕을 한다고 욕망이 제거되는 것은 아니다"라고 썼다. 대신 그는 우리가 그것이 근본적인 착오임을 깨닫기를 바란다고 했다. 변화를 고정하려는 시도는 모순이다. 변화를 고정할 수 없는 것은 뜨거움을 차갑다고 할 수 없고 초록색을 보라색이라고 할 수 없는 것과 똑같다.

"찰나성과 가변성을 본질로 하는 우주에서 완벽한 안정을 원하는 것은 모순이다."

그는 이 주제를 논의하는 것조차 비슷한 모순에 처할 위험이 있다고 지적했다. 고정하고 정의하는 것이 언어의 본질이기 때문이다. 우주의 가장 근본적인 특징은 말로 표현하기가 매우 어렵다. 그것은 단순한 모순에 그치지 않으며 아주 심각한 문제다. 와츠는 변화 가운데서 고정성을 얻으려 할 때 사실상 우리는 그 모든 변화로부터 우리 자신을 분리하려 시도하는 것이라고 말했다. 또한 우리 자신과 나머지 세계를 강제로 구분하려는 것이라고 주장했다.

안전 추구는 삶의 본질인 변화로부터 자신을 떼어내려는 일이다. 이것을 두고 와츠는 다음과 같이 표현했다.

"내가 안전하기를 원한다면 다시 말해 인생의 흐름에서 보호받기를 원한다면, 나는 인생과 분리되기를 원하는 셈이다."

이제 우리는 이 주제에서 가장 중요한 부분에 도달했다. 우리가 자신을 방어하기 위해 에고라는 방어벽을 쌓는 것은 안정을 느끼고 싶기 때문이지만, 바로 그 방어벽이 불안정이라는 느낌을 만들어내는 주범이다.

"안전해진다는 것은 '나'를 격리해 방어벽으로 둘러싸는 것을 의미한다. 그런데 '내'가 격리되었다는 그 느낌이 '나'를 외롭고 두렵게 만든다."

이 생각은 충격적일 정도로 직관에 어긋난다. 그 의미를 제대로 알아보려면 아름다운 여성의 모습으로 보이던 그림이 늙은 마녀로 보이는 유명한 착시 효과처럼 정신에서도 그와 유사한 변화가 일어나야 한다. 우리는 적을 막기 위해 성벽을 쌓지만 애초에 그 적이 생기도록 하는 것은 성벽 쌓기다. 성벽이 존재함으로써 공격 대상이 되는 것이다. 와츠는 "안전을 바라는 욕구와 불안정하다는 느낌은 하나"라고 결론을 내렸다.

"숨을 멈추는 것은 숨을 잃는 것이다. 안전 추구를 기반으로 하는 사회는 모든 사람이 북처럼 팽팽하게 긴장하고 얼굴이 가지처럼 보라색으로 변하는 숨 참기 대회일 뿐이다."

그는 우리가 일시적 혹은 부분적으로 안전하다는 느낌을 얻으면 그 역시 좋은 기분이 아니라고 덧붙였다. 성벽 안에서 사는 인생은 외롭고 고립되어 있다.

"우리는 안전이란 없으며 안전 추구는 고통스럽다는 것(뿐 아니라), 안전을 찾아냈다고 생각할 때조차 우리가 그 상태를 좋아하지 않는다는 것을 깨닫는다."

와츠가 마지막에 한 이 말을 이해하려면 앞 장의 끝부분에 제시한 도전을 다시 생각해 봐야 한다. 거기서 우리는 '자아'와 '타인' 사이에 경계선을 그을 단순명료한 장소가 존재하지 않는다는 것을 알았다. 만약 우리가 임의의 지점을 정해 선을 그린다고 해도 경계선 자체는 나누는 선이라기보다 만나는 지점이라고 했다. 그것이 사실이라면 '안전'은 착각이라는 결론이 나온다. 거기에는 별로 이치에 닿지도 않는, 분리된 자아 개념이 내포되어 있기 때문이다.

그렇다면 우리를 구성하는 생태계로부터 자신을 분리한다는 것 자체는 무엇을 의미할까? 요점은 불안정을 '직시'하는 것이 아니라 우리 자신이 불안정 그 자체라는 사실을 이해하는 데 있다. 와츠는 다음과 같이 썼다.

안전은 존재하지 않는다는 점을 이해하는 것은 만물이 변화한다는 개념에 동의하는 것, 삶의 무상함을 깨닫는 것을 훨씬 넘어서는 일이다. 안전 개념은 우리 안에 영원한 뭔가가 있다는 느낌, 인생을 구성하는 모든 날과 변화를 거치면서도 한결같이 유지되는 뭔가가 존재한다는 느낌을 기반으로 한다. 우리는 지속적으로 유지되는 이 알맹이, 즉 우리가 '나'라고 부르는 존재의 중심이자 영혼의 영속성과 지속성, 안정성을 확신하고자 무리하게 노력한다. 우리는 그 '나'를 진짜 사람, 생각을 사고하는 사람, 감정을 느끼는 사람, 지식을 아는 사람이라고 알고 있다. 그 '나'가 존재하지 않는다는 것을 깨닫기 전까지는 어떠한 안정도 없다는 것을 우리는 제대로 이해하지 못하고 있다.

이 기이한 문단은 일단 우리가 그 요점을 이해하면(나는 그러기까지 제법 시간이 걸렸다) 행복을 찾으려는 우리의 노력이 그처럼 자주 '역설적' 결과로 인해 좌절당하고, 우리가 얻고자 하는 것과 정반대되는 결과를 낳는 이유를 가장 완전한 의미로 설명해 준다. 모든 긍정적 사고, 목표 설정, 밝은 면을 머릿속에 그리고 기대하는 것, 매사를 자기 식으로 만들려는 노력, 이 모든 것의 뿌리에는 '우리' 자신과 '만물'이 분리돼 있다는 가정이 있다.

그러나 제대로 들여다 보면 이 가정은 곧바로 무너진다. 불안정에서 벗어나 안정을 얻으려 하고 불확실에서 벗어나 확실을 얻으려 하는 것은 애초에 우리를 우리라는 존재로 만들어주는 시스템에서 탈출하려는 시도다. 우리는 자신이 한 부분을 차지하는 그 시스템에 분명 영향을 미칠 수 있다. 반면 우리라는 존재와 안전에 관한 오해가 행동의 동기가 된다면, 우리는 자신에게 해로운 방식으로 지나치게 나아가고 또 지나치게 노력할 위험에 처한다. 와츠는 다음과 같은 말로 논의를 마무리했다.

> 삶이 인간을 극도로 지치게 하고 좌절감을 안겨주는 진짜 이유는 죽음과 고통, 두려움, 굶주림 같은 사실이 존재하기 때문이 아니다. 정말로 어리석은 짓은 그런 사실이 존재할 때 우리가 그 주위를 맴돌고 윙윙거리고 몸을 뒤틀고 빙빙 돌면서 그 경험으로부터 '나'를 떼어내려 하는 것이다. …… 온전한 정신과 전체성 그리고 통합성은 우리가 분리된 존재가 아니라는 깨달음, 사람과 그의 현재 경험은 하나라는 깨달음, 분리된 '나' 또는 내 마음 같은 것은 존재하지 않는다는 깨달음에서 성립한다. …… (인생은) 춤이며 춤추고 있을 때 우리는 어딘가에 도달하려고 노력하지 않는다. 춤의 의미와 목적은 춤 자체다.

그러니까 불안정은 삶의 또 다른 이름이라는 것이 불안정에 관한 심오한 진리다. 물론 구체적인 위험으로부터 가급적 자신을 보호하려는 것이 현명치 못한 일이라는 얘기는 아니다. 안전을 느끼는 것과 실제로 삶을 살아가는 것은 궁극적 의미에서 서로 반대라는 뜻이다. 또한 파도가 바다를 떠날 수 없는 것처럼 완벽한 안정에 도달하는 것은 불가능하다는 의미이기도 하다.

7장

실패를 기억하고 인정할 것

THE ANTIDOTE

"돼지 귀로는

송아지 고기 요리를 만들 수 없어요.

돼지 귀로는

아주 맛있는 다른 걸 만들 수 있죠."

―줄리아 차일드

세상에서
가장 쓸쓸한 곳

미시간 주 앤아버 시 외곽 공항 근처에 있는 평범한 상업 지구에는 인간의 부서진 꿈을 모아놓은 가슴 쓰린 기념관이 서 있다. 겉만 봐서는 그런 곳인지 전혀 알 수 없다. 자동차 판매장처럼 보이는 그곳은 2001년 'GfK 커스텀 리서치 노스 아메리카'라는 수수께끼 같은 이름의 회사가 들어오기 전까지 정말로 자동차 판매장이었다. 안으로 들어가봐도(일반 대중이 그러는 경우는 매우 드물지만) 보이는 것에 눈이 적응하기까지는 약간의 시간이 필요하다.

그곳에는 로비도 안내 데스크도 부서를 소개하는 안내판도 없고 기다리다가 맞아주는 사람도 없다. 단지 거대한 슈퍼마켓처럼 물건을 대충 쌓아두었을 뿐이다. 물건을 사는 사람은 없지만 통로를 따라 늘어선 회색의 금속 진열대에는 수만 개의 식품과 가정용품이 꽉꽉 들어차 있다. 그 진열 방식에는 기이할 정도로 불협화음이 느껴지는데 그 이유는 금세 알 수 있다. 진짜 슈퍼마켓과 달리 물건들이 각각 하나씩만 있기 때문이다.

유리병에 담긴 파스타 소스나 식기세제 통, 탄산음료 캔이 종류별로 늘어서 있는 게 아니다. 더 중요한 것은 그곳에 진열된 제품은 진짜 슈퍼마켓에서는 결코 찾아볼 수 없다는 점이다. 그것은 모두 실패한 물건, 즉 아무도 사려고 하지 않아 몇 주 혹은 몇 달 만에 시장께서 철수한 제품들이다.

GfK 커스텀 리서치의 실패작 창고는 제품 디자인 업계에서 '실패작 박물관'으로 통한다. 그곳은 소비자본주의의 묘지이자 활기와 성공에 초점을 맞추는 현대 마케팅 문화의 그늘이다. 그냥 있는 그대로 말하자면 지구상에서 클레롤의 '터치 오브 요거트' 샴푸, 그에 못지않게 인기가 없던 질레트의 '지성 모발 전용' 샴푸 그리고 조금 떨어진 곳에 놓인 펩시의 AM 브렉퍼스트 콜라(1989년 출생, 1990년 사망) 병을 볼 수 있는 거의 유일한 장소다.

이 박물관에는 단종된 카페인 함유 맥주와 치약회사 콜게이트의 로고가 들어간 간편식 제품, 안타깝게도 소비자의 코앞에서 종종 폭발했던 자가 발열 캔에 담긴 수프, 길거리 마약상이 퍼뜨리는 크랙 코카인 소포장과 비슷하게 생긴 탓에 시장에서 금세 철수한 구취 제거용 캔디까지 보관돼 있다. 전자레인지로 데워 먹는 스크램블드 에그(차 안에서 쉽게 먹을 수 있도록 뻥튀기 장치를 갖춘 마분지 튜브에 미리 휘저은 음식물을 넣어둔 것)도 그곳에 안장돼 있다.

이러한 제품들을 보고 너무 크게 웃으면 튀지않게 멋을 낸 이 박물관의 관리자 캐럴 셰리가 입술을 단단히 모으고 돌체앤가바나 안경 위로 꾸짖듯이 눈썹을 치켜올릴 것이다. 순전히 장난으로만 그러는 건 아니다. 셰리는 상당한 돈을 지불하고 GfK의 실패작 컬렉션을 보러 오는 여러 경영자와 제품 디자이너들을 안내하는 역할을 맡고 있다.

또한 셰리는 자신이 돌보는 이 제품들을 실망스러운 구석은 있어도 여전히 사랑스러운 자식 대하듯 한다. 어느 화창한 12월의 아침, 나에게 박물관 안을 안내해 주다가 크림색 병에 든 바디로션 앞에 멈춰선 그의 얼굴에는 슬픔에 가까운 표정이 스쳐갔다.

"아, 그래요. 여기 이거." 셰리가 애정을 듬뿍 담아 말했다.

"아주 갑작스럽게 시장에서 거둬들였죠. 불행히도 곰팡이 감염의 위험을 높였다는군요."

일본어에 '모노노아와레(物の哀れ)'라는 표현이 있는데 이것을 거칠게 옮기면 '사물의 애잔함'이라는 뜻이다. 이 표현은 삶의 무상함이 주는 통렬한 우수를 포착하고 있다. 지상에서 보내는 시간이 덧없을 수밖에 없는 벚꽃이나 구름, 인체의 아름다움도 여기에 해당한다.

이 개념을 조금 과장하면 셰리가 수호하는 '모닝 바나나 주스' 상자나 개들을 위한 쿠키인 '포춘 스누키' 상자에 대한 그녀의 감정이 어떤 것인지 알 수 있다. 셰리의 관점에서 모든 실패작은 디자이너와 마케팅 담당자, 판매 담당자들의 진지한 노력에 얽힌 슬픈 이야기를 간직하고 있다. 많은 사람이 '터치 오브 요거트'나 '포춘 스누키'의 성공에 자신의 대출금과 자동차 할부금, 가족의 휴가를 걸었을 것이다. 하프사이즈 조리용 와인을 곁들인 반조리식품 '휴블라인 와인 앤드 다인 디너스'도 마찬가지다. 그 와인을 음료용으로 생각한 소비자들은 한 번 맛을 보고 난 다음 다시는 사지 않았다.

크랙 코카인과 포장이 비슷하다는 이유로 뜻하지 않게 철수한 구취 제거 캔디를 가리키며 셰리가 말했다.

"이 제품의 개발자는 정말 안쓰러웠어요. 그를 만나본 적이 있거든요. 길거리의 마약 문화를 경험해 본 적 없는 게 잘못인가요? 그는 모든 일을 완벽하게 처리했어요. 거리로 나가 자신이 만든 제품의 모양이 마약과 비슷한지 확인해 보는 것만 빼면요."

셰리는 고개를 절레절레했다.

"나는 제품 개발자에게는 엄청난 용기가 필요하다고 생각해요. 일이 틀어질 가능성이 너무 크거든요. 그들은 매일매일 진지하게 최선을 다하는 진짜 용기 있는 사람들이라고요. 다만…… 무슨 일이 일어날지 모르는 것뿐이죠."

실패한 제품들의 박물관 자체도 우연의 산물이었다. 비교적 운 좋은 우연이기는 하지만 말이다. 그 박물관을 세운 사람은 지금은 은퇴한 마케팅 전문가 로버트 맥매스로, 본래 그는 실패작들이 아니라 소비재 '참고용 박물관'을 만들 생각이었다.

그는 1960년대부터 신제품이 눈에 띌 때마다 하나씩 구매해 보관하기 시작했다. 이때 물건의 상태가 나빠지는 걸 막기 위해 상하는 내용물은 비워내고 용기만 보관했다. 얼마 지나지 않아 제품들이 뉴욕 북부에 있던 그의 사무실에 보관할 수 없을 정도로 늘어나자, 할 수 없이 곡물 창고로 쓰던 곳으로 사무실을 옮겼다. 이후 GfK(모회사의 독일어 이름에서 따온 머리글자)가 그의 회사를 인수했고 물건들은 미시간으로 옮겨졌다.

내가 캘리포니아에 사는 맥매스에게 전화했을 때, 그는 자기 경력을 결정한 진실을 처음에는 알지 못했다고 말했다. 그가 말하는 진실이란 "대부분의 제품은 실패한다"는 것이다. 어떤 추정치에 따르면 제품의 실패율은 90퍼센트에 이른다. 사실 맥매스가 실패작을 중심으로 제품을 모은 것은 아니다. 신제품을 닥치는 대로 수집했는데 그 물건 가운데 실패작이 압도적인 비율을 차지한 것뿐이다.

"나는 그 '실패작 박물관'이라는 말이 맘에 든 적이 없었어요. 하지만 어느 순간 그런 이름이 생겼고 그렇게 굳어진 거지요. 나로서는 어찌해 볼 방법이 없었고."

나는 그것이 그의 솔직한 마음은 아닐 거라고 생각했다. 그가 '실패의 구루'라는 명성을 흡족해한다는 증거가 잔뜩 있었기 때문이다. 초기에 순회 강연에 단골로 출연하던 그는 이후 미국 케이블 TV에 고정적으로 출연했다. 데이비드 레터맨은 맥매스와 인터뷰하면서 그라면 무엇을 '실패작 박물관'으로 칭하겠느냐고 물었다.

맥매스는 자신이 쓴 마케팅 안내서 《그 사람들은 무슨 생각을 한 걸까?(What Were They Thinking?)》에서 레블론의 땀 억제제 '노 스웨트'와 '터치 오브 요거트'의 자매품인 클레롤의 '룩 오브 버터밀크' 같은 제품을 놀려 먹는 데 상당 부분을 할애했다.

맥매스가 지적했듯 땀 억제제를 마케팅할 때 '땀'이라는 단어는 절대 들먹여서는 안 된다. 구매자가 불쾌하게 여기기 때문이다. 또한 머리카락이 버터밀크처럼 보이기를 바라는 이유는 굳이 묻지 않더라도, 버터밀크 같은 머리카락이 대체 어떤 모습인지도 감이 잡히지 않는다. 셰리는 자신의 전임자가 자기 업적을 대하는 태도가 못마땅한 모양이었다.

"맞아요. 원래 미디어를 사로잡은 것은 그가 실패작 박물관의 주인이라는 사실이었죠."

여기서 셰리는 한숨을 내쉬었다.

"난 그건 부끄러운 짓이라고 생각해요. 물론 다른 사람의 불행에 손가락질하며 즐거워하는 건 인간의 한 속성이죠. 그렇지만 나는 여기에 있는 모든 물건에 커다란 애착을 느끼고 있어요."

셰리의 말에는 일리가 있었다. 내가 '회분은 1.5퍼센트밖에 들어가지 않았음!'이라는 자랑스러운 문구가 들어간 고프 사의 '저회분 고양이 사료'를 보고 웃음을 터뜨린 건 사실이다(저널리스트 닐 스타인버그가 지적했듯 이것은 핫도그를 쥐 털이 거의 들어 있지 않다고 광고하는 것과 비슷하다).[1] 그래도 그 고양이 사료를 만드는 데 자기 인생의 몇 달을 투자한 사람들은 분명 존재한다. 나는 그들이 옛일을 돌이켜보며 그냥 웃어넘길 수 있기를 바란다. 누가 앞날을 장담할 수 있겠는가.

아무튼 실패작 박물관과 관련해 가장 충격적인 점은 그 박물관이 이제 이익을 창출하는 사업체로 존재한다는 사실이다. 언뜻 생각할 때 소비재 제조업체는 경쟁사가 이미 한 실수를 반복하지 않기 위해 실패작을 신중하게 관리하고 있을 거라고 여기기 쉽다. 그러나 매주 캐럴 셰리의 박물관을 찾아오는 경영자들은 그런 경우가 매우 드물다는 사실을 입증한다.

제품 개발자들은 대개 자신이 기대하는 다음 번 성공에만 집중할 뿐, 업계의 과거 실패 사례를 고려하는 데 시간이나 에너지를 투자하지 않는다. 그들은 보통 GfK 컬렉션을 둘러보는 것이나 이를 위해 기꺼이 돈을 지불하는 것이 얼마나 중요한 일인지 뒤늦게 깨닫는다. 흥미롭게도 디자이너들이 실패작 박물관을 찾아왔다가 자기네 회사가 만들었다 포기한 제품들을 발견하고는 깜짝 놀라는 일도 많다. 기업들은 자기네 실수의 샘플조차 보관해두지 않을 정도로 실패라는 불쾌한 경험을 생각하는 걸 꺼리는 모양이다. 맥매스의 말을 들어보자.

"보통 이렇게 되는 겁니다. 제품 개발자가 어떤 제품을 개발했는데 그것이 제대로 성과를 내지 못하면, 그는 감상에 젖어 자기 집에 몇 개 정도는 보관해두죠. 그러다가 언젠가는 그도 그 회사를 떠나고 맙니다."

그러면 그 제품은 개발자의 집 외에 어디에도 존재하지 않는다. 그가 실패의 견본을 다음 직장으로 가져갈 리도 없다. 무엇하러 자진해서 자신을 실패와 연관 짓겠는가? 셰리는 이렇게 말한다.

"사람들은 성공과 성취에서 영감을 받아요. 마케팅 담당자도 다른 사람들과 다를 바 없죠. 누구나 남에게는 자기의 성공담 같은 좋은 이야기만 들려주고 싶어 하지요."

이전 회사 사람들도 실패한 경험을 깊이 생각하는 것은 원치 않을 것이다. 실패는 야심 찬 사람들이 시간을 들여 생각하고 싶어 하는 주제가 아니다. 잘하면 울적함을 주는 정도로 끝나지만 심하면 실패에 전염될 것 같은 느낌이 들기도 한다. 마치 실패의 병균이 다음 번 프로젝트에 옮겨가기라도 할 것처럼 말이다. '동기를 부여하라!'에서 로버트 슐러 박사가 전한 메시지를 기억해 보라. 사전에서 불가능이라는 단어를 삭제하고 실패 가능성은 생각지도 말라고 가르치지 않았던가. 소비재 산업이 실패작 박물관을 필요로 한다는 사실 자체가 많은 제품 디자이너와 마케팅 책임자가 그 말대로 했음을 암시한다.

나는 맥매스에게 자기 회사의 실패작을 살펴보려고 찾아온 경영자들이 구체적으로 누구인지 말해달라고 했다. 맥매스는 갑자기 말을 아꼈지만 내가 자꾸 조르자 결국 '프'로 시작해서 '록터 앤드 갬블'로 끝나는 다국적 기업에서 일하는 듯한 몇몇 사람이 왔었다고 알려주었다. 그는 한 디자인팀을 생생하게 기억하고 있었다. 그들은 남아용과 여아용으로 구별해 모양을 다르게 만든 기저귀 라인을 마케팅하려는 계획을 세워두고 있었다. 알고 보니 그런 마케팅은 자주 시도되었지만 그때마다 중단된 전력이 있는 것으로 밝혀졌다. 부모들은 대체로 그렇게 구분할 필요성을 느끼지 못했고 소매상들은 두 종류의 재고를 갖추려면 진열대 공간을 더 많이 차지하기 때문에 싫어했다.

로버트 맥매스는 그 디자이너들을 진열대 앞으로 안내해 그들의 아이디어를 누군가가 이미 시도한 적 있고, 그 회사가 바로 그들이 일하는 회사였다는 사실을 알려주었다. 실패는 어디에나 있다. 단지 우리가 여간해서는 그 사실을 직시하려 하지 않을 뿐이다.

왜 인간은 본능적으로
실패를 지우려고 할까

실패도, 실패와 우리의 불편한 관계도 이 책의 상당 부분에서 배경 노릇을 하는 주제다. 실패는 긍정적 사고 문화가 무슨 수를 써서든 회피하고 싶어 하는 것이니 행복에 대한 대안적 접근법에서 중심을 차지하는 것도 놀라운 일은 아니다.

부정적 시각화라는 스토아 철학의 기법은 정확히 실패 가능성으로 관심을 돌리라는 것이다. 목표 설정을 비판하는 사람들도 실패에 대한 태도를 바꾸라고 권한다. 즉흥성과 시행착오를 중시하는 접근법을 취한다면 잦은 실패를 기꺼이 받아들일 각오가 필요하기 때문이다.

한편 에크하르트 톨레와 앨런 와츠의 영적 숙고는 한층 더 심오한 종류의 실패를 가리킨다. 그것은 분리와 안정을 유지하려 애쓰는 에고의 궁극적인(또한 궁극적으로 해방적인) 실패다. 하지만 실패라는 주제를 직접적으로 살펴보는 것은 가치 있는 일이다. 실패를 필사적으로 회피하는 '낙관주의 숭배'가 얼마나 자주 역효과를 내는지, 또한 실패를 포용하는 것이 우리에게 얼마나 더 좋은 일인지 알 수 있기 때문이다.

우리가 실패를 향해 다가서야 하는 데는 두 가지 이유가 있다. 첫째, 실패를 생각하지않으려고 애쓰다 보면 성공의 요건에 대한 시각이 왜곡되기 때문이다. 둘째, 실패에서 오는 감정적 경험에 마음을 여는 것은 성공에만 초점을 맞춰 얻는 것보다 더 의미 있는 행복으로 나아가는 디딤돌이기 때문이다. 때로는 '실패를 포용하는 일'의 중요성을 주장하는 것이 유행하기도 했다. 유명한 기업가나 정치가, 발명가가 자서전에서 자신의 성공을 '실패를 기꺼이 받아들이는 자세' 덕으로 돌리는 데 몇 쪽을 할애하지 않고 끝나는 경우는 거의 없다(이 점에서는 리처드 브랜슨이 상습범이다).

그러나 실패를 진정으로 끌어안는 일에는 그러한 인물들이 입에 발린 소리를 할 때보다 훨씬 더 큰 관점 변화가 따른다. 어쨌든 성공한 이들의 충고에만 귀를 기울이는 것도 문제의 큰 부분 아닌가. 실패를 생각하기 싫어하는 우리의 저항감은 특히 실패가 흔한 현상이라는 사실에 비춰볼 때 더욱 의아해진다.

경제학자 폴 오머로드는 《왜 대부분의 일은 실패하는가(Why Most Things Fail)》의 첫머리에서 "실패는 기업 세계의 특징적 측면"이라고 썼는데, 그런 의미에서 기업 세계는 전체 세계의 소우주라고 할 수 있다. 진화도 실패를 통해 이뤄진다. 우리는 진화를 생존과 적응의 문제로 생각하지만 살아남지 못함과 적응하지 못함의 문제로 봐도 의미가 똑같이 통한다. 아니, 그렇게 보는 것이 더 이치에 닿을지도 모른다. 결국 세상에 존재한 적 있는 모든 종 가운데 오늘날까지 살아남은 종은 채 1퍼센트도 되지 않으니 말이다. 나머지는 모두 실패했다. 개인적인 삶에서도 아무리 많은 성공을 경험한들 우리의 인생은 실패의 이야기가 될 것이다(마음 상하게 하려는 의도는 아니다). 우리의 신체 기관도 결국에는 제 기능을 못 하게 되고 우리는 죽는다.

심리학자들은 오래전부터 우리가 어디에나 존재하는 실패를 끔찍한 일로 여기며 그것을 생각하지 않으려 어마어마한 노력을 기울인다는 것을 알고 있었다. 실패에 대한 두려움이 병리학적 극단에 이르면 두근거림, 과호흡, 현기증 등의 증상을 유발하는 '실패 공포증'으로 나타난다. 물론 그처럼 심하게 시달리는 사람은 소수다. 어쩌면 이것은 우리가 실패를 '편집하는' 능력을 습득해 자신의 행위를 실제보다 훨씬 더 자신에게 유리한 쪽으로 기억하기 때문일 수도 있다. 실패한 제품을 집 안 한구석에 처박아두는 제품 개발자처럼 우리는 무슨 수를 써서라도 성공을 기반으로 한 인생 이야기를 들려주려 한다.

여기서 발생하는 결과는 여러 가지지만 그중 특히 '우월 환상'이라는 흥미로운 심리 현상을 유발한다. 이러한 정신적 결함은 예컨대 설문 응답자 가운데 거의 대다수가 자신이 안전 운전자 상위 50퍼센트 안에 든다고 대답하는 상황을 설명해 준다. 실제로 그렇게 대답한 사람이 모두 50퍼센트 안에 들 가능성이 전혀 없는데 말이다.[2]

실패를 직시하지 않으려는 태도를 논평한 많은 사람이 그랬듯 로버트 맥매스 역시 우리가 '좀 더 과학자처럼' 행동해야 한다고 주장한다. 여기에는 다른 사람들과 달리 과학자들은 필연적으로 실패를 보다 편안하게 받아들인다는 의미가 내포되어 있다. 과학자들도 자신을 더 합리적인 사람처럼 보이게 하는 그런 관점을 은근히 유포한다. 제대로 된 과학자는 누구나 진실 발견을 목표로 하므로 실험 결과가 자신의 가설을 입증하든 무너뜨리든 치우침 없이 받아들여야 한다. 과학 연구에서는 가설을 세우고 그 가설을 시험한 다음 무엇이든 거기서 나온 결과를 받아들인다. 비록 새로운 돌파구를 만들고 상까지 거머쥐겠다는 희망을 망치는 결과일지라도 말이다. 그렇지 않은가?

그러나 실제로는 그렇지 않을 수도 있다. 아일랜드 태생의 연구자 케빈 던바가 과학자들을 대상으로 실시한 일련의 흥미진진한 연구는 그런 짐작과 상당히 다른 현실을 보여준다.[3] 더불어 실패를 직시하지 않으려는 경향이 얼마나 뿌리 깊고 보편적인 인간의 본성인지 다시 한 번 확인해 준다. 그 연구에 따르면 과학자들도 다른 사람들과 다르지 않다.

던바는 주요 분자 생물학 실험실 네 곳에 출입 허가를 얻어 그곳에서 행하는 작업을 관찰하기 시작했다. 그는 여러 달에 걸쳐 인터뷰를 촬영하고 연구진이 연구 결과를 토론하는 주간 회의를 기록했다(과학자들의 일상적인 작업을 이처럼 검토한 예는 드문데, 과학자들 스스로 이것을 별로 중요하지 않은 일로 치부하는 경우가 많다는 것도 큰 이유다). 던바가 가장 먼저 발견한 사실은 연구자들이 늘 실패에 부딪힌다는 점이다. "당신이 과학자이고 실험을 하고 있다면 당신이 하는 실험의 절반가량은 엉뚱한 결과로 끝난다."[4]

과정이 잘못되었든 가설에 결함이 있든 아니면 다른 어떤 이유로든 실험 결과가 과학자들이 원하는 결론과 맞아떨어지지 않는다는 얘기다. 던바의 피실험자이던 한 연구자는 회의에서 또 한 번의 실패를 말하며 "그 결과를 보고 다리 위에서 몸을 던지고 싶었다"고 했다. 던바가 과학자들이 그 막대한 실패에 어떻게 대처하는지 검토하면서 상황은 더욱 흥미로워졌다.

그가 신경과학 저술가인 조나 레러에게 말했듯[5] 과학자들의 반응은 예측 가능한 순서대로 나타났다. 우선 장비나 기법을 탓한다. 측량 도구가 오작동했거나 자신이 실험 중간에 멍청한 짓을 저지른 게 아닌지 의심하는 것이다. 그래도 문제가 쉽게 해명되지 않으면 그 기묘한 현상이 사라지길 기대하며 실험을 다시 해보고 때로 여러 차례 반복한다. 그래도 소용없으면 대개 그 실험을 그냥 옆으로 밀어버린다. 연구소는 바쁜 곳이고 과학자들은 늘 과로 상태이며 연구해야 할 일은 차고 넘친다. 그러니 그들은 다음으로 어떤 연구에 초점을 맞출지 선택하기만 하면 그만이다.

케빈 던바는 모든 연구자가 명확히 밝혀내지 못한 이전의 결과를 방치하는 것을 목격했다. 그들은 성공한 일에만 초점을 맞추고 실패한 일은 깊이 생각하지 않았다. 던바는 뇌 영상을 통해 실패를 걸러내는 데 가장 깊이 관여하는 것으로 보이는 배외측 전전두피질을 살펴보았다. 이 부위는 입력 정보 중 무관하거나 달갑지 않은 정보를 걸러내는 데 결정적인 역할을 한다. 예컨대 시끄러운 칵테일 파티에서 한 가지 대화에 집중하려 할 때 반드시 필요한 기능이다. 배외측 전전두피질이

손상된 사람에게는 이런 선택적 집중이 어려워진다. 우리와 전혀 무관하지 않지만 기대에 반하는 정보가 제시될 때도 이와 유사한 여과 과정이 작동하는 것으로 보인다.

던바는 실험을 위해 물리학과 학생들에게 크기가 다른 두 개의 물체를 탑 위에서 떨어뜨렸을 때 물체가 중력의 법칙에 맞지 않게 서로 다른 속도로 떨어지는 비디오를 보여주었다. 실제로 그런 일은 일어나지 않는다는 걸 알고 있는 물리학과 학생들의 배외측 전전두피질은 그들만큼 과학에 밝지 않은 이들에 비해 훨씬 더 많이 활성화했다. 던바는 물리학과 학생들의 뇌가 달갑지도 않고 사실과도 다른 정보를 자신의 의식에서 삭제하려 한 것이라 판단한다.

다시 앤아버에 있는 실패작 박물관을 생각해 보자. 무수한 제품이 그곳의 진열대를 채우게 된 원인 중 하나는 사람들이 실패에 직면하기를 거부했기 때문임을 어렵지 않게 짐작할 수 있다. 각 제품이 만들어지기까지 수차례 회의를 거쳤겠지만 그때 아무도 실패를 예측하지 못한 게 분명하다. 어쩌면 누구도 실패를 염두에 둘 마음이 없었거나 그런 생각을 한 사람이 있었더라도 논의 주제로 꺼내는 걸 원치 않았을 것이다.

로버트 맥매스는 설령 마케팅 책임자들이 실패 가능성을 인지했을지라도 돈을 더 많이 퍼붓는 방법으로 해결하려 했을 거라고 설명했다. 이는 어떤 제품이 실패할 것 같은 낌새가 보일 때 흔히 하는 대처 방식이다. 마케팅에 충분한 돈을 쏟아부으면 최소한 어느 정도는 판매가 보장되므로 회사가 철저하게 굴욕을 당하는 일은 면할 수 있다. 맥매스는 《그 사람들은 무슨 생각을 한 걸까?》에서 실상을 부인할 수 없는 시점에 이르면 "그 책임자들은 다른 브랜드로 승진하거나 다른 회사에 스카우트될" 가능성이 매우 크다고 지적했다.

이처럼 실패를 직시하지 않으려는 집단적 회피 심리로 사람들은 실패할 제품에 더 많은 돈을 투자할 뿐 실패 원인을 검토하는 노력은 거의 기울이지 않는다. 관련된 모든 사람이 자신이 무슨 짓을 하는지 깨닫지도 못한 채 실패한 일을 다시는 생각하지도 언급하지도 않기로 공모하는 것이다.

부자를 똑같이 따라해도
부자가 될 수 없는 이유

자신의 실패든 다른 사람의 실패든 실패를 생각하지도 분석하지도 않으려는 태도 때문에 발생하는 커다란 문제 중 하나는 성공 원인에 대해 왜곡된 생각을 하는 것이다. 몇 년 전 옥스퍼드 대학의 경영 이론가 에르케르 덴렐은 자기 고향인 스웨덴의 스톡홀름에서 한 학회에 참석했다가 남들은 조느라 정신이 없는 강연을 끝까지 들었다. 연단에서는 한 연구자가 엄청난 성공을 거둔 기업가의 성격적 특성을 설명하고 있었다. 그는 몇 가지 새로운 사례 연구에 따르면 높은 성취를 이룬 사람들은 두 가지의 핵심적인 특징을 보인다고 말했다.

그것은 일에 차질이 생겨도 끝까지 밀고 나가려는 의지가 강하고 다른 사람이 자신을 따르도록 설득하는 카리스마가 있다는 점이었다. 이처럼 따분할 정도로 빤한 이야기니 학회장을 가득 채운 사람들의 눈

껴풀이 자꾸만 내려가는 것도 어쩔 수 없는 일이었다. 하지만 덴렐은 주의를 집중했다. 그 내용이 그가 언제부터인가 종종 경험한 착각을 구체화하고 있음을 깨달았기 때문이다. 다만 그 내용을 그처럼 명확하게 표현하는 것은 처음 들었다. 그 오류는 너무 기본적인 것이라 발표자의 연구 내용 중 상당 부분을 무의미하게 만들 위험이 있었다.

성공한 기업가에게 끈기와 리더십이 있다는 건 사실이다. 그런데 발표자는 그만큼 명백하지는 않지만 훨씬 덜 따분한 사실은 말하지 않고 넘어갔다. 그것은 그러한 특징이 동시에 성공과 거리가 먼 사람들의 특징일 수도 있다는 점이다. 나중에 덴렐은 이렇게 말했다.

"생각해 보십시오. 커다란 손실을 초래하는 일에도 끈기가 필요하고…… 다른 사람들이 자기 돈을 헛되이 쏟아붓도록 설득하는 능력도 필요합니다."[6]

끈기나 카리스마가 없는 사람은 커다란 성공도 커다란 실패도 경험하지 않는 중간 지점에 이를 가능성이 크다. 무엇 하나를 고수하는 일이 없고 자신을 따르라고 남을 설득할 능력도 없다면 뜻이 맞는 집단을 찬란한 승리로 인도할 일도 없지만, 그들을 벼랑 아래로 내모는 일도 없다. 대단히 성공한 사람과 대단히 실패한 사람은 실제로 유사한 성격을 지녔을 가능성이 크다. 둘 사이의 유일하고 명백한 차이는 성공 원인을 연구하는 경영학자가 크게 실패한 사람을 인터뷰하는 경우는 극히 드물다는 사실뿐이다. 결국 그들은 실패자이기 때문이다.

설령 경영학자가 그들과의 인터뷰를 원해도(대체로 원치 않지만) 의미 있는 데이터를 뽑아낼 만큼 충분히 많은 실패자를 찾는 것은 어려운 일이다. 성공은 공공의 눈에 보이는 곳에서 일어난다. 실제로 많은 사람이 유명인이 되는 것을 성공 요소 중 하나로 정의할 정도다. 간혹 실패가 초기에 관심을 끄는 경우도 있지만 실패자는 대개 남들의 눈에 띄지 않는 곳에서 조용히 살아간다.

'생존자 편향' 혹은 '실패의 과소 표본'으로 불리는 이 문제는 이미 학계뿐 아니라 삶의 여러 영역에 익숙하게 알려져 있다. 특정 맥락에서는 대다수가 이를 직관적으로 인지하는데 그중 대표적인 것이 도박이다. 룰렛 테이블에서 한동안 연승을 거뒀다고 해서 우리가 룰렛 휠의 움직임을 예측하는 마법적 능력을 지닌 건 아니다. 겉으로 표현하진 않아도 우리는 그것을 알고 있다. 룰렛에서 이기는 것은 우연의 문제이며 확률에 따르면 때로 연승하는 것은 당연한 일이다. 물론 연달아 지는 경우가 더 흔하다. 누군가가 연패할 때는 카지노에 그 이야기가 소곤소곤 퍼져 나가는 일이 드물 뿐이다. 몬테카를로에서 물주의 판돈을 쓸어가지 않은 사람들의 이야기가 회자되는 일은 결코 없다.

예르케르 덴렐이 스톡홀름에서 들은 발표는 성공에 관한 우리의 대화가 언제나 실패의 과소 표본과 충돌한다는 것을 보여주는 확연한 예다. 그런 예는 무수히 많다. 미국의 연구자 토머스 스탠리의 베스트셀러 《이웃집 백만장자(The Millionaire Next Door)》를 살펴보자. 이 책은 연구 결과를 바탕으로 백만장자의 성격을 묘사한다고 주장하면서 책 표지에 '놀라운' 결과가 담겨 있다고 했지만 사실 놀라운 점은 하나도 없다. 스탠리는 전형적인 백만장자는 절제력과 투지가 있고 세상물정에는 밝지만 반드시 지적인 것은 아니며 인색할 정도로 검소하다고 밝힌다. 그 책을 낸 출판사는 다음과 같이 주장한다.

"《이웃집 백만장자》는 오늘날 미국이 가장 확고하게 믿고 있는 신화 하나를 박살냈다. 부유한 사람은 교육 수준이 높고 극도로 운 좋은 엘리트 집단이며, 대개 사치스럽고 방자한 생활을 위해 상속받은 재산으로 돈을 물 쓰듯 쓰는 이들이라는 신화 말이다."

그 책이 전반적으로 암시하는 내용(또한 그 책이 상업적으로 성공을 거둔 이유)은 누구나 자기 절제를 잘하고 세상물정에 밝고 검소하면 백만장자가 될 수 있다는 것이다. 물론 생존자 편향을 알고 있는 우리는 반드시 그런 결과가 나오지 않는다는 걸 안다. 스탠리가 설명한 연구 방법으로 미뤄 판단하건대 그는 백만장자가 되려고 노력하다가 실패한 사람이나 백만장자가 되는 일 따위는 생각해 본 적도 없는 사람들의 성격은 전혀 조사하지 않았다(공정을 기하자면, 큰돈을 벌었지만 그 돈을 유지하지 못한 사람들은 언급했다). 그렇다면 검소함이나 자기 절제(혹은 또 다른 어떤 특성이든)가 백만장자가 되기 위한 비법의 일부라고 주장할 근거는 없는 셈이다. 똑같이 검소하고 절제력이 있어도 백만장자 근처에도 못 가는 이들이 꽤 많다. 덴렐은 내게 말했다.

"성공한 최고 경영자를 관찰했는데 그가 양치질을 한다는 사실을 알게 되었다고 해 봅시다. 그게 최고 경영자만 하는 특별한 일은 아니죠. 양치질은 누구나 하는 거니까요. 자신도 양치질을 하니 사람들은 그걸 잘 알고 있습니다. 그래서 그냥 넘겨버립니다. 반대로 그들에게 자신이 경험해 본 적 없는 이상한 특징이 있다고 해봅시다. 그러면 그게 그들의 성공을 설명해 주는 것처럼 보입니다. 아무튼 그게 말이 되는 것처럼 여겨집니다."

나아가 실패한 사람이 아니라 성공한 사람에게 초점을 맞추는 것이 직관적으로 올바른 일처럼 느껴진다.

"나는 법을 배우고 싶어 하는 사람은 새를 바라보지 바퀴벌레를 바라보지는 않으니까요."

하지만 성공 하나에만 초점을 맞추면 우리는 심각하게 방향을 상실한다. 생존자 편향이 낳는 더욱 기이한 결과 중 하나는 성공을 다룬 연구 결과뿐 아니라, 성공인이 들려주는(그들이 진심으로 그렇게 믿는) 성공 이야기까지 의심스럽게 만든다는 것이다. 서점에는 조언을 담은 자서전이 잔뜩 꽂혀 있다. 일례로 2006년 억만장자인 출판업자 펠릭스 데니스가 출간한 《부자 본능(How to Get Rich: The Distilled Wisdom of One of Britain's Wealthiest Self-made Entrepreneurs)》을 살펴보자. 데니스의 책은 같은 종류의 다른 책만큼 짜증스럽지는 않다. 이는 그가 특유의 유머 감각으로 7억 파운드나 되는 재산을 이야기하고 자신의 요트와 카리브 해에서 보내는 휴가, 미슐랭 별이 붙은 요리를 얼마나 좋아하는가를 신선할 정도로 솔직하게 풀어낸 덕분이다. 그러나 그런 자랑을 걷어내면 그의 책은 다른 대다수의 책과 비슷한 메시지를 담고 있다. 큰돈을 벌려면 우직한 고집이 있어야 하고 다른 사람이 자신을 어떻게 보든 신경 쓰지 않아야 하며, 기꺼이 위험을 감수해야 한다는 것이다. 데니스는 그러한 자질이 자신을 현재와 같은 사람으로 만들어 주었다고 말한다. 예르케르 덴렐이라면 아마 '당신이 그걸 어떻게 장담할 수 있습니까?'라고 물었을 것이다.

데니스는 분명 한 가지 인생밖에 살아보지 못했고 실패로 정점을 찍는 다른 종류의 인생을 살아본 경험이 없다. 그러니 두 가지를 비교하는 것은 불가능하다. 그에 뒤지지 않는 단호함과 뻔뻔함, 결단력을 지니고도 아무것도 이루지 못한 사람이 수두룩할지도 모른다. 그렇지 않을 수도 있지만 말이다.

어쩌면 데니스의 출세는 뜻밖의 행운 때문일 수도 있으며, 고집이 있고 위험을 좋아하지만 성공을 가능하게 해준 다른 성격적 특징 덕분일 수도 있다. 물론 그의 자기 진단이 옳을 수도 있다. 그러나 자기 일이라고 해서 자동적으로 다른 사람보다 더 정확한 판단을 내릴 수 있는 것은 아니다.

데니스가 위험을 감수하는 태도를 강조하는 것을 보면 또 다른 흥미로운 논제가 떠오른다. 그것은 우리가 실패를 감수하는 태도를 하나의 성격적 특성으로 과대평가하게 된 것도 생존자 편향의 결과라는 점이다. 이는 리처드 브랜슨 같은 인물이 들려주는 조언에 잠재된 문제이기도 하다. 그는 다음과 같이 썼다.

"나는 실패를 두려워하지 않는 것이 챔피언의 가장 중요한 특징이라고 믿는다."

실패를 두려워하지 않는 것이 중요하다는 그의 말은 옳을지 모르지만, 실패를 두려워하지 않았음에도 실패한 사람의 연설을 듣거나 자서전을 읽을 기회는 거의 없다. 어쩌면 실패를 기꺼이 감수하는 태도는 성공과 전혀 무관한지도 모른다. 혹은 덴렐이 지적했듯 큰 위험을 감수함으로써 실패를 기꺼이 받아들이는 태도는 큰 성공과 큰 실패 모두에 연관될 수도 있다. 결국 '큰 위험'이라는 말 자체에 일이 제대로 풀리지 않을 커다란 가능성이 내포되어 있으니 말이다.

덴렐이 경제 방향을 예측하는 미디어 논평가들을 대상으로 실시한 연구[7]에서도 이와 유사한 통찰을 발견할 수 있다. 덴렐과 그의 동료 크리스티나 팽이 얻은 결과에 따르면, 매우 극단적이라 헤드라인을 차지하는 예측이 놀랍도록 정확한 경우도 있지만 놀랍도록 잘못 짚는 경우 또한 많았다. 그런 의미에서 논평가들은 더 뛰어난 예측가가 아니라 그저 더 위험한 예측을 하는 것뿐이다.

언론은 그들의 예측에 들어맞는 사건이 발생하면 그 예측을 요란하게 떠들며 그들을 칭송하지만, 예측이 빗나갔을 때는 별다른 언급을 하지 않는다. 그러므로 논평가들의 말이나 의지에 따라 투자 대상을 결정하려 한다면 먼저 이러한 사실을 잘 고려해야 한다. 나아가 인생에서든 일에서든 성공하는 법과 관련된 거의 모든 조언이 생존자 편향 때문에 미심쩍은 내용을 담고 있을 가능성이 있음을 염두에 둬야 한다.

우리는 습관적으로 실패를 무시하거나 회피하기 때문에, 행복과 성공을 위한 지침(이 책에서 언급한 것을 포함해)을 따르고도 그것을 얻는 데 실패한 수많은 사람에 대해서는 생각하지 않는 경향이 강하다.

명백한 실패에서도
자부심을 찾는 사람들

지금이 내 모두충(머릿니)에 관해 이야기할 적당한 때인 것 같다. 내가 모두충(딱 한 마리지만 이례석으로 커다란 놈)을 갖게 된 것은 2001년 2월, 런던 동부 그리니치에 있는 영국의 전설적인 기념물 밀레니엄 돔 현장에서였다. 그 돔은 널리 알려진 그대로 악명 높은 실패담의 연속이다. 그것은 재정적 대참사였고 방문자 수 측면에서 대실패였으며 유명한 정치인 몇 사람의 정치 인생을 무너뜨렸다. 2000년 한 해 동안 지름 365미터의 대형 돔 내부를 차지하고 있던 밀레니엄 익스피리언스 전시회는 2001년 초에 막을 내렸다.

당시 나는 신문 기자 자격으로 돔 내부를 채운 물건들의 경매를 취재하러 그곳을 찾았다. 파산에 이른 주최자들은 그 경매를 통해서나마 잃은 돈의 일부라도 되찾기를 기대하고 있었다. 회사는 쩨쩨하게도 나에게 100파운드를 내주며 재미있는 기삿거리가 될 만한 것을 사오라고 했다. 신체, 정신, 믿음, 일, 돈, 놀이 등의 주제로 나눠 돔의 열네 '구역'에 전시한 전시물을 포함해 무엇이든 구매가 가능했다. '신체' 구역은 그 안에서 방문객이 걸어 다닐 수 있게 설계한(자유의 여신상보다 크다는 말을 귀에 못이 박이도록 들었다) 인체 모형이었다. '신체' 디자이너들은 인체라는 소재가 지닌 불쾌한 실상을 외면하지 않고 과감히 표현하려는 듯 기계식으로 작동하는 모두충 몇 마리를 설치해 두었다.

나는 회사에서 받은 100파운드로 모두충 한 마리를 샀다. 나머지 모두충은 어느 골동품상이 가져갔는데 그는 그것으로 아내와 아이들을 겁줄 계획이라고 했다. 남자라면 취미 하나쯤은 있어야 하는 법이니 말이다. 제프라는 돔의 직원이 내가 창고에서 모두충을 꺼내는 걸 도와주었다.

"정말이지 좀 슬프네요."

그가 진심을 담은 감정을 내비치며 말했다.

"저랑 함께 일하던 친구인데."

절차에 따라 그 기계 벌레를 들고 처리 데스크로 갔더니 또 다른 직원이 그 녀석을 받아들고는 종이 한 장을 내밀었다. 며칠 후 경매가 모두 끝날 때까지는 그곳에서 갖고 나갈 수 없다는 설명이었다. 규칙이니 어쩔 수 없었다.

나는 깊은 생각에 잠긴 채 빈손으로 돌아왔다. 경매는 돔의 패배를 공개적으로 인정하는 행사처럼 느껴졌고 오히려 그 기나긴 이야기에 잘 어울리는 마무리 같았다. 슬프지만 웃기기도 하고 무엇보다 딱

걸맞은 일이라는 느낌이 들었다. 밀레니엄 돔의 안쓰러운 이야기를 가장 잘 요약한 사람은 아마 놀이공원과 박람회 전문가 댄 하울랜드일 것이다. 그는 〈돔 앤드 도머(Dome and Domer)〉에서 다음과 같이 표현했다.

> 밀레니엄 돔은 문을 연 순간부터 박람회 역사상 가장 거대하면서도 가장 시선을 사로잡는 실패가 될 것이 분명했다. 일단 언론과 대중 모두에게 인기가 없었고 접근성도 나빴다. 또한 구상 자체가 어설픈 데다 기획도 서툴렀고 관리도 엉성했으며 전체적으로 따분했다. 처음부터 돔에 너무 많은 돈을 들였고 낭패가 지속되면서 더 많은 돈을 퍼붓는 바람에 토니 블레어 총리의 정치 인생은 불안한 갈림길에 놓였고 노동당 내 다른 공직자들의 정치 인생은 누더기가 되었다. 밀레니엄 돔의 이야기는 명백한 실수, 나쁜 구상, 자만심, 어리석음, 탐욕 그리고 부패로 얼룩져 있다. 무엇보다 그것은 웅장한 처참함이 느껴질 만큼 기념비적으로 끔찍한 이야기다.

여기서 그 실수를 하나하나 되짚어볼 생각은 없으니 유난히 불쾌한 기억 몇 가지만 살펴보자. 1999년 마지막 날에 있었던 개장식에서 영향력 있는 정치인들과 신문사 편집장들을 포함한 수천 명의 방문객은 말도 안 되게 숫자가 부족한 금속탐지 장치를 통과하기까지 몇 시간이나 돔 밖에서 덜덜 떨며 기다려야 했다. 그날 밤 폭파 위협 때문에 하마터면 모두 건물 밖으로 대피할 뻔한 일도 있었다. 새해에 들어서는 절도범들이 세계에서 두 번째로 큰 흠 하나 없는 다이아몬드가 그 안에 있다고 믿고 채굴기를 이용해 돔 안으로 침투한 절도 미수 사건도 있었다(엄밀히 말해 이것은 불쾌한 사건에 들지 않을지도 모른다. 절도가 미수에 그쳤으니 말이다. 정보원에게 미리 경고를 들은 경찰은 다이아몬드를 복제품으로 바꿔 놓고 매복하고 있었다).

문제는 훨씬 더 오래전부터 발생했다. 밀레니엄을 앞둔 몇 년간 그 프로젝트의 고위 담당자와 자문위원들이 사임했고 몇 명의 최고 책임자가 해고됐다. 그중 한 명은 자리에서 물러난 뒤 의회의 한 위원회에 나가 2000년이 다가오면서 돔의 고위직 직원들이 신경 쇠약에 걸릴 지경이라 상담가를 고용했을 정도라고 말했다. 우리가 수차례 들었듯 돔은 런던의 이층버스 1만 8,000대가 들어갈 정도로 컸다. 논평가들은 하나같이 그 프로젝트가 집어삼킨 8억 파운드로 차라리 다량의 이층버스를 주문하는 편이 훨씬 나았을 거라고 말했다.

한마디로 밀레니엄 돔은 커다란 재앙이었다. 동시에 사람들을 가까이 끌어들이는 실패의 비상한 힘을 실례로 입증하기도 했다. 놀랍게도 경매장 분위기는 유쾌했는데 거기에는 남의 불행에 즐거워하는 저널리스트 특유의 반응뿐 아니라, 밀레니엄 돔을 둘러싼 이야기의 시초부터 따라다닌 것으로 보이는 어떤 태도가 반영돼 있었다. 그것은 그 불운한 사업을 따뜻하게 감싸 주는 대중의 포용 같은 것이었다.

"국가적 재앙의 기념품이죠."

경매에 참여한 어떤 사람이 자기가 거기에 와 있는 이유를 설명하며 내게 한 말이다.

"대단히 영국적인 일 아닌가요?"

경매 이후 몇 달간 정치가와 논객들이 비어버린 그 돔을 어떻게 해야 할지 논쟁을 벌이고 있을 때, 칼럼니스트 로스 코워드는 자신들의 실패를 대하는 영국인의 자조 섞인 애정을 탁월하게 포착했다. 그것은 남의 불운에 즐거워하는 것이라기보다 자신이 밀레니엄 돔이라는 엄청난 실패를 겪은 나라의 국민이라는 사실에 대한 괴상한 자부심이었다.

> 밀레니엄 돔에는 명확한 브랜드가 있고 그 브랜드의 이름은 '재앙'이다. 그것은 웅장한 어리석음과 지리멸렬함, 과대선전, 엄청난 오락적 잠재력을 지닌 명백한 바보스러움의 상징으로 자신을 이용해 달라고 부르짖고 있다. …… 우리가 열렬히 혐오하는 그 건물에, 위기에서 재앙으로 곤두박질치며 온갖 오락거리를 제공하는 그 거대한 바보짓에 우리는 어느새 애정을 품게 되었다. 돔은 어쩐지 영국적인 특징과 잘 맞아떨어진다. 우리는 재앙을 맞이하는 데 익숙하며, 우리 일이 거대한 규모의 어리석음으로 망해갈 때 사태를 심각하게 받아들이지 않고 즐거워하는 데 능하다. 이것이 바로 돔의 미래에 관한 실마리다. …… 그것은 재앙과 어리석음의 박물관, 망해버린 수많은 프로젝트와 불운한 사고의 역사가 되어야 한다.[8]

물론 그런 일은 일어나지 않았다. 오늘날 돔은 O_2아레나라는 콘서트 장으로 쓰이며 때때로 스타디움 규모의 동기 부여 세미나가 열리기도 한다.

경매가 끝난 뒤 나는 내 모두충을 가지러 다시 그리니치로 갔지만, 그 벌레는 어디에서도 찾을 수 없었다. 찾는 걸 도와주던 돔 직원은 미안해하는 기색이었지만 그리 놀라는 것 같지는 않았다. 돔은 그 내용물을 팔아치우는 일에서도 실패자임을 증명했다. 이후 몇 년간 돔의 파산 처리를 담당한 프라이스워터하우스쿠퍼스 사의 회계사에게서 언젠가는(추측컨대 더 중요한 채권자에게 보상한 다음에) 우리 신문사의 100파운드를 돌려받을 수 있을 거라고 암시하는 편지가 이따금 내게 날아왔다. 나는 아직도 기다리는 중이다.

만들어진
실패자

코워드가 표현했듯 영국인은 실패를 엉거주춤하게나마 포용하는 것을 영국만의 독특한 특징이라고 생각한다. 우리는 치명적인 실패로 끝났지만 세계 최초로 남극점에 도달하고자 했던 로버트 스콧 선장의 노력을 기리고, 승전의 승리감보다 됭케르크철수 작전의 정신을 더 소중히 여긴다. 영국의 저널리스트 스티븐 파일은 1979년에 베스트셀러가 된 《영웅적 실패의 책(The Book of Heroic Failures)》에서 이렇게 썼다.

"성공에 관해 형편없는 책을 쓴 모든 이에게, 무능해도 아무 문제 없다는 이야기를 들려주는 이 형편없는 책을 바친다. …… 나도 무능하고 내가 아는 모든 사람이 무능하기 때문이다."

성공 지향적인 미국인에게는 실패에 대한 이런 애정이 제국의 종말 이후 유럽 전체에 퍼진 기괴한 특징처럼 보일지도 모른다. 저널리스트 닐 스타인버그는 다음과 같이 표현했다.

"실패를 숙고하는 것은 미국인다운 행동이 아니다. 금박을 입힌 괴물처럼 거대한 궁전들을 짓고 보석이 박힌 파베르제 달걀을 수십 개씩 주문하느라 그 위대함을 다 깎아먹긴 했지만, 모든 나라가 한 번쯤은 위대함을 거머쥔 적 있는 유럽에서는 실패를 따스하게 포용하는 경향이 있다. 잉글랜드에는 제국이 있었고 스페인에는 무적함대가 있었으며 프랑스에는 나폴레옹이, 독일에는 차마 입에 담기 어려운 정점이 있었다. 벨기에조차 영광의 순간을 누렸다. 비록 1477년 용담공 샤를이 세상을 떠난 뒤로는 그만한 영광을 다시 누리지 못했지만 말이다. 그 나라들에서는 한때의 위대함을 회상하고 씁쓸하게 분석하는 일이 이제 남은 위대함과의 (유일한) 연줄이다. 유럽에 선술집과 노천카페가 왜 그렇게 많다고 생각하는가?"9

하지만 우리는 실패를 포용하는 태도를 문화적 기벽 정도로 치부해서는 안 된다. 행복에 이르는 '부정적 경로'라는 맥락에서 해야 할 이야기가 더 있다. 우리는 이미 실패를 기꺼이 받아들이는 태도와 과거의 실패를 분석하는 것이 성취와 성공을 이해하는 데 결정적 요소가 될 수 있음을 살펴보았다. 그보다 더 직관을 거스르는 것은 실패를 성공에 이르는 하나의 경로가 아니라, 실패 그 자체로 포용하는 것에서 행복을 발견할 수 있다는 점이다. 한마디로 실패를 기꺼이 맞이하는 것이 그것을 영원히 피하려고 애쓰는 것보다 훨씬 기분이 좋다는 말이다.

실패에는 성공에는 없는 개방성과 솔직함 그리고 실상에 대한 현실적 직면이 있다. 무언가 인상적인 일을 이룬다는 것(가령 밀레니엄 돔이 토니 블레어가 기대한 대로 '세계의 횃불'이 되었을 경우)은 필연적으로 자신과 나머지 모든 존재 사이에 일종의 장벽을 세운다. 반면 무언가로부터 깊은 인상을 받는다는 것은 자신과 다르고 또 자신보다 더 나은 어떤 존재 안에서 자신을 느낀다는 것을 의미한다. 실패는 이러한 경계선을 무너뜨리면서, 실패하지 않았다면 자신을 결코 패배할 리 없는 존재라고 주장했을 사람들의 실패를 입증한다.

이처럼 실패는 사람들을 인간다운 크기로 줄여놓는다. 실패를 계기로 드러난 취약함은 공감과 연대감을 키워준다. 돔 프로젝트를 운영한 사람들이 심리적 붕괴 직전까지 갔음을 알았을 때, 그들이 더 가까이 느껴지지 않았는가. 밀레니엄 돔이 승승장구하며 성공을 거뒀다면 내가 기자로서 돔 직원들과 그런 식의 대화를 나누는 것은 상상도 할 수 없었을 것이다. 그들이 돔을 더욱 빛내는 것이 아니면 언론과 어떠한 대화도 나누지 말라는 지시를 받고 긴장하며 경계했을 테니 말이다.

"심리학적으로 보면 난 이게 건강한 일 같아요."

외과 붕대를 칭칭 감은 실물 크기의 마네킹 네 개를 지키던 보안요원이 한 말이다. 그 마네킹들은 320파운드에 팔려나갔다.

"우리는 장례식에 왔고, 시체를 묻었고, 이제 애도하고 있는 거니까요."

실패는 안도다. 최소한 자기가 생각하는 바를 말할 수 있다. 그러나 실패에 대해 이런 태도를 취하는 것은 매우 어려운 일일 수 있다. 크리스토퍼 케이스의 '목표 정의론' 개념이 암시하듯, 우리는 목표를 자기 정체성의 일부로 만드는 일이 허다하며 실패가 자기 존재를 공격하는 듯 여긴다. 또한 앨버트 엘리스가 이해한 것처럼 우리는 행복한 결혼생활이나 성취감을 주는 직업 같이 소망하는 결과를 떠올리고 그것을 반드시 이뤄야 하는 일로 격상한다. 만약 그런 일에 실패하면 단순히 슬프기만 한 일이 아니라 대재앙이 된다. 집착과 집착 내려놓기라는 불교 언어를 빌리자면 우리는 성공에 집착하고 있다.

실패와 관련해 역효과만 내는 이 모든 사고방식은 완벽주의라는 현상에서 가장 극명하게 드러난다. 완벽주의는 많은 사람이 은밀하게 혹은 그리 은밀하지 않게 자랑스럽게 여기는 속성 중 하나다. 여간해서는 성격적 결함으로 보이지 않기 때문이다.

사실 완벽주의는 두려움에서 생겨난 것으로 어떤 대가를 치르더라도 실패 경험을 피하고 보겠다는 안간힘이다. 극단적인 경우 이런 삶의 방식은 사람의 진을 빼고 늘 스트레스에서 벗어날 수 없게 한다(연구 결과에 따르면 절망감과 자살보다 완벽주의와 자살이 더 큰 연관관계가 있다고 한다). 실패 경험을 단순히 성공에 이르는 디딤돌로 견뎌내는 게 아니라 온전히 끌어안으려면, 절대로 실수하지 않겠다는 끊임없는 긴장감을 놓아버려야 한다. 한마디로 긴장을 풀어야 한다. 미국의 선불교 수행자 나탈리 골드버그는 다음과 같이 말했다.

"몰락은 우리를 바닥으로 데려가 핵심에 맞닥뜨리게 하고 꾸밈없는 상태 그대로 세상과 마주하게 한다. 성공은 영원히 지속될 수 없다. 시간은 누구에게서나 달아나고 있다. 성취는 우리를 견고하게 만들지만 동시에 우리는 자신이 천하무적이라 믿고 점점 더 많이 원한다. 만물의 실상을 있는 그대로 보고 느끼려면 추락해야 한다. 그러면 우리는 더욱더 진정한 자신을 향해 떨어질 수 있다. 선은 이 깊은 자리에서 그 유산을 전달해 준다. 그것은 다른 종류의 실패다. 위대한 실패, 한없는 항복. 붙잡을 그 무엇도 잃을 그 무엇도 없다."[10]

다행히 불교식 깨달음이라는 높고도 닿기 힘든 경지에 이르러야 이러한 태도를 키울 수 있는 건 아니다. 스탠퍼드대학의 심리학자 캐럴 드웩의 연구에 따르면 실패 경험은 본질적으로 재능과 능력에 대한 우리의 암묵적인 믿음에 압도적인 영향을 받는다고 한다. 또한 우리는 보다 건전한 관점으로 쉽게 옮겨갈 수 있다.

우리 각자는 재능이 무엇이고 어디에서 오는지에 관한 우리의 '암묵적 관점'(혹은 말로 표현하지 않은 태도)에 따라 하나의 연속선상에서 어딘가에 위치한다. 능력은 타고나는 것이라는 '고정 이론'을 믿는 사람도 있고 재능은 도전과 노력으로 발전하는 것이라는 '성장 이론'을 믿는 사람도 있다.

만약 당신이 실패 경험을 피하려고 어마어마한 노력을 기울이는 사람이라면, 드웩의 연속선에서 '고정 이론' 쪽 끝에 가까이 있을 가능성이 크다. '고정 이론'을 믿는 사람들은 도전을 타고난 능력을 증명할 기회로 보는 경향이 있기 때문에 실패를 특히 더 끔찍한 일로 여긴다. 그들에게 실패는 자신이 얼마나 뛰어난지 보여주려 했지만 그 수준에 미치지 못했다는 신호다. '고정 이론' 쪽 사람의 전형적인 예로는 주위의 칭찬을 듣고 자신에게 '타고난' 재능이 있다고 생각해 잠재력을 발휘할 만큼 충분히 연습하지 않는 젊은 스포츠 스타가 있다. 그는 입 밖으로 소리 내 말하지는 않지만 재능이 선천적인 것이라면 굳이 귀찮게 노력할 필요는 없다고 생각한다.

'성장 이론'을 믿는 사람들은 다르다. 이들은 도전과제를 해결하는 과정에서 능력이 생긴다고 생각하기 때문에 실패도 전혀 다른 의미로 받아들인다. 그들에게 실패는 현재 자신의 한계치까지 전력을 기울였다는 증거다. 그러지 않았다면 실패하지 않았을 테니 말이다. 여기서는 근력 트레이닝이 적절한 비유다. 근육은 현재의 한계 능력까지 밀어붙여 근육의 섬유질이 찢어지고 치유되는 과정에서 발달한다. 역도선수들에게 실패할 때까지 훈련하는 것은 패배 인정이 아니라 하나의 전략이다.

드웩의 연구를 보면 다행히 우리가 둘 중 하나의 사고방식을 평생 짊어지고 사는 게 아님을 알 수 있다. 조금 헷갈리긴 하지만 '고정 이론' 그 자체는 고정된 사고방식이 아니며 연속선상에서 '성장 이론' 쪽으로 이동할 수 있다. 고정 이론과 성장 이론의 차이를 알려주기만 해도 관점을 바꾸는 사람이 있다. 또한 실패가 닥쳤을 때 그 관점을 다시 떠올려보는 것도 좋은 시도다. 다음에 시험을 망쳤을 때나 대인관계에서 잘못 대처했을 때는 관점을 바꿔보라. 즉 그것이 현재 자기 능력의 한계까지 밀어붙인 까닭에 일어난 것이고 장기적으로 그 능력을 더 키우는 중이라고 말이다.

드웩은 자녀가 고정 이론이 아니라 성장 이론 쪽으로 기울기를 바란다면 아이의 똑똑함이 아니라 노력을 칭찬해 주라고 조언한다. 똑똑함에 초점을 맞추면 고정 이론을 강화해 앞으로 실패 위험을 더욱 회피하게 만들 가능성이 크다.

성장 이론은 성공으로 이어질 가능성이 가장 큰 사고방식이다. 그보다 더 의미 있는 것은 성장적 관점으로 살아가면 설령 대단한 성공은 이루지 못해도 더욱 행복하게 살아간다는 사실이다. 이 관점이 스트레스와 피로만 안겨주는 완벽주의를 벗어던지게 해주기 때문이다. 이는 모두가 이기는 상황이며 그 유일한 전제조건은 져도 좋다는 진실한 마음자세뿐이다.

우리에게도 과거에 실패를 이런 식으로 생각하던 시절이 있었다. 역사학자 스콧 샌디지는 19세기 이전에는 '실패'라는 단어로 개개인을 표현하는 경우가 매우 드물었다고 주장했다. 관직에 출마하거나 회사를 창립하는 것 같은 특정 시도에서 실패했을 때, 그런 일을 행하는 개인을 '실패했다'고 묘사했을 뿐 '실패자'라고 하지는 않았다. 물론 그 시절에도 실패는 분명 사람의 기를 꺾어놓거나 심지어 때론 큰 재앙이 될 수 있었다. 그렇지만 그것은 한 사람의 인생 전체에 대한 전면적인 판결이 아니었다.

샌디지는 《타고난 패배자들(Born Losers)》이라는 매력적인 책을 쓰기 위해 취재할 무렵, 성공 이야기만 역사적 기록으로 보존하게 만드는 생존자 편향 문제를 피해갈 창의적인 방법을 찾아내야 했다. 그는 1800년대 말 존 D. 록펠러가 받은 구걸 편지를 활용해 보자는 기발한 아이디어를 떠올렸다. 그 편지와 또 다른 자료를 꼼꼼히 읽는 동안 사람을 '실패'로 보는 발상은 이 시기 기업 자본주의의 성장 과정에서 파생한 것이라는 그의 직감을 확인할 수 있었다. 샌디지는 은행이 개인에게 대출을 해줌으로써 떠안는 위험 정도를 판단하도록 돕는 신용 평가

기관의 탄생이 결정적이었다고 말한다.

갈수록 기업이 막강한 힘을 휘두르는 사회에서 낮은 신용등급은 한 개인 전체를 평가하는 선고로 받아들여졌다. 샌디지가 지적하듯 사람의 도덕적 가치를 묘사할 때 쓰는 '아무 쓸모없는'이나 '일급' 같은 현대의 표현은 신용평가의 언어에서 파생한 것이다. 그는 인생이라는 길에 생긴 하나의 돌부리였던 실패가 '인생 자체를 멈춰 세우는 것'으로 바뀌어 버렸다고 썼다. 19세기 중반부터 실패는 "단순히 인생에 더해지는 하나의 재앙이 아니라, 미래에 대한 감각을 잃게 함으로써 인생 자체를 완전히 멈춰 세우는 무언가로 여겨지기 시작했다."

요컨대 실패는 일종의 죽음으로 여겨졌다. 그러나 나탈리 골드버그를 비롯해 실패의 포용을 급진적으로 옹호하는 사람들은 그와 정반대의 메시지를 전한다. 실패가 더 생생하고 원초적이며 살아 있음을 보다 강렬하게 경험하는 길이라고 말이다.

전통적인 관점에서 성공을 거두고도 실패를 포용하는 일이 주는 이점을 설파하는 사람들은 대부분 골드버그만큼 급진적으로 주장하지는 않는다. 그들은 실패의 포용이 결국에는 성공에 이르는 수단이라고만 말한다. 그중 드문 예외는 《해리 포터》 시리즈로 어마어마한 성공을 거둔 조앤 롤링이다. 2008년 롤링이 하버드대학에서 실패를 주제로 한 졸업식 연설은 꽤 유명하다. 물론 롤링의 경우 그처럼 대단한 성공을 거두지 않았다면 실패를 바라보는 그의 감정이 어떻게 달라졌을지 단언하기는 어렵다. 그런데 롤링은 여전히 무명작가로서 가난하게 살고 창작에서 성취감을 느끼지 못한다고 하더라도 달리 생각하지 않을 거라는 분명한 인상을 주었다. 롤링의 이야기는 스토아 철학이나 불교를 비롯해 부정성이 주는 혜택을 꿰뚫어보는 여러 통찰과 일맥상통하는 울림을 준다. 길게 인용할 가치가 충분한 말들이다.

> 제가 졸업한 후 7년 만에 맞이한 실패는 전통적인 어떤 기준으로 보더라도 거의 서사시적 규모였다고 해도 지나치지 않을 겁니다. 유난히 짧았던 결혼생활은 안에서부터 무너졌고 저는 직장도 없는 싱글맘이었죠. 노숙자 신세만 겨우 면했을 뿐, 현대 영국에서 완전히 바닥을 기어야 할 만큼 가난했습니다. 저에 대해 부모님이 품었던, 그리고 제가 저에게 품었던 두려운 걱정은 모두 현실이 되었고, 일반적인 모든 기준에서 저는 제가 아는 가장 큰 실패자였습니다.
> 제가 지금 여기 서서 여러분에게 실패가 즐거운 일이라고 말하려는 것은 아닙니다. 그 시기에 제 인생은 암울했고 이후 언론이 동화 같은 얘기라고 소개해 온 일이 일어날 거라고는 상상도 할 수 없었습니다. 그 어두운 터널이 어디까지 뻗어 있는지 전혀 알 수 없었죠. …… 그렇다면 저는 왜 실패의 이점을 이야기하는 걸까요? 그것은 한마디로 실패가 비본질적인 것을 몽땅 벗겨내는 걸 의미하기 때문입니다. 저는 더 이상 제 자신에게 있는 그대로의 제가 아닌 다른 존재인 척하지 않았고, 저에게 중요한 일을 마무리하는 데 모든 에너지를 쏟기 시작했습니다. …… 저는 자유로워졌습니다. 제가 품었던 가장 큰 두려움이 이미 현실이 되어버린 후였으니

까요. 그런데도 여전히 살아 있었습니다. (실패는) 제가 시험들을 통과하면서 한 번도 얻지 못했던 내적 안정감을 주었습니다. …… 고통스럽게 얻긴 했지만 그런 깨달음은 진정한 선물입니다. 그것은 제가 얻은 그 어떤 자격보다 가치 있는 것이었습니다.

8장

반드시 죽기에
반드시 죽음을 기억하라

THE ANTIDOTE

"인생을 다시 살 수 있다면

나는 밤마다 죽음을 생각하는 습관을 들이겠네.

말하자면 죽음을 기억하며 살아가겠다는 거야.

…… 늘 죽음을 의식하지 않으면 인생은 무미건조하다네.

계란에서 흰자만 골라 먹는 거나 다를 바 없지."

―뮤리엘 스파크의 소설, 《메멘토 모리(Memento Mori)》에서

나만은 죽지 않을 거라고
생각하는 까닭

20만 행으로 이루어진 인도의 서사시 《마하바라타》에 이런 이야기가 나온다. 어느 호숫가에서 자연의 정령이 전사이자 왕자인 유디스티라에게 존재의 의미에 관해 이것저것 따져 묻는다. 《마하바라타》에서는 이런 일이 늘 벌어진다. 정령이 묻는다.

"세상에서 가장 경이로운 일은 무엇인가?"

유디스티라의 대답은 이 서사시에서 매우 유명한 구절 중 하나다.

"세상에서 가장 경이로운 일은 매일 무수히 많은 존재가 죽음의 집으로 가는데도 인간은 여전히 자신을 불멸의 존재로 생각한다는 것이다!"

여기에서 경이롭다는 건 정말 적절한 표현이다. 우리는 이미 특정 생각을 하기 싫거나 특정 감정을 느끼기 싫다고 해서 그것을 제거할 수는 없음을 알고 있다. 그것이 바로 대니얼 웨그너의 '흰곰 도전'에 성공한 사람이 아무도 없는 이유이자 자신을 위한 긍정적 확언이 사람들을 더 불편하게 만드는 이유다. 또한 최악의 시나리오를 직시하는 것이 그런 일은 일어나지 않을 거라고 모르는 척하는 것보다 훨씬 나은 이유다.

하지만 반드시 죽는다는 사실만큼은 이 원칙에서 이해하기 어려운 예외다. 죽음은 어디에나 있고 피할 수 없으며 그 무엇과도 비교할 수 없을 만큼 무시무시하다. 그럼에도 지금 당장 그것이 우리를 덮치지 않는 한, 그러니까 최근에 사별했거나 목숨을 위협하는 병에 걸렸거나 사고에서 구사일생으로 살아난 경우가 아니면 우리는 대개 몇 달, 심지어 몇 년씩이라도 죽음을 생각하지 않고 지낼 수 있다.

곰곰이 생각할수록 이것은 더욱 이상하게 보인다. 우리는 매일 집에서든 직장에서든 사소한 곤경에 대해 통렬한 자기 연민을 느낀다. 그런데 모든 궁지 중에서 가장 지독한 궁지인 죽음은 의식적으로 염려하는 일이 드물다. 프로이트는 늘 그랬듯 싸잡아서 다음과 같이 말했는데, 이 말만큼은 아주 설득력 있다.

"근본적으로 아무도 자기 자신의 죽음을 믿지 않는다."[1]

죽음 앞에서 초연해 보이는 태도는 우리가 사실 늘 죽음을 말하긴 하지만 어쩐지 죽음을 정말로 말하는 것 같지 않다는 점에 비춰보면 더욱더 이상하다. 잡지에서 '당신이 죽기 전에 해야 할 일(가봐야 할 여행지, 먹어야 할 음식, 들어야 할 앨범) 100가지'를 꼽아놓은 것을 보면서 '당신이 죽기 전'이라는 부분에 제대로 주의를 기울여본 적이 있는가? 만약 그랬다면 당신의 반응은 실존적 절망의 울부짖음이었을 것이다.

"어차피 죽을 거라면 왜 귀찮게 그걸 해야 하지?"(말할 필요도 없지만 실존적 절망은 잠지 편집장이 흔히 독자에게 일깨우고자 하는 것이 아니다.)

우리는 살인에 관한 픽션에 끌리지만 픽션 속 불가사의한 살인 사건에서 '살인'은 죽음의 실상과 거의 무관하다. 뉴스에 등장하는 실제 죽음은 공포, 연민, 분노를 촉발하긴 해도 시청자는 길어야 몇 십 년 후면 자신에게도 똑같은 운명이 닥치리라는 사실을 깊이 생각하지 않는다. 하긴 자신의 죽음을 개인적인 의미에서 일상적인 대화의 주제로 삼는 것은 생각만 해도 우스꽝스럽다. 우디 앨런의 1975년 영화 〈사랑과 죽음(Love and Death)〉도 그런 농담을 바탕으로 웃음을 자아낸다.

보리스   무(無). 비존재. 시커먼 공허.
소냐   뭐라고 그랬어?
보리스   아, 그냥 내 미래 계획을 세워본 거야.

1973년 어니스트 베커는 필생의 역작 《죽음의 부정(The Denial of Death)》을 내놓았는데, 이는 아직까지도 죽음을 모르는 체하는 인간 심리의 수수께끼에 관한 가장 설득력 있는 설명으로 남아 있다.(우디 앨런의 또 다른 영화 〈애니 홀(Annie Hall)〉에서 앨런이 연기한 죽음에 집착하는 인물 앨비 싱어는 여주인공 애니 홀을 유혹하기 위한 수단으로 이 책을 사용한다.)

1924년 매사추세츠 주에서 태어난 베커는 스물한 살에 군에 입대했고, 그 젊은 시절에 나치 강제수용소를 해방하는 일을 돕다가 죽음의 끔찍한 실상을 목격했다. 베커의 관점에서 우리가 인간의 필멸성을 진지하게 숙고하지 않는 것은 우연이나 간과가 아니다. 우리가 죽음을 생각하지 않는 것은 죽음이 너무 끔찍하고 의미심장하기 때문이다. 베커의 책은 다음과 같이 시작한다.

"죽음이라는 개념과, 이에 대한 두려움은 인간이라는 동물을 그 무엇보다 끈질기게 괴롭힌다."

결과적으로 우리는 그 두려움을 억압하고 죽음에 직면하는 일을 회피하기 위해 거대한 심리적 방어벽을 쌓는 데 일생을 바친다. 베커가 볼 때 사실상 인간 행동의 막대한 부분이 "죽음이라는 운명을 회피하려는 목적으로, 죽음이 인간의 최종 종착지임을 어떤 식으로든 부정함으로써 죽음을 극복하려는 목적으로 행해진다."

베커는 우리가 그런 부정을 지속할 수 있는 이유는 우리에게 육체적 자아뿐 아니라 상징적 자아도 있기 때문이라고 설명한다. 육체적 자아가 소멸하는 것은 피할 수 없는 일이지만, 마음속에 존재하는 상징적 자아에게는 자신이 불멸의 존재라고 설득할 능력이 충분하다. 그 증거는 도처에 널려 있다. 오히려 어디에나 존재하기 때문에 알아차리지 못했을 수도 있다. 베커의 시각에서는 모든 종교, 정치적 행동, 민족 정체성, 사업, 자선 활동, 예술적 추구는 바로 '불멸 프로젝트', 즉 죽음의 중력에서 벗어나려는 필사적인 몸부림이다.

우리는 자신이 반드시 죽어야 하는 인간이 아니라 불멸의 '영웅'

이라고 생각하고 싶어 한다. 사회 자체도 본질적으로는 '성문화한 영웅 시스템', 다시 말해 우리를 단순히 인간이라는 생명체가 아니라 그보다 더 크고 오래 지속되는 뭔가의 일부로 느끼게 만드는 관습, 전통, 법률로 이뤄진 하나의 체계다. 상징을 만들 줄 아는 능력 덕분에 인간은 "팔다리 한 번 움직이지 않고도 다른 차원의 세계와 시간 속으로 확장될 수 있고, 숨을 헐떡이며 죽어가면서도 자신 속으로 영원을 끌어들일 수 있다."

이 관점에서는 전통적인 의미의 종교적인 사람들만 내세 개념에 의지하는 것이 아니다. 종교적이든 아니든 정상적으로 적응하고 살아가는 모든 사람은 무의식적으로 내세에 의지한다.

"모든 사회는 그렇게 생각하든 하지 않든 하나의 '종교'다."

베커에게 정신질환은 죽음을 부정하는 내적 기제가 오작동을 일으킨 결과다. 그는 우울증에 걸린 사람들이 우울한 이유는 자신이 우주적 중요성을 지닌 영웅이 아니라는 진실, 머지않아 죽으리라는 진실로부터 자신을 방어하려다 거듭 실패했기 때문이라고 생각했다.

불멸 프로젝트는 좋은 것들(위대한 건축과 문학, 훌륭한 자선 활동, 위대한 문명 등)을 창조한 원인이지만, 베커의 시각에서는 동시에 가장 나쁜 것들의 원인이기도 하다. 자신을 영웅으로 여기고 싶어 하는 우리의 충동은 무차별적이다. 그 충동은 우리가 스포츠나 정치, 사업에서 경쟁하는 이유는 물론 전쟁을 치르는 이유도 설명한다.

전쟁은 서로 경쟁하는 불멸 프로젝트들 간의 궁극적 충돌이다. 내가 생각하는 불멸성이 우리나라의 승리에 달려 있고 당신이 생각하는 불멸성이 당신 나라의 승리에 달려 있다면, 우리는 영토나 권력만 추구할 때보다 훨씬 더 오래, 더 격렬하게 싸울 것이다. 철학자 샘 킨은 베커의 말을 다음과 같이 다시 풀어썼다.

"사업에서든 전쟁터에서든 이기는 것은 경제적 필요나 정치적 현실보다 우리가 지속적 가치를 지닌 무언가를 성취했다고 스스로 확신할 필요성과 더 깊은 관계가 있다. …… (인간의 갈등은) 내 신 대 당신의 신, 내 불멸 프로젝트 대 당신의 불멸 프로젝트가 부딪히는 생사가 걸린 투쟁이다."[2]

바꿔 말하면 우리는 자신의 상징적 불멸성을 보호하고자 너무 격렬하게 싸우느라 육체적 생명을 희생한다. 죽음을 부인하기 위해 죽는 것이다. 더 나쁜 것은 우리가 그렇게 하고 있다는 사실을 더 이상 부인하기 어려운 시점까지 계속 부인한다는 점이다. 베커는 음울하게 설명했다.

"사람들을 전쟁터로 내보내는 일이 그처럼 쉬운 주요 이유 중 하나는 마음속 깊은 곳에서 그들 각자가 자기 옆에 있는 사람이 죽을 것임을 안쓰럽게 여기기 때문이다. 자신이 피를 흘리는 충격적인 순간이 올 때까지는 그런 환상으로 각자 자신을 보호한다."

베커의 말이 옳다면, 우리가 불멸의 존재인 양 행동한다는 '경이로운' 사실은 결국 그렇게 경이로운 것이 아니다. 우리는 자신의 필멸성을 생각할 수 있다. 다만 그 생각을 회피하기 위해 물불 가리지 않고 발버둥칠 뿐이다. 그것이 우리네 인생이고 그 분투는 너무 기본적이라 '흰곰 도전'과 달리 대개의 경우 성공한다.

《죽음의 부정》이 베스트셀러가 된 이후 실험을 좋아하는 몇몇 심리학자가 베커의 추측(아무리 강력해도 그것은 그저 추측이다)을 보다 과학적으로 검증할 방법을 찾아냈다. 베커는 우리가 자신의 죽음을 피하려는 맹렬한 시도를 하며 인생을 보낸다고 주장했다. 그 말이 옳다면 사람들에게 그들은 결국 죽는다는 사실을 명시적으로 떠올리게 할 경우(심리 실험 용어로 말하면 그 생각을 하도록 '점화'할 경우) 그들이 죽음을 부정하는 신념과 행동에 더 강력하게 매달림으로써 본능적으로 그 생각에 저항한다는 결론이 나와야 한다. 이러한 직감은 '공포관리 이론'의 밑바탕에 깔려 있다. 이 이론은 지난 20여 년간 죽음을 부정하는 것이 우리에게 얼마나 깊은 영향을 미치는지 입증하는 설득력 있는 사례를 숱하게 도출했다.

2003년 뉴저지 주 럿거스대학에서 전형적인 공포관리 실험[3]을 실시했다 먼저 실험 참가자들에게 실제 실험 목적을 감추기 위해 거짓 이야기를 들려주었다. '성격적 속성과 사회적 현안에 관한 의견 사이의 관계'를 연구하는 것이라고 알려준 것이다. 죽음은 전혀 언급하지 않았다.

그런 다음 참가자들에게 일상적인 내용의 긴 설문지를 작성하게 했다. 구체적인 두 가지 질문만 제외하고 설문지 내용은 모든 참가자에게 똑같이 주어졌다. 한 무리의 응답자에게는 그 두 질문도 일상적인 TV 시청 습관에 관한 것을 주었다. '필멸성 부각' 그룹인 다른 응답자 무리에게는 죽음에 초점을 맞춘 질문을 내줬다. 하나는 '자신의 죽음을 생각할 때 내면에서 일어나는 감정을 간단히 기술하시오'라는 것이었다. 또 다른 질문은 '당신이 육체적으로 죽어갈 때 그리고 육체적으로 사망했을 때 어떤 일이 벌어질 것이라 생각하는지 최대한 구체적으로 적어보시오'였다.

이어 두 번째 실험을 진행했는데 바로 여기에 연구의 진짜 요점이 있었다. 실험 참가자들은 조지 부시의 외교 정책을 강력하게 옹호하는 짧은 에세이를 읽은 다음, 그 내용에 자신이 얼마나 동의하는지 판단해야 했다. 그 에세이에는 이런 내용이 쓰여 있었다.

"나는 개인적으로 이라크에서 대담한 조치를 취한 부시 대통령과 행정부 인사들의 행동을 지지한다. 사담 후세인을 권좌에서 끌어내릴 필요성을 설파한 우리 대통령의 지혜를 높이 평가한다. …… 우리는 대통령을 지지해야 하며 애국심이 부족한 국민에게 휩쓸려 엉뚱한 생각을 해서는 안 된다."

공포관리 실험을 실시할 때마다 '필멸성 부각' 상태로 점화한(죽음을 생각하도록 유도한) 실험군은 그렇지 않은 사람들에 비해 눈에 띄게 다른 태도를 보였다. 여러 질문에 대한 그들의 응답은 자신의 죽음을 떠올리게 할 경우 불멸 프로젝트에 평소보다 훨씬 더 필사적으로 매달린다는 가정에 힘을 실어주었다. 기독교인은 유대인에게 더욱 부정적인 태도를 나타냈다.[4] 도덕주의자는 도덕을 더욱더 강조했다.[5] 돈이 관련된 상황에서는 돈을 공유하거나 위탁하는 일을 더욱 꺼렸고, 가급적 더 많은 부를 축적하려고 열을 올렸다.

2003년 럿거스대학의 실험에서 부시 대통령에 관한 에세이의 관점에 얼마나 동의하느냐고 물었을 때, '필멸성 부각' 상태의 참가자는 유의미한 차이가 드러날 정도로 저자의 호전적인 말을 훨씬 적극적으로 지지했다. 다른 연구에서도 필멸성 부각을 유도한 조건에서는 '관계 지향적' 성격보다 권위주의적 성격을 선호하는 유사한 결과가 나왔다.

실제로 부시는 필멸성 부각 효과를 통해 큰 도움을 받은 것으로 보인다. 2001년 9월 11일의 테러 공격은 공포관리 설문지에 담긴 죽음 관련 질문의 극단적인 형태처럼 작동했다. 그 뉴스를 들은 모든 사람이 자신도 어느 날 평소와 다름없이 출근했다가 죽을 수도 있음을 충격적으로 깨달았던 것이다. 베커는 다음과 같이 썼다.

"사람들이 턱선이 날카롭고 목소리가 큰 자신만만하고 강해 보이는 선동가를 기꺼이 따르게 만드는 것은 두려움이다. 이 세상에서 모호한 것과 나약한 것, 불확실한 것, 사악한 것을 깨끗이 없애 줄 능력을 충분히 갖춘 것으로 보이는 지도자들 말이다. 아아, 그들의 인도에 자신을 내맡기는 것은 얼마나 큰 안도감과 위안을 주는가."

필멸성 부각은 매우 다양한 방식으로, 때론 전혀 예상치 못한 방식으로 표출된다. 죽음을 생각하도록 유도된 실험 참가자들은 인간의 신체 노폐물과 관련된 이야기에 훨씬 더 강한 역겨움을 드러냈다.[6] 그들은 '누군가가 토하는 모습을 보면 내 속도 울렁거린다'는 식의 문장에 강력한 동의를 표시했다. 또 고기에 붙은 구더기를 보는 것 같은 특정 상황에 '매우 역겹다'는 반응을 보였다.

이러한 반응은 실험 참가자들이 자신 역시 하나의 '피조물'이라는 사실, 즉 다른 동물과 마찬가지로 육체적으로 반드시 사멸하리라는 사실을 떠올리는 상황을 피하기 위해 스스로 완충장치를 마련하려 애쓰고 있음을 보여주는 것이라고 연구자들은 분석한다.

그중 한 논문에 따르면 "역겨움은 인간이 다른 동물보다 자신을 더 높이 끌어올리고 그럼으로써 죽음을 방어"[7]할 수 있게 해준다(베커의 논리에 따르면 이러한 반응은 특정 문화권에서 생리하는 여성에 대한 금기가 존재하는 사실이나, 일반적으로 다른 사람이 없는 곳에서만 대소변을 보는 이유를 설명해 준다).

필멸성 부각 상태로 유도된 사람들이 '지적 설계' 이론에 동조하는 경향이 훨씬 크게 나타난 것도 아마 같은 이유 때문일 것이다.[8] 생명이 태초의 원시 수프에서 아무 의미 없이 생겨난 게 아니라고 자신을 설득할 수 있다면, 생명이 무의미한 소멸로 끝나지는 않을 거라고 느끼기도 더 쉽다.

이 모든 점을 고려할 때, 자신이 반드시 죽을 거라는 사실을 일상적으로 의식하며 사는 것이 이롭다는 주장은 아무리 잘 봐줘도 실현 가능성이 희박해 보인다. 우선 베커의 주장을 살펴보면 죽음에 대한 부정이 우리 안에 너무 깊이 자리 잡고 있어서 그것을 걷어내는 것은 기대하기 어려운 일인 듯하다. 그런데 만약 그 부정이 인류가 이뤄낸 모든 탁월한 업적의 동기라면 우리가 그것을 없애려 하는 것이 옳은 일일까?

고대 그리스 시대부터 급진적 사상가들은 자신의 필멸성을 철저히(죽음을 대면했을 때 어쩔 수 없이 의식하는 것이 아니라 매일 습관적으로) 의식하며 사는 삶이 훨씬 더 풍요로운 존재 방식이라는 입장을 취해왔다. 그런 삶이 확실히 더 진정한 삶이긴 하다. 우리가 아무리 부인하려 해도 인생에 죽음이 존재한다는 것은 엄연한 사실이다. 무슨 수를 써서라도 긍정성에 초점을 맞추는 '낙관주의 숭배' 자체도 사실상 '불멸 프로젝트'의 하나로 볼 수 있다. 죽음마저 초월할 정도로 강력하고 포괄적으로 행복하고 성공적인 미래의 비전을 약속하기 때문이다. 긍정적 사고를 주장하는 사람들도 필멸성을 의식하는 일과 관련해, 이를테면 '매일을 인생의 마지막 날인 것처럼 살아라' 같은 입에 발린 말을 하기는 한다. 하지만 이것은 동기 부여를 위한 조언으로, 행동을 이끌어내고 야망을 실현하는 일에 착수하도록 자극을 주기 위한 것일 뿐이다. 그러한 야망 자체가 단순히 불멸 프로젝트라면 죽음을 의식하는 삶에 조금도 다가선 것이라고 볼 수 없다.

어니스트 베커가 필멸성과 만나는 시간은 비극적일 정도로 일찍 찾아왔다. 그는 《죽음의 부정》을 출간하기 1년 전, 마흔일곱 살의 나이에 대장암 진단을 받았다. 그로부터 2년 후인 1974년 2월의 어느 비 내리는 날, 샘 킨은 밴쿠버의 한 병원으로 임종을 앞둔 베커를 만나러 갔다. 《사이콜로지 투데이》에 싣기로 한 인터뷰를 하기 위해서였다. 베커가 말했다.

"지금이 당신에게는 내가 생각해 온 바를 실천하며 사는지 확인할 기회가 되겠군요."[9]

그는 가족과 함께하는 마지막 시간에, 그리고 죽어가는 그 순간에 '또렷한' 상태를 유지하고자 진통제를 최소한으로 제한하고 있었다. 베커는 죽음을 부정하는 것이 인류 문명을 구축하는 데는 기여했을지 모르지만, 그것은 각 개인이 자신의 죽음에 대처하는 좋은 태도는 아니라고 확신했다. 후에 킨은 다음과 같이 썼다.

"우리는 베커가 처방해 준 쓴 약(자신의 죽음이라는 공포를 깊이 생각하라)이 역설적으로 필멸성에 달콤함을 더해주는 감초였음을 서서히, 마지못해 인정하기 시작했다."[10]

그 인터뷰 기사는 그들이 만나고 나서 한 달 뒤인 3월에 실렸고 며칠 뒤 베커는 숨을 거뒀다.

죽음에 대한
근거 없는 두려움

더 많은 시간을 들여 죽음을 생각해야 한다는 발상은 받아들이기 어려울지도 모르지만, 몇 가지 강력하고 실질적인 주장은 그렇게 해볼 것을 적극 권장한다. 예를 들어 스토아 철학의 '나쁜 일 미리 생각해 보기'를 보자. 세네카라면 죽음은 어차피 일어날 일이니 다가올 죽음에 마음의 준비가 되어 있는 편이 죽음이 코앞에 닥쳤을 때 갑자기 충격을 받는 것보다 훨씬 낫다고 말했을 것이다.

어쨌든 우리의 무의식이 죽음을 생각하지 않으려고 아무리 기를 써도 그 노력이 전적으로 성공하는 것은 아니다. 자신의 죽음이 하나의 가능성으로 다가오기 훨씬 전부터 우리는 이따금 한밤중에 엄습하는 공포에 사로잡힌다. 필립 라킨은 〈새벽의 노래(Aubade)〉라는 시에서 그 감정을 생생하게 표현했다.

"한시도 쉬지 않는, 이제 꼬박 하루 더 가까워진 죽음. …… 또다시 사로잡고 공포를 불어넣는 섬광들."

가능하면 죽음의 가능성을 자연스러운 일로 받아들임으로써 그 공포를 피하는 편이 확실히 더 낫다. 그러려면 어떻게 해야 할까? 다른 문제는 대부분 우리를 너무 무겁게 짓눌러 결국 우리가 거기서 벗어날 해결책을 찾아내지 않을 수 없게 하지만, 죽음의 부정이라는 문제는 그렇지 않다. 이것의 진짜 문제는 대체로 전혀 문제처럼 느껴지지 않는다는 것이다. 자신이 불멸의 존재라는 무의식적 가정을 계속 유지할 수 있다면 그 편이 훨씬 살아가기 편한 방식이다. 이러한 본능을 거슬러 죽음을 하나의 일상적인 문제로 직시하는 쪽을 택하려면 어떻게 해야 할까?

나는 이 난제는 철학자이자 심리치료사인 사람들이나 풀 수 있을 거라고 여겨 명함과 웹사이트에 '철학적 상담가'라고 소개한 로렌 틸링해스트를 찾아갔다. 그는 철학을 소크라테스적 근원으로 되돌리려 노력하는 철학 유파에 속해 있어 학자들의 복잡한 이론 놀음에만 치우치지 않고 인간의 영혼을 달래주는 치유적 실천도 중요시한다. 틸링해스트도 이론적 연구를 등한시하지 않으며 〈한정 형용사란 무엇인가?(What is an Attributive Adjective?)〉와 〈'예술'의 분류적 의미(The Classificatory Sense of 'Art')〉 등의 논문을 철학 저널에 발표한 바 있다. 그리고 맨해튼 시내에서 상담 사무실을 운영하고 있다.

보다 전통적인 치료사와 정신과의사, 상담가들이 자리 잡고 있는 오래된 건물에 위치한 틸링해스트의 사무실은 환하고 깔끔하게 정리되어 있었다. 40대 초반인 그녀는 다른 사람의 문제를 비판 없이 그대로 들어주는 일에 익숙한 사람답게 노련하고 친절하게 중립적인 태도를 보였다. 그녀는 하얀 도자기 잔에 민트차를 따라주고 나를 안락의자로 안내했다. 내가 죽음에 대해, 좀 더 구체적으로 자신이 죽어야 한다는 사실을 깊이 의식하며 살아가려면 어떻게 해야 하는지 이야기하고 싶다고 했을 때도 그녀는 전혀 당황하는 기색이 없었다.

"꽤 큰 주제네요."

우리는 에피쿠로스부터 이야기를 시작하기로 했다. 자신의 필멸성을 좀 더 편안하게 받아들이는 첫 단계는 죽음을 생각하기만 해도 일어나는 공포를 누그러뜨리려 노력하는 일이다(이 단계를 제대로 해내지 못하면 이어지는 단계를 잘할 가능성이 별로 없다). 틸링해스트의 설명에 따르면 철학자들은 주로 논증을 통해 그 공포를 누그러뜨리려 노력해왔다. 죽음에 대한 공포가 비논리적이라는 사실을 받아들일 수 있다면, 그 공포에서 벗어날 가능성도 더 크다.

원조 스토아 철학자인 키프로스의 제논과 동시대에 살았던 고대 그리스의 철학자 에피쿠로스는 최초로 그런 시도를 한 사람 중 하나다. 에피쿠로스 이전까지 철학자들은 공통적으로 죽음은 최종적인 것이 아니라고 생각했다. 죽음 뒤로는 영화로운 내세가 이어지니 죽음을 두려워하지 말라는 것이었다. 에피쿠로스는 이러한 주장을 뒤집어놓았다. 그는 만약 죽음 이후에 삶이 이어지지 않는다면, 그 역시 죽음을 두려워하지 않을 좋은 이유라고 지적했다.

"우리에게 죽음은 아무것도 아니다. 우리가 존재할 때는 죽음이 아직 오지 않았고, 죽음이 왔을 때는 우리가 존재하지 않기 때문이다."

고통스럽게 죽어가는 과정을 두려워할 수는 있다. 다른 사람들을 죽음에 빼앗기는 고통을 두려워할 수도 있다. 그러나 여기서 우리가 말하는 것은 상실의 슬픔이 주는 고통이 아니다. 자신이 죽은 상태를 두려워한다는 것은 이치에 맞지 않는다. 죽음은 경험하는 주체의 종말을 의미하므로 우리가 두려워하는 그 상태를 경험할 능력도 종말을 맞이한 상태이기 때문이다.

또는 아인슈타인의 표현대로 "죽음에 대한 두려움은 모든 두려움 가운데 가장 불합리하다. 이미 죽은 사람에게 사고가 일어날 위험은 전혀 없지 않은가." 이러한 관점에서 보면 우리의 삶을 좌지우지하는 거대한 공포 하나는 일종의 오류로 드러난다. 어쩌면 우리는 그동안 죽음을 상상한 것이 아니라 생매장과 유사한 상태를 상상해 온 것인지도 모른다. 즉, 실제로 존재해야 주어지는 모든 혜택이 박탈된 상태임에도 여전히 그 박탈을 경험하는 상태로 말이다.

이 주장에 대한 강력한 반론은 우리의 공포가 죽음을 잘못 상상한 데서 오는 게 아니라 오히려 죽음이 전혀 상상할 수 없는 것이라는 사실에서 온다는 것이다. 대략적으로 표현했지만 이것이 바로 프로이트의 관점이다. 우리가 '죽음의 공포'라고 부르는 것은 전혀 상상할 수 없는 뭔가에 직면했을 때 공포에 사로잡혀 꼼짝 못 하는 상태에 훨씬 더 가깝다. 그렇지만 철학자 토머스 네이글이 지적하듯[11] 이 주장에도 허점은 있다. '상상할 수 없는' 상태에는 그 말의 정의상 무서운 것이 전혀 없기 때문이다. 우리는 꿈꾸지 않고 잠자는 상태가 어떤 것인지 상상할 수 없지만, 매일 밤 자신을 그 상태에 내맡기면서도 공포의 감정을 느끼지 않는다. 네이글은 "죽음을 혐오하는 사람들은 대개 의식이 없는 상태를 혐오하지는 않는다"고 담담하게 지적한다.

에피쿠로스는 죽음을 무서워할 필요가 없다는 점과 관련해 또 하나의 주장을 펼쳤는데 이는 '대칭설'로 알려져 있다. 자신이 태어나기 전의 영원한 무지 상태는 공포에 사로잡혀 되돌아보지 않으면서 죽음이 야기하는 영원한 무지 상태는 왜 두려워한단 말인가. 한 개인에게는 태어나기 전 역시 죽음과 똑같이 영원한 시간이며 무지 상태인데 말이다. 블라디미르 나보코프는 이와 똑같은 요점을 전달하는 문장으로 회고록《말하라, 기억이여(Speak, Memory)》의 서두를 연다.

"요람은 심연 위에서 흔들리고 상식은 우리가 두 개의 영원한 어둠 사이, 작은 틈새를 비집고 나온 짧은 빛줄기일 뿐이라고 말해준다. 두 어둠은 일란성 쌍둥이지만 인간은 대개 자신이 향해 가고 있는 어둠보다 태어나기 전의 심연을 훨씬 더 편안하게 바라본다."

아직 태어나지 않았다는 사실에 마음의 상처를 받지 않는다면, 죽는다는 것 때문에 상처 입을 걱정도 하지 않는 것이 논리적이다. 물론 틸링해스트가 말했듯 "대부분의 사람에게 공포가 비논리적이라고 지적해 주는 것은 별 소용이 없다. 그렇다고 공포를 떨쳐낼 수 있는 것은 아니니 말이다."

'죽은 상태'를 덜 두렵게 만들려는 모든 노력에는 또 다른 문제도 있다. 애초에 누가 죽은 상태를 문제라고 했는가? 자신의 필멸성을 깊이 생각할 때 정말로 마음 아픈 것은 우리가 더 이상 살아 있지 않다는 사실, 그리고 우리가 살아서 누리는 모든 혜택을 상실한다는 사실이다.

"일반적으로 사람들이 나를 찾아오는 이유는 죽은 상태가 야기하는 망각을 두려워해서가 아닙니다."

틸링해스트의 말이다.

"인생을 인생답게 만드는 모든 것이 끝난다는 생각 때문에 오는 거죠. 그게 훨씬 더 큰 공포의 근원입니다."

그런 혜택을 누리지 못하는 상태를 경험할 자신은 더 이상 존재하지 않으므로 그것을 두려워하는 것은 터무니없는 일이라고 주장할 수도 있다. 그러나 네이글이 〈죽음〉이라는 간결한 제목의 에세이에서 주장하듯, 죽음을 두려워하지 않아야 한다는 사실이 곧 죽음이 나쁘지 않다는 것을 의미하지는 않는다. 네이글은 뇌를 심하게 다쳐 세 살짜리의 정신 상태가 된 성인을 상상해 보라고 말한다. 그 자신은 완벽하게 행복할 수도 있지만 한때 멀쩡하던 어른에게 일어난 그 일이 나쁜 일이라는 데 동의하지 않을 사람은 없을 것이다. 이제 과거의 그 어른은 존재하지 않는다고 해도 그러한 사실은 달라지지 않는다. 죽음을 두려워할 필요가 없다는 에피쿠로스의 주장이 아무리 설득력이 있어도 필연적으로 죽음은 나쁜 게 아니라는 결론은 나오지 않는다.

이 구별이 중요한 이유는 필멸성에 대한 강한 의식이 행복의 비결 중 하나라는 생각의 의미를 밝혀주기 때문이다. 자신이 죽는다는 사실 때문에 겁에 질리는 한, 어니스트 베커가 처방해 준 '쓴 약'을 삼키고 스스로 죽음을 더 깊이 생각하리라고 기대하기는 어렵다. 오히려 죽음을 좋은 것으로 포용하려는 노력은 자신에게 너무 과한 요구로 여겨진다. 더구나 그렇게 포용하는 것이 반드시 바람직하다고 볼 수도 없다. 이 경우 살아 있는 상태에 그만큼 가치를 덜 둘 수도 있기 때문이다.

죽음을 두려워할 이유는 없지만 그것은 곧 종말이므로 여전히 나쁜 것으로 이해하는 것이 이상적인 중도인지도 모른다. 이 주장은 철저하게 현실적이고 실용적이며 스토아적이다. 인생의 유한성을 의식할수록 그만큼 인생을 더 소중히 여기고 쓸데없는 일에 정신을 파느라 인생을 허투루 낭비할 가능성도 낮다. 틸링해스트는 "일종의 훌륭한 레스토랑에 가는 일처럼 생각하는 거예요"라고 말했다.

"그럴 때 우리는 그 식사가 영원히 지속되지 않는다는 걸 기정사실로 받아들이죠. 꼭 그래야 하는 게 맞는 건지, 앞으로 그런 식사를 더 많이 해야 하는 건지 혹은 그 식사가 영원하지 않다는 사실이 분하게 느껴지는지 등은 전혀 신경 쓰지 않아요. 그저 한 번의 식사를 하는 것뿐이에요. 그러니 그 진수를 충분히 맛보는 것이 이치에 맞지 않을까요? 풍미에 집중하는 게 맞지 않을까요? 옆 테이블에 앉은 사람이 향수를 너무 뿌렸다고 짜증내며 정신을 딴 데 팔지 않는 게 맞겠죠?"

심리치료사 어빈 얄롬은 《보다 냉정하게 보다 용기 있게(Staring at the Sun)》에서 많은 사람이 임종을 맞이할 때 자신이 살아온 인생을 후회하지 않을까 하는 어렴풋한 두려움을 품고 산다고 말한다. 자신의 필멸성을 기억하면 인생을 평가하는 임종 시의 심적 태도에 더 가까이 다가갈 수 있다. 이는 우리가 가급적 후회 없는 삶을 살아가게 해준다. 얄롬은 자신의 필멸성을 직시하는 것은 하나의 깨달음을 경험하는 일이며, 살아 있다는 느낌에 대한 관점을 근본적으로 바꿔놓는 완전한 변화라고 말한다. 그것이 꼭 즐겁지 않은 것은 아니다. 그는 30대 초반에 자신에게 치료받은 한 환자가 들려준 말을 전했다.

"제 생각에 가장 강렬한 감정은 '늙어서 죽게 된 나'나 '말기 환자로서 죽을 준비가 된 나'가 다른 어떤 존재가 아니라 바로 나라는 것을 깨닫는 데서 오는 것 같아요. 저는 늘 죽음을 회피하는 태도로 생각해왔어요. 일어날 일이 아니라 일어날 수도 있는 일처럼요."

얄롬은 이러한 생각의 전환은 삶의 강도만 높이는 게 아니라 삶에 대한 태도도 바꿔준다고 말한다. 그는 이 변화를 독일의 실존주의 철학자 마르틴 하이데거의 표현을 빌려 '존재하는 방식'에 집중하던 것에서 '존재한다는 사실(실존의 순수한 존재성)'로 초점을 옮기는 것으로 묘사했다. 이것이 살아가는 과정에 녹아든 필멸성에 대한 의식과 '매일이 생의 마지막 날인 것처럼 살라'는 상투적인 슬로건이 주장하는 필멸성 의식의 진정한 차이다.

이 슬로건은 늦기 전에 중요한 일을 하라고 되새겨줌으로써 동기를 부여할 수 있다. 그러나 얄롬이 말하는 변화는 그 '중요한 일'이 무엇인지 재정의하게 해준다. 우리가 필멸성, 그 궁극적이고 절대 피할 수 없는 최악의 시나리오를 진정으로 직시하면 모든 것이 달라진다.

"모든 외적인 기대, 창피함이나 실패에 대한 온갖 두려움은 죽음 앞에서 그냥 떨어져 나가고 정말로 중요한 것만 남는다."

긍정적 사고를 설파하는 구루들은 애플의 창립자 스티브 잡스가 언젠가 연설에서 한 말을 재빨리 가져다 썼지만, 사실 잡스의 메시지는 그들이 전하는 핵심에 가한 치명적인 공격이었다.

"제가 볼 때 자신에게 잃을 것이 있다는 생각의 함정에 빠지지 않는 가장 좋은 방법은 자신이 죽을 거라는 사실을 기억하는 일입니다. 우리는 이미 벌거숭이입니다."

얄롬은 이렇게 생각하면 선순환이 시작된다고 말한다. 보다 의미 있게 살면 나중에 무의미하게 살았다고 후회할까 봐 불안해할 필요도 없다. 또한 죽음이 야기하는 불안의 힘을 제거할 수 있다. 얄롬이 표현했듯 죽음에 대한 공포와 제대로 살지 못한 인생이라는 생각 사이에는 확실한 상관관계가 있다.

삶의 유한성을 충분히 의식하며 살 경우, 가령 장 폴 사르트르가 원한 방식으로 삶을 마감하리라는 기대도 할 수 있다. 사르트르는 "마지막으로 타오르는 내 마음이 내 작품의 마지막 쪽에 새겨지리라고, 그리고 죽음은 그저 한 명의 죽은 남자를 데려가는 것뿐이라고 확신하며…… 조용히"[12] 죽고 싶다고 했다.

죽음을 받아들여라, 메멘토 모리

어니스트 베커와 에피쿠로스, 토머스 네이글, 어빈 얄롬의 사상을 붙들고 한동안 씨름한 끝에 나는 멕시코에 다녀오기로 결정했다. 언제부터인가 필멸성을 일상적으로 의식하며 사는 게 정말로 어떤 역할을 하는지 제대로 이해하려면 반드시 그곳에 가봐야 한다는 생각이 들었다. 멕시코 사람들에게는 죽음을 대하는 그들만의 독특한 태도가 있다는 얘기를 들었기 때문이다.

    멕시코는 '메멘토 모리'의 전통(인간의 필멸성을 정기적으로 생각하도록 고안한 제의와 관습)을 아직도 행하는 나라로, 최근에 세계적으로 실시한 일부 조사에 따르면 가장 행복한 나라(측정 방법에 따라 가장 행복한 나라나 두 번째로 행복한 나라로 꼽힌다)라고 한다. 죽음에 대한 멕시코 사람들의 태도가 가장 잘 드러나는 예는 '죽은 자의 날'로 알려진 연례

행사다. 이날 멕시코 사람들은 죽은 사람(그리고 죽음 자체)을 위해 엄청난 양의 테킬라와 사람 유해 모양의 빵을 올리며 축배를 나눈다. 집집마다 각자의 사당을 만들어놓은 그들은 시내 광장에 모여 축제를 벌이고 죽은 친척들의 무덤가에서 밤을 새운다.

이러한 사고방식은 매년 11월의 연례행사로만 그치는 게 아니다. 멕시코의 유명한 시인 옥타비오 파스가 에세이 《고독의 미로(El Laberinto de la Soledad)》에서 썼듯 "뉴욕과 파리, 런던에서는 '죽음'이라는 말을 사용하지 않는다. 그 말을 하면 입술이 타버리기 때문이다. …… 반면 멕시코 사람들은 죽음과 친숙하고, 죽음에 관해 농담을 주고받고, 죽음을 어루만지고, 죽음과 함께 잠을 자고, 죽음을 기린다. 죽음은 그들이 가장 좋아하는 장난감이자 변함없는 사랑이다."

역사를 돌아보면 필멸성과의 이 친숙한 관계가 늘 특이했던 것은 아니다. 그 전통은 최소한 고대 로마까지 거슬러 올라간다. 구전에 따르면 고대 로마에서는 전쟁에서 이기고 돌아온 장군이 개선행진을 할 때, 노예 한 명에게 자기 뒤를 따르며 '메멘토 모리(당신이 죽을 것임을 기억하라)'라고 반복해서 외치도록 지시했다. 이는 장군이 자만심을 품지 못하게 경고하는 의미였다.

세월이 흘러 유럽에 기독교가 자리를 잡자 '메멘토 모리'는 미술의 단골 소재로 떠올랐다. 정물화에는 죽음을 상징하는 물건이 자주 등장했고 때론 화가를 후원하는 사람의 것임을 암시하는 해골을 그림에 묘사하기도 했다. 공공장소의 시계에는 죽음을 나타내는 자동 장치가 있었고, 분마다 그 흐름을 떠올리게 하는 'Vulnerant omnes, ultima necat(매 시간은 상처를 남기고 마지막 시간은 목숨을 앗아간다)'라는 라틴어 문구를 새겨두기도 했다.

죽음을 생각하는 구체적인 동기는 시대마다 문화마다 달랐다. 고대에는 그 동기가 틸링해스트의 충고처럼 맛있는 식사를 음미하듯 인생의 맛을 음미하는 데 있었다. 이후의 기독교 세계에서는 주로 최후의 심판을 내다보고 바르게 행동할 것을 떠올리게 하려는 취지가 더 강했다.

내가 들은 이야기 중 특히 흥미로웠던 것은 일상 속에서 늘 죽음을 의식한다는 걸 보여주는 예였다. 이는 생긴 지 그리 오래되지 않은 새로운 의식이었으나, 외부자들은 이를 몹시 사악한 일로 보았다. '산타 무에르테(성스러운 죽음)'는 그 신봉자들에게는 새로운 종교지만, 가톨릭교회의 눈에는 죽음 자체(라 산타 무에르테라는 신상)를 떠받드는 악마 숭배다. 그 싹은 수십 년 전 멕시코시티의 가장 험한 지역에서 정부도 가톨릭교회도 보호해 주지 못한 매춘부, 마약상, 극빈자들을 중심으로 처음 돋아났다. 그들은 죽음으로부터 보호해달라고, 평온한 죽음을 맞게 해달라고 혹은 적들에게 죽음을 안겨주라고 산타 무에르테에게 기도했다.

그 산타 무에르테는 이민자들을 따라 미국 전역으로 퍼져 나갔다. 멕시코의 가장 힘 있는 기업가와 정치가들도 집 안에 몰래 죽음의 사당을 마련해두고 있다는 소문이 있다. 산타 무에르테의 신봉자는 다수가 법을 준수하는 시민이지만(그들은 자신들을 싸잡아 범죄 집단으로 규정하려는 정부의 시도에 항의하며 가두시위를 벌이기도 했다), 마약 밀수를 일삼는 멕시코 북부의 무자비한 갱들이 그 종교를 선택한 것도 사실이다.

멕시코시티의 테피토 마을에 있는 산타 무에르테의 중심 사당에는 전국에서 가장 난폭한 남자들이 찾아와 달러 지폐와 담배, 마리화나를 바친다. 이 종교가 다른 어떤 의미를 지니든 산타 무에르테를 믿고 따른다는 것은 유난히 극단적인 형태의 '메멘토 모리'에 전념하는 일이다. 또한 어디에나 존재하는 죽음을 중심으로 자신의 인생을 꾸려간다는 것을 뜻한다. 옥타비오 파스는 이렇게 썼다. "온갖 사실로 이뤄진 세계에서 죽음은 단지 또 하나의 사실일 뿐이다. 하지만 그것은 우리가 지닌 모든 개념과 삶의 의미 자체에 어긋나는 매우 못마땅한 사실인 까닭에, 진보 철학은…… 마치 마술사가 손바닥에 동전을 감추듯 죽음을 사라지게 할 수 있는 척한다."

멕시코에서는 인생이 이 교묘한 속임수를 불가능하게 만들 때, 폭력적인 죽음에 대한 공포가 필멸성을 무시하는 자신의 태도를 압도할 때 의지하는 대상이 바로 산타 무에르테다.

멕시코에 머무는 동안 나는 죽은 자들의 날을 며칠 앞두고 테피토에 찾아갔지만 그다지 성공적인 방문은 아니었다. 나는 그곳에 갈 때는 납치당할 위험이 있으므로 길에서 택시를 부르면 안 된다는 경고를 들었다. 기자로서 내가 위험에 대한 무모한 갈증을 느끼던 것도 아니었으니 어쩌면 가지 않았어야 했는지도 모른다. "외국인들이 절대로 테피토에 가지 않는 데는 분명한 이유가 있어요!" 이러한 충고를 해주는 인터넷 게시판에 문의하지 말았어야 했는지도 모른다. 또 다른 사람은

"테피토에 가는 건 바보와 무지렁이들뿐"이라고 경고했다. 그로부터 며칠 전 테피토에서는 무장한 갱단이 대낮에 거리에서 여섯 사람을 총으로 사살했다. 신문기사에 따르면 그 지역 전체가 너무 위험해서 경찰조차 순찰을 돌지 않는다고 했다. 멕시코시티에 근거지를 두고 테피토에 관한 다큐멘터리를 만든 적 있는 한 영화감독은 동행해달라는 내 요청에 안전 문제를 이유로 거절했다. 그 도시의 보다 깔끔한 지역에 있는 한 레스토랑 주인은 명랑한 말투로 내게 "테피토에서는 쥐들도 총을 갖고 다녀요"라고 말했다.

그런 의미에서 내가 걸어서 테피토까지 간 것은 다른 건 몰라도 나를 위한 '메멘토 모리'의 실천으로는 더할 나위 없는 일이었다. 오전 중에 멕시코시티를 출발해 상업지역의 쇼핑가를 지나 산만하고 부산한 시장이 늘어선 큰 도로를 따라갔다. 길이 좀 좁아지고 건물들의 크기가 작아지더니 어느덧 그곳이 테피토라고 했다. 마을 중심부에는 뒤죽박죽 정신없는 시장(테피토는 모조품과 장물 판매의 중심지로 악명이 높다)이 있었지만, 나는 산타 무에르테 사당을 찾아 곧바로 주도로를 벗어나 쥐들이 종종걸음으로 쓰레기 더미를 누비는 한산한 뒷골목에 들어섰다. 컴컴한 출입구들을 빠른 걸음으로 지나치는 동안 나는 점점 불안해졌다.

그런데 막상 도착해 보니 사당은 축제 같은 분위기를 풍기고 있었다. 자주색과 주황색의 화려한 목걸이에 레이스 숄을 걸친 그 해골 신상에게 경의를 표하기 위해 스무 명쯤 되는 사람이 질서정연하게 줄을 서서 기다리고 있었다. 어떤 사람은 작은 신상이나 선물로 두고 갈 술

병을 들고 있었다. 자기 차례가 되자 해골을 향해 담배 연기를 뿜는 이들도 있었는데, 나중에 알고 보니 그것은 영혼을 정화하는 의식이었다. 신도들은 잡담을 하거나 웃어댔다. 노파와 근육질의 젊은 남자, 갓난아기나 어린아이를 데리고 온 남녀가 뒤섞여 있었다.

그곳에 함께 가자는 내 청을 들어준 통역자가 아무도 없었기 때문에 나는 할 수 없이 형편없는 내 스페인어 실력에 의지해 30센티미터 정도의 신상을 팔에 끼고 있는 여성과 대화를 나눠보려고 했다. 그러자 줄 서 있던 다른 사람들이 몸을 돌려 나를 빤히 쳐다보았다. 그 여자는 말을 하려 하지 않았다. 동시에 내 주위의 분위기가 순식간에 냉랭해졌다. 내가 그들의 영역을 침범하고 있었던 것이다.

그 사람들이 기자나 낯선 사람과 이야기하는 걸 싫어할 수도 있었다. 멕시코의 작가 오메로 아리드히스에 따르면 "산타 무에르테를 찾아가는 사람들은 '오늘 밤 누군가를 납치 혹은 공격할 예정이니 나를 보호해 주세요' 하고 부탁하러 가는 것"이다.[13] 죽음이 중심적인 역할을 하는 삶을 상상하는 게 쉬운 일은 아니다. 하지만 여러 세대가 뒤섞여 줄을 선 그 사당의 모습은 죽음이 모든 사람에게 거부할 수 없이 흥미로운 주제라는 사실을 보여주었다.

허옇고 마른 영국인인 나는 눈에 띄게 그곳에 어울리지 않는 존재였다. 사당을 관리하는 검정 민소매 조끼 차림의 근육질 남자도 그런 나를 눈치 챈 것 같았다. 그가 나를 노려보았다. 내가 자기에게 물리적 위협을 가할 주제가 못 된다는 게 너무 분명했기 때문인지 그의 눈빛에는 위협 못지않게 어리둥절함도 담겨 있었다. 그는 나에게 한쪽 방향을 가리키며 고개를 까딱거렸다. 그러니까 사당에서 나가 큰길 쪽으로 꺼지라는 얘기였다. 잠시 후 나는 테피토를 떠나기로 결정했다.

　죽은 자들의 날 당일에는 좀 더 운이 좋았다(기념행사는 10월 말일부터 시작되지만 축제의 절정은 11월 2일이다). 나는 동료의 친구를 통해 택시기사로 일하다가 은퇴한 프란치스코라는 그 지역 사람과 선이 닿았다. 그는 영어도 곧잘 했고 멕시코시티를 찾아오는 저널리스트들을 위한 '해결사' 역할을 부업으로 삼고 있었다.

　동틀 무렵 그는 심하게 찌그러진 회색 밴을 몰고 와 내가 묵는 호텔 앞에 댔다. 내가 묻지도 않았는데 그는 활짝 웃으며 "정말 안전한 차예요" 하더니 "다른 차도 있는데 사고가 나서요. 그리고 지금 내 동생은 다리를 쓰지 못해요"라고 덧붙였다. 무슨 소리를 하는 건지 도무지 알아들을 수가 없었다. 프란치스코는 죽은 자들의 날 행사를 아직까지 '진짜배기'로 행하는 수도 외곽의 작은 시골 마을을 꿰고 있었다. 그러니까 상업화하거나 관광 상품화하지 않은 채 순수한 그대로 마을 사람들이 동네 묘지에서 밤을 새우며 친척들의 시체와 소통하는 곳 말이다. 도로의 안전 따위를 따지는 건 내 관심 밖이었다.

　멕시코시티에서는 시 차원으로 열린 공식 행사가 절정에 달해 있었다. 중심부에 있는 역사적인 소칼로 광장은 빵과 설탕으로 만든 뼈나 해골을 파는 수레들 사이로 어슬렁거리며 돌아다니는 가족으로 가득했다. 남녀노소 할 것 없이 사람들은 모두 죽음으로 분장하고 있었다. 남자아이들은 빳빳하게 풀을 먹이고 눈이 퀭한 뱀파이어 분장을 하고 있었고 여자들은 멕시코의 아이콘인 '라 카트리나'처럼 차리고 나왔다. 라 카트리나는 챙 넓은 모자를 쓴 여자 해골의 형상이다. 모퉁이마다 차려놓은 죽은 자를 위한 제단들은 종이반죽으로 만든 해골로 장식했다.

수세기 전부터 시작된 이러한 전통은 현대 도시의 분주한 삶 속에 잘 녹아들어 있다. 도심의 은행과 보험회사 사무실에서는 책상을 제단으로 활용하는 경우도 있다고 한다. 멕시코에서는 동료들끼리 서로 어떤 방식으로 죽을지 예언하는 코믹한 내용의 시를 지어주는 것도 흔한 일이다.

북적이는 소칼로 광장을 지나 넓고 혼란스러운 고속도로를(떠돌이 개들과 자살할 듯한 기세로 달리는 미니버스들을 피하며) 지난 프란치스코와 나는 밤이 될 무렵 어두운 시골길로 접어들었다. 텅 빈 듯한 어둠 속에서 길가의 희미한 조명을 받으며 어렴풋이 떠오른 죽음의 상(像) 하나를 지나치자 프란치스코가 입을 열었다.

"내가 어렸을 때는 죽은 자들의 날에 집집마다 돌아다니며 사람들이 각자 어떻게 죽을지를 두고 농담을 주고받았어요. 담배를 너무 많이 피우는 사람에게는 담배 때문에 죽을 거라는 농담을 하며 담배를 쥐어다 주죠."

그는 기억을 떠올리며 미소 지었다.

"그 집에 담배를 많이 피워서 죽은 사람이 있으면 그를 기리는 선물로 담배를 가져가고요."

"그러면 마음 상해하지 않나요?"

"마음이 상해요?"

"그러니까 기분 나빠하지 않느냐고요."

"아니오. 왜 그러겠어요." 그가 고개를 돌려 나를 쳐다봤다. "하긴 멕시코에서만 이러는 거 같긴 해요."

그의 말은 대체로 옳았다. 가톨릭을 믿는 세상에서 11월 2일은 8세기부터 죽은 자들을 애도하며 기리는 날로 정한 만령절(All Souls Day)이다. 15세기에 멕시코에 도착한 정복자들은 마야와 아스텍 사람들이 자신들보다 더 정교한 방식으로 망자를 기리는 모습을 목격했다. 아스텍인들은 두 달 동안 모닥불 주위에서 춤을 추고 잔치를 벌이며 '망자의 여신' 믹테카키우카틀을 기렸다. 정복자들은 그 모든 행사를 보다 침울하고 기독교적인 행사로 바꿔놓기로 결심했다. 하지만 기독교적 요소와 기독교 이전 종교의 요소가 괴상하게 혼합돼 애도와 유머가 뒤섞여버린 죽은 자들의 날은 정복자들의 승리가 불완전한 것이었음을 증명한다.

메멘토 모리가 더욱 극단적인 형태를 띠는 문화권도 있다. 16세기의 프랑스 산문작가 미셸 드 몽테뉴는 고대 이집트를 즐겨 칭송했다.

"그들은 웃고 떠드는 연회가 한창일 때 손님들이 죽음을 떠올리도록 하기 위해 바짝 마른 해골을 연회장 안으로 들여왔다."

또한 몽테뉴는 작가의 작업실은 묘지가 잘 보이는 곳에 위치해야 사고가 날카로워진다고 믿었다. 불교 형성기의 주요 경전 중 하나인 《사티파타나 수타》에서 붓다는 수행자들에게 시체가 버려진 곳으로 가서 다음 중 하나를 찾아 명상의 주제로 삼으라고 권고했다.

…… 죽은 지 하루나 이틀이 지나 몸은 부어오르고 피부색이 푸르스름하고 거뭇거뭇하게 썩어가는 시체, 까마귀들이 뜯어먹은 시체, 힘줄로 간신히 이어진 피 묻은 살점이 뼈에 붙어 있는 시체, 하얗게 변해 조개껍질처럼 보이는 흩어진 뼈들, 몇 년이 흘러 닳고 부스러지는 뼈 무더기……

'시체 수행'으로 알려진 이 일의 의도는 수행자들 사이에 붓다가 말했다고 전해지는 대로 "내 이 육신에도 이러한 본성이 있고 이렇게 될 운명이며 거기서 벗어날 수 없다"는 것을 깨닫게 하는 데 있다.

프란치스코와 나는 차를 타고 계속 달렸다. 작은 마을을 지나다가 길거리 가판대에서 돼지고기 칠라킬레스를 사 먹은 뒤, 죽은 친척들의 사진 액자를 들고 교회로 가는 행렬을 한동안 쳐다보다가 마침내 산 그레고리오 아틀라풀코 마을에 도착했다. 날씨는 쌀쌀했고 시간은 자정에 가까웠다. 처음에는 검은 하늘에 주황색 불빛이 번뜩이는 것밖에 보이지 않았지만, 모퉁이를 한 번 돌자 그 빛을 하늘로 쏘아 보내는 곳이 눈앞에 나타났다. 마을 묘지에 밝힌 수백 개의 촛불과 사방을 뒤덮은 천수국 꽃잎이 부드러운 주황색 불빛을 내고 있었다.

프란치스코는 밴을 세웠고 우리는 묘지로 들어갔다. 내 눈이 그곳 광경에 익숙해지기까지는 좀 시간이 걸렸다. 상당수의 묘비가 거친 콘크리트 판이나 뭉툭한 나무판자로 되어 있었지만 사람들이 돌보지 않아 방치된 묘는 한 군데도 없었다. 두세 명 혹은 그 이상이 접이식 의자를 놓고 앉거나 바닥에 책상다리를 하고 나란히 앉아 종이컵으로 테킬라를 마시며 두런두런 이야기를 나누고 있었다. 한쪽에서는 마리아치 밴드가 의상을 갖춰 입고 이 묘지 저 묘지를 차례로 돌아다니며 모든 묘비 앞에서 세레나데를 불렀다. 나는 깔개와 의자를 한 아름 안고 지나가는 한 여성에게 무엇을 하는 것이냐고 물었다. 그녀는 한 무덤을 가리키며 쾌활하게 대답했다.

"아, 저기가 제 어머니 무덤이에요. 우리는 해마다 찾아와요."

죽은 자들의 날(혹은 멕시코의 메멘토 모리 전체라고 해도 무방하다)이 벗어날 길 없고 쓰라린 현실을 피해가기 위한 우회로 같은 인상을 준다고 소개하는 것은 완전히 잘못된 일이다. 그 묘지에서 밤을 새우는 사람들에게서는 가까운 이와 사별한 슬픔으로 괴로워한다는 느낌은 거의 받을 수 없었다. 그렇다고 그 행사가 죽음 앞에서 쓴웃음을 짓고 넘기자는 의미를 담고 있는 것도 아니었다. 그런 태도는 아마 '낙관주의 숭배'의 최악의 형태일 것이다. 그것은 효과도 없을뿐더러 설령 효과가 있더라도 상실에 대한 적절한 반응이라고 할 수 없다.

죽은 자들의 날은 두려운 일을 아무 문제없는 일로 바꾸려는 노력이 아니라, 정확히 그 이분법을 거부하는 행사다. 묘지에서 밤을 새는 그 일은 가장 효과적인 메멘토 모리였다. 그 의식은 죽음에 대한 생각을 억누르는 것도, 미국이나 유럽의 핼러윈처럼 죽음을 감상적이고 무해한 것으로 만들려는 시도도 아니었다. 그것은 죽음이 다시 삶 속으로 스며들게 만드는 일이었다.

멕시코에서 성장기를 보낸 작가 빅터 랜더는 다음과 같이 표현했다.

"우리의 전통에 따르면 사람은 죽음을 세 번 맞이한다. 첫 번째 죽음은 우리의 육신이 더 이상 작동하지 않을 때, 우리의 심장이 더 이상 저절로 뛰지 않고 우리의 시선에 더 이상 깊이도 무게도 없을 때, 우리가 차지하던 공간이 그 의미를 잃어갈 때 찾아온다. 두 번째 죽음은 육신이 땅속으로 들어갈 때 일어난다. …… 세 번째이자 가장 결정적인 죽음은 우리를 기억하는 사람이 더 이상 아무도 없을 때 찾아온다."

그날 밤 묘지에는 모든 곳에 죽음이 존재했지만 세 번째 죽음은 존재하지 않았다. 마을 전체가 죽음을 기억하고 있었다. 또한 그들 자신이 반드시 죽어야 한다는 사실도 기억하고 있었다. 그들의 죽음이 죽은 사람들의 죽음과 유일하게 다른 점은 아직 그들이 땅속에 묻히지 않았다는 것뿐이었다.

물론 '메멘토 모리'를 실천하기 위해 반드시 묘지에서 밤을 새워야 하는 것은 아니다. 심리학자 러스 해리스는 간단한 실천법 하나를 제안한다. 자신이 여든 살이라고(아직 여든 살이 아니라면 말이다. 여든 살 이상이면 더 많은 나이로 정한다) 상상하면서 다음 문장을 완성해 보는 것이다.

"……을 하는 데 더 많은 시간을 보냈더라면 좋았을 텐데. 그리고 ……을 하는 데 시간을 덜 썼으면 좋았을 것을."

직접 해보면 이 방법은 짧은 시간 내에 필멸성 의식에 도달하는 데 놀랍도록 효과적이다. 모든 것이 제자리를 찾아간다. 틸링해스트의 충고를 따르기도 훨씬 더 쉽다. 구체적으로 말해 인생의 묘미에 집중하려면, 또한 가급적 충만하고 의미 있게 산 다음 죽음에 도달할 확률을 높이려면 어떻게 해야 하는지 답을 찾기가 쉬워진다.

메멘토 모리의 가장 강력한 형식은 어쩌면 이런 식의 사소한 습관인지도 모른다. 그 일상적이고 소박한 의식 덕분에 우리는 필멸성에 직면해서도 에피쿠로스처럼 침착하고 합리적인 태도를 취할 수 있으리라고 기대해 볼 수 있다. 아마도 그처럼 죽음에 대한 의식을 일상의 리듬 속에 엮어 넣는 게 최선의 방법일 것이다.

멕시코에 다녀온 뒤, 몇 달간 내 마음에서 떠나지 않았던 것은 죽음을 기리는 요란한 축제가 아니었다. 물론 멕시코시티 시내에서는 그런 것을 보았지만, 마음에 남은 것은 산 그레고리오 아틀라플코에서 내게 스며든 모습이다. 필멸성과 더불어 느긋하게 지내는 모습, 죽음과 편안하게 공존하는 모습 그리고 삶과 죽음의 동반 관계 말이다.

그날 새벽 두 시쯤 나는 어느 나이든 여인이 묘지의 담벼락 근처에 혼자 앉아 있는 모습을 보았다. 숄로 몸을 감싼 그녀는 부드러운 말투로 묘비를 향해 말을 건네는 것 같았다. 나는 약간 주저하면서 그녀에게 다가갔다. 끼어드는 게 잘못이 아닐까 싶기도 했지만 그녀는 내게 적대적이지 않았고, 미소를 지으며 고갯짓으로 무덤 옆의 바위를 가리키면서 앉으라고 권했다. 나는 그리로 가서 앉았다.

묘지 저편에서 마리아치들이 연주하는 선율이 들려왔다. 몇몇 가족은 몸을 녹이느라 모닥불을 피웠고 프란치스코도 온기를 지키려고 두 팔로 몸을 감싸고 있었다. 나는 천수국 꽃잎들이 점점이 뿌려져 있고 옹송그린 사람들이 옹기종기 모여 있는 묘지를 둘러보았다. 묘지 너머에는 아무런 빛도 밝히지 않은 칠흑밖에 없었지만, 안쪽에는 모닥불과 흔들리는 수백 개의 촛불이 추위도 무색하게 그 밤을 이늑하게 만들어주고 있었다. 마리아치들의 연주는 계속 이어졌다. 죽음은 도처에 떠 있었지만 모든 게 좋았다.

맺음말

아프지만
행복한 삶은 가능하다

1817년 12월, 당시 스물두 살이던 시인 존 키츠는 크리스마스 무언극을 보기 위해 런던의 드루어리 레인에 있는 왕립 극장에 갔다. 그의 친구이자 비평가인 찰스 웬트워스 딜크도 그곳에 갔는데 돌아오는 길에 두 사람은 글쓰기, 특히 문학적 천재성의 본질에 관해 대화를 나누었다. 소호에 있는 극장과 햄스테드에 있는 그의 집 사이 어디에선가 키츠는 어떤 깨달음을 얻었고, 며칠 뒤 자기 동생들에게 보내는 편지에 그 경험을 썼다. 편지에는 키츠의 전기 작가 한 명이 세계 문학사의 '시금석이 된 순간'[1]이라고 표현한 내용이 기록되어 있다.

> 내가 여러 주제를 놓고 딜크와 이야기한 것은 논쟁이 아니라 논고였어. 내 머릿속에서 여러 가지가 각자 제자리를 찾아 정렬했고,

> 어느 순간 문학에서 큰 성취를 이룬 사람을 결정짓는 자질, 특히 셰익스피어에게 엄청나게 많았던 자질이 무엇인지 깨달았지. 그건 바로 부정적 능력이야. 불확실함, 수수께끼, 미심쩍음 속에 있으면서도 초조하게 사실과 이성을 붙잡으려 애쓰지 않을 수 있는 능력이지……[2]

겨우 스물두 살의 청년이 그러한 통찰을 했다는 것뿐 아니라, 무언극을 보고 집으로 돌아가는 길에 아무렇지도 않은 듯 그 깨달음을 얻었다는 것은 경외심을 불러일으키는 동시에 약간 얄밉기도 하다. 키츠는 그런 사색에 익숙했는데 어떤 의미에서는 그래야만 했다는 생각도 든다. 그가 그로부터 겨우 3년 뒤에 세상을 떠났기 때문이다.

아무튼 그는 그 '부정적 능력'을 별로 중요하게 생각하지 않았는지 이후 다른 어떤 글에서도 언급하지 않았다. 그럼으로써 그는 미래의 문학 연구자들에게 그 말의 의미를 밝혀내는 일에 책 한 권을 통째로 바칠 기회를 넉넉히 남겨주었다.

지금까지 행복에 이르는 부정적 경로를 따라 걸어온 우리에게는 그가 말한 내용의 요점이 익숙하게 들린다. 해결책을 찾으려 애쓰지 않는 능력은 때로 가장 가치 있는 재능이다. 완전함이나 확실성, 편안함에 대한 열망을 알아차리고도 그 열망이 이끄는 대로 따라가야 한다는 강박을 느끼지 않는 것 말이다. 키츠는 딜크의 가장 큰 결점이 그러한 확실성과 완전성에 중독된 것이라고 봤고 딜크에 관한 그의 평가에서는 우리가 수차례 다뤄온 주제가 깔끔하게 정리되어 있다.

"그는 살아 있는 한 결코 진실에 이르지 못할 것이다. 항상 진실을 붙잡으려 기를 쓰기 때문이다."[3]

그 노력, '초조하게 붙잡으려 하는 것'이 문제의 전부다. 좀 더 대략적으로 정의하면 '부정적 능력'은 '역행 법칙'에 순응하며 살아가는 것의 또 다른 표현이라고 할 수 있다. 내가 이 책을 쓰기 위해 취재하는 과정에서 만난 사람들에게서 거듭 발견한 주요 재능을 표현하기에 적합한 용어 같기도 하다. 그들은 한 가지 동일한 사고방식을 공유하고 있었는데, 나는 머릿속으로 그것을 정신의 우아한 댄스스텝으로 상상한다. 자기 내면의 삶을 향해 비스듬한 자세를 취하는 것, 잠깐 멈춰서서 한 걸음 물러나는 것, 다른 사람들이 회피하는 대상을 똑바로 마주보는 것, 긍정적이고 가장 짧아 보이는 길은 대개 보다 심오한 행복으로 가는 확실한 길과 다르다는 것을 흔쾌히 인정하는 것 말이다.

'부정적 능력'이라는 말은 '부정적'이라는 단어의 미묘한 이중적 의미를 명쾌하게 밝히는 데도 도움을 준다. 그것은 행위와 반대되는 의미에서 '행하지 않음(무위)'을 포함한 일련의 기술(부정적인 종류의 능력)을 가리키기도 한다. 그리고 그 기술은 부정적인('불쾌한'이라는 의미에서) 생각, 감정, 상황에 직면하는 일과 관련된다는 사실을 뜻하기도 한다.

여기서 요점은 부정적 능력이 언제나 긍정적 능력보다 우월하다는 것이 아니다. 낙관주의는 훌륭하다. 목표도 유용할 때가 많다. 심지어 긍정적 사고와 긍정적 시각화에도 이점은 있다. 문제는 우리가 행복을 생각할 때는 '행위'적 기술과 긍정성에 지나친 가치를 부여하는 반면, 부정성에는 언제나 지나치게 낮은 가치를 부여한다는 점이다. 예컨대 불확실함 속에 편히 머물거나 실패에 우호적 태도를 취하는 것 같은 '행하지 않음'의 기술에 대해서 말이다.

심리치료 분야의 오래된 상투어를 빌리자면 우리는 인생의 많은 부분에서 '종결(closure)'을 추구하며 살고 있다. 이러한 상투성을 비웃는 사람들도 종종 불확실함과 불안에 종지부를 찍고 싶은 열망에 따라 움직이는 경우가 있다. 예를 들면 미래는 밝을 거라고 자신을 설득하거나 그렇지 못할 거라는 예상에 낙담해 체념한다.

오히려 우리에게 필요한 것은 심리학자 폴 피어솔이 '열림(openture)'[4]이라고 부른 것이다. 사실 이 조어는 좀 어색하다. 그렇지만 그 어색함은 불완전함을 포용하고 깔끔한 해결책을 찾을 때 그 속도를 늦출 줄 아는 것 등을 비롯해 그 단어가 표현하는 정신과 잘 어울린다.

우리가 이 책에서 탐색해 본 여러 접근법은 세부적인 수준에서 서로 모순인 경우가 많았다. 때론 너무 본질적인 역설을 품고 있어서 실질적으로 모순 관계처럼 보이기도 한다. 하지만 넓게 보면 그 접근법들은 모두 '부정적 능력'을 구현한다. 스토아 철학자들이 느끼는 평온함의 토대는 우리가 사건 자체를 선택할 수는 없어도, 마음만 먹으면 그 사건 때문에 괴로워하지 않는 쪽을 선택할 수 있다는 깨달음이다. 불교에서는 자신의 생각과 감정을 '내면의 날씨'로 여겨 그저 지켜보기만 하는 것이 열쇠다. 그러면 우리의 행동은 생각과 감정에 좌우되지 않는다.

이것은 보다 나은 조건이나 생각 혹은 감정을 '초조하게 붙잡으려' 노력하는 것을 거부하는 각자 다른 방법이다. 그렇다고 꼭 옛날의 철학과 종교 전통을 받아들여야 부정적 능력을 얻을 수 있는 것은 아니다. 그것은 분명하게 정한 목표 없이 어떤 프로젝트를 진행하거나 인생을 살아갈 때 드러나는 기술이기도 하다. 또 과감하게 자신의 실패를 점검해 볼 때, 불안정한 감정을 제거하려는 노력을 그만둘 때, 동기 부여 방법을 밀쳐두고 그냥 실제로 일을 처리할 때도 우리는 그런 능력을 발휘한다.

물론 왓퍼드에서 마법사의 오두막 같은 집에 사는 키스 세던처럼 스토아 철학에 인생을 바치기로 결심할 수도 있고, 에크하르트 톨레처럼 인생을 완전히 바꿔놓는 경험을 할 수도 있다. 아니면 이러한 생각을 필요할 때 꺼내 쓰는 연장처럼 다룰 수도 있다. 누구나 약간은 스토아 철학자처럼 될 수 있고, 불교의 가르침에 따라 살아갈 수도 있으며, 메멘토 모리를 좀 더 자주 실천할 수도 있다.

자기계발 분야가 인생살이에 대한 포괄적 지침이라고 주장하는 수많은 방편과 달리, 행복에 이르는 부정적 경로는 '이것 아니면 안 된다'는 양자택일의 문제가 아니다. 진정한 부정적 능력에는 절제와 균형이 따르고 부정적 능력을 실천하는 일을 비롯해 지나치게 억지스러운 노력은 자제해야 한다. 올더스 헉슬리는 자기가 노력 역행의 법칙이라 이름 붙인 것을 묘사하면서 이렇게 썼다.

"능숙함과 능숙함의 결실은, 한 개인으로서 행함과 행하지 않음을, 긴장 풀기와 행동을 결합하는 역설적 기술과 놓아버림의 기술을 배워 내재적이고 초월적인 미지수에 주도권을 내어준 이들에게만 찾아온다."[5]

이 모든 것의 최종 결과는 무엇일까? 폴 피어솔은 '열림'이 주는 주요 혜택은 우리가 일반적으로 생각하는 확신이나 평온함, 편안함이 아니라 "삶이 제공하는 어마어마한 수수께끼를 마주하고 그것을 해결하려 노력하는 데서 오는 기이하고도 흥분된 편안함"이라고 말한다. 궁극적으로 '낙관주의 숭배'와 긍정적 사고 문화(가장 신비주의적 형태인 뉴에이지를 포함해)를 규정하는 것은 모호한 수수께끼를 싫어한다는 점이다. 매사를 확실하게, 또한 행복을 영원하고 최종적인 것으로 만들려고 노력한다.

하지만 그런 종류의 행복은 어찌어찌해서 성취하더라도 피상적이고 만족스럽지 않다. 부정적 능력이 주는 가장 큰 이점, 나아가 부정적 사고가 지닌 진정한 힘은 그것이 수수께끼를 다시 불러들인다는 점이다.

동기 부여 강연자나 어떤 형식으로든 긍정적 사고의 힘을 옹호하는 사람들이 겪는 문제 중 하나는 늘 활기차게 보여야 한다는 압박감이다. 화가 나서 쏘아보거나 스트레스를 받거나 자기연민을 느끼는 것은 누구에게나 정상적으로 일어나는 일이지만, 그들에게 그런 일은 자신이 상징하는 모든 것을 훼손할 정도의 위협이다. 그러나 내가 서서히 그렇게 되고 있듯 부정적 사고의 힘을 옹호하는 사람으로 바뀌면 그런 부담이 전혀 없다. 기분이 나쁠 때는 눈치 보지 않고 표현하면 된다.

부정성을 통한 이 모든 모험의 궁극적인 목적은 행복에 도달하는 데 있다고 말했다. 그러니 여러분에게는 그동안 내가 접한 철학적, 심리학적 기법이 실제로 나를 더 행복하게 해주었는지, 그 모든 출장과 취재가 끝난 뒤에도 내 삶에 지속적인 요소로 남은 게 무엇인지 물어볼 자격이 있다. 행복에 이르는 부정적 경로가 정말로 효과가 있었을까?

이 질문에 단순히 '그렇다', '아니다'로 대답하거나 부정적 사고방식으로 성공하는 확실한 비결 열 가지를 제시하는 것은 그 정신에 어긋난다. 분명한 비결을 알고 싶겠지만 '열림'의 태도는 그런 욕심에 저항하기를 요구한다. 그렇지만 나는 중간 상황 보고서 정도는 제출할 수 있다.

나는 주요 도시의 대중교통 수단을 돌며 스스로 창피한 상황을 자초하는 일을 규칙적인 습관으로 삼지는 않았다. 또 죽음이 흠뻑 배어 있는 삶을 살고자 멕시코의 시골로 이사하지도 않았다. 매사추세츠 명상센터에 다녀온 뒤로 지금까지 침묵 명상센터를 찾은 적이 한 번도 없다.

그러나 대단한 정도는 아니어도 수많은 자잘한 방식으로 부정적 능력을 일상에서 실천하고 있다. 내가 '스토아적 일단 멈춤'이라고 부르는 방법을 활용하지 않고 지나가는 날은 거의 없다. 이는 동료가 화나게 만들거나, 교통이 혼잡하거나, 음식이 타버린 상황 자체가 아니라, 그에 대한 내 판단이 나를 괴롭히는 원인임을 되새기는 일이다.

매일 아침 5분에서 10분간 하는 위파사나 명상만으로도 내 정신에 낀 먼지를 말끔히 털어낸 듯한 기분을 느끼기에 충분하다. 그러면 하루의 남은 시간은 골치 아픈 생각이나 감정이 일어나도 별 저항 없이 부드럽게 흘러간다.

언뜻 보기에 아주 단순하게 들리는 '지금 당신에게 무슨 문제가 있는가?'라는 에크하르트 톨레의 질문은 은근한 스트레스를 날리는 기적적인 해독제다. 행동하기 위해 반드시 동기를 부여받을(혹은 '동기를 부여하라!' 세미나에 참석할) 필요는 없다는 모리타 쇼마의 통찰이 아니었다면, 나는 이 책의 집필을 마치지 못했을 것이다.

나는 친구나 연인과의 관계에서는 행복과 상처받기 쉬움이 서로 같은 의미인 경우가 많음을 더 깊이 이해하게 되었다. 그리고 단지 좀 나쁜 결과와 철저하게 끔찍한 결과에 대한 앨버트 엘리스의 구분을 떠올려야 할 이유가 한 주에 적어도 한 번은 생겼다. 최악의 시나리오를 상상하는 것은 실제 생활 속에서 내게 위안을 주는 커다란 근원 중 하나다. 진지하게 '최악의 경우에 일어날 수 있는 일은 무엇인가?'라는 질문에 합리적이고 상세하게 대답할 경우 때론 정말 나쁜 상황이 답으로 나오기도 한다. 하지만 그 나쁨에는 한계가 있고 무한히 끔찍하기만 한 것은 아니다. 나는 언제나 그에 대처할 가능성이 있거나 적어도 가능성이 있다고 생각한다.

이러한 관점을 탐색하며 보내는 동안 나에게는 특별히 엄청난 비극이 일어나지 않았고 내 가족과 친구들은 대체로 잘 살아왔다. 나는 제대로 된 스토아 철학자처럼 그 사실을 늘 의식하려 노력했다. 내 행운에 감사하며 행복을 느끼기 위해서 말이다. 물론 개인적으로 그러한 철학의 진정한 시험은 미래에 놓여 있을 것이다.

그래도 나는 그 비법들이 결국 나를 그 '비법'을 넘어선 어딘가로, 행복에 대한 새로운 정의로 이끌어줄 것임을 알고 있다. '부정적 경로'가 주는 진정한 계시는 경로라기보다 도착지다. 부정성을 하나의 비법으로 받아들이는 것이 진정 의미를 지니려면, 우리가 목표로 삼는 행복이 긍정적 감정뿐 아니라 부정적 감정까지 포용하는 것이어야 한다.

'열림'의 창시자 폴 피어솔은 존 키츠라면 분명 지지해 주었을 어떤 외로운 싸움을 치르는 데 자기 인생의 상당 부분을 바쳤다. 그것은 기존 심리학계에게 '경외심'이라는 개념을 사랑, 기쁨, 분노, 두려움, 슬픔과 함께 인간의 기본적인 감정 중 하나로 받아들이도록 설득하는 일이었다. 그는 다음과 같이 주장했다.

"다른 모든 감정과 달리 경외심에는 우리가 느끼는 모든 감정이 하나의 강렬한 감정으로 집약되어 있다. 그것은 단순히 행복하다거나 슬프다거나 두렵다거나 화가 난다거나 희망적이라는 식으로 단정할 수 없다. 그것은 그 모든 감정을 경험하는 일이지만 역설적으로 분명하게 구분해낼 수 있는 감정 혹은 적어도 쉽게 묘사할 수 있는 감정은 전혀 경험하지 못한다. 경외심은 조각이 몇 개 없어진 복잡한 퍼즐 조각을 맞추려는 노력과 비슷하다. 경외심의 영감을 불어넣은 인생에는 '종결'이란 없으며, 삶의 수수께끼를 끊임없이 인정하는 일만 존재한다. 우리는 그 환상적인 여정이 언제 끝날지 알 수 없다. …… 그것은 이 선택을 황홀할 정도로 어렵게 만드는 동시에 방향 감각을 잃게 하는 인생이라는 혼돈의 한 부분이다."

나는 이 말이 행복에 대한 더없이 훌륭한 묘사라고 생각한다. 행복이라는 이름에 걸맞은 가치를 인정해 줄 수 있는 유일한 행복 말이다. 이런 종류의 행복은 긍정적 사고의 안이한 피상성(무슨 수를 써서라도 낙관주의를 유지하겠다는 고집이나 성공을 보장해야 한다는 요구)과는 전혀 무관하다. 그 행복은 훨씬 더 어렵지만 동시에 훨씬 더 진정한 행복이다.

행복에 이르는 부정적 경로는 다른 종류의 경로일 뿐 아니라 다른 종류의 목적지다. 어쩌면 그 경로가 목적지라고 말하는 것이 더 옳을지도 모른다. 이것을 말로 옮기기는 극도로 어려운 일이며 부정적 능력은 우리에게 그러한 일로 너무 진을 빼지 말라고 충고한다. 중국의 현인 노자는 이렇게 말했다.

"훌륭한 여행자는 계획에 연연하지 않는다. 목적지에 닿는 것만이 여행하는 목표가 아니기 때문이다."[6]

여행하기에 이보다 더 좋은 길은 없다.

감사의 말

이 책을 쓰는 동안 나는 불확실함과 불안, 실패의 예감 그리고 이따금 찾아오는 막연한 두려움에 부딪히면서 주요 논지들을 직접 시험해 볼 많은 기회를 누렸다. 다행히 나는 이러한 문제를 해결하기 위해 긍정적 사고와 확언에 의지하지 않았다. 대신 그동안 만난 특별한 사람들이 내 준 시간과 알려준 비결에서 큰 도움을 받았다.

특히 탁월한 스토아적 태도를 지닌 캐논게이트의 편집자 닉 데이비스에게 감사하며 노라 퍼킨스와 앤젤라 로버트슨, 옥타비아 리브를 비롯한 그의 동료들에게도 감사한다. 뉴욕의 페이버 앤드 페이버의 미치 엔젤은 이루 말할 수 없이 소중한 정보를 제공했다. 내 에이전트 클레어 콘랜드에게는 신세를 졌다고 말하는 것은 터무니없이 상황을 축소하는 표현일 것이다. 젠클로 앤드 네스빗의 모든 사람, 특히 나를 격려하고 지도해 준 티나 베넷에게 감사한다.

책에 이름이 실린 분뿐 아니라 조언을 해주고 다른 사람들을 만나게 해준 신시아 바레라, 토어 버틀러 콜, 제러미 채츠키, 클라 니(Clar Ni Chonghaile) 총헤일, 캐서린 크로포드, 조애너 에벤스틴, 제피 기빈스, 줄리아 그린버그, 데비 조페 엘리스, 케네스 포크, 솔라나 라슨, 제프 미켈슨, 맥 몬탠던, 살바도르 오컨, 조애너 터크먼에게도 감사한다.

그리고 각자 다른 방법으로 나를 도와주고 관대하게 지켜봐준《가디언》사람들, 엠마 쿡과 재닌 깁슨, 클레어 마겟슨, 에밀리 윌슨, 베키 가디너에게 감사한다. 이언 카츠는 관대함을 보여주지는 않았지만 다른 많은 일에서 도움을 주었다. 이 책은 원래《가디언 위크엔드》에 칼럼을 쓰면서 탐구한 주제에서 출발했다. 그러므로 편집장 메로프 밀스는 이 책의 근원적 출발점이자 많은 아이디어를 제공한 장본인이기도 하다. 또 큰 감사를 표해야 할 분으로는 에스터 애늘리와 엔 번스틴이 있고 요크의 내 친구들이 있다. 이들을 일일이 호명하고 싶지만 지면상 몇 명만 언급하려 한다. 애덤 오몬드와 루릭 브래드버리, 애비게일 깁슨, 대니얼 웨이먼, 샐리 웨이먼, 레이첼 버넷과 로빈 파미터에게 감사한다. 엠마 브룩스는 외부의 두뇌로서 없어서는 안 될 소중한 도움을 주었고, 그 어떤 동기 부여 세미나보다 큰 역할을 해주었다.

헤더 채플린이 이 프로젝트를 전폭적으로 지지해 준 것이 헤더 자신의 행복을 위해서도 현명한 전략이었는지 확신할 수 없지만, 그녀의 그 결정은 내게 헤아릴 수 없는 큰 차이를 만들어주었다. 또 다른 여러 가지 이유로 내가 그녀를 알게 된 것은 큰 행운이다.

주

이 책에 실린 인터뷰 내용 중 일부는 본래 《가디언》에 실린 것이다. 얼마 안 되는 나머지는 기억을 떠올려 상황을 요약하거나 대화 내용을 재구성 했다.

1장 행복 강박에 시달리는 사람들

1   에릭 앤더슨, '언론, 동기를 부여하라! 세미나에 출입 금지되다. 적어도 당분간은', 《올버니 타임스 유니언》, 블로그 '더 버즈', 2009.7.21. 타마라 로의 설명은 http:// blog.timesunion.com/business/media-barred-from-get-motivated-seminar-atleast-for-now/에서 볼 수 있다.
2   레베카 캐스카트(Rebecca Cathcart), '크리스털 성당 파산 신청', 《뉴욕타임스》, 2010. 10. 18.
3   이 주제는 각자 다른 의견을 주장하는 심리학자와 경제학자 사이의 끊임없는 논란거리이며, 그 논란은 행복에 대한 서로 다른 정의에서 비롯한다. 경제 성장과 행복 증진 사이에 상관관계가 없음을 밝힌 장기적 관점의 관련 데이터를 가장 대규모로 검토한 최근 내용은 리처드 이스털린(Richard

Easterlin) 외의 '다시 살펴본 행복-수익 역설'《국립과학아카데미 논문집》 107호(2010), 22, 463~8쪽)에서 찾아볼 수 있다.

4 주 3) 참고 대니얼 카너먼(Daniel Kahneman) 외의 '더 부자가 되면 더 행복해질까? 초점 맞추기의 환상'《사이언스》312호(2006), 1908~10쪽)을 보라. 물질적 목표를 추구하면 다른 것에 우선적 가치를 두는 사람에 비해 덜 행복해진다는 것이 더 핵심적인 문제인지도 모른다. 이와 관련된 것으로 캐롤 니커슨(Carol Nickerson) 외의 '아메리칸 드림의 어두운 이면에 초점을 맞추다《사이콜로지컬 사이언스》14호(2003), 531~6쪽)를 보라.

5 예를 들면 로버트 위터 외의 '교육과 주관적 행복: 메타 분석',《교육 평가와 정책분석》6호(1984), 165~73쪽

6 이에 관한 표준적인 자료는 배리 슈워츠(Barry Schwartz)의《선택의 심리학(The Paradox of Choice)》(뉴욕: 에코, 2003)이다.

7 로버트 H. 프랭크(Robert H. Frank), '행복을 돈으로 사지 않는 법',《다이달로스》133호(2004), 67~79쪽

8 제럴드 해펠(Gerald Haeffel)의 '자기계발서가 아무 도움이 안 될 때: 전통적인 인지 기술 훈련도 깊이 생각하는 사람들의 우울증 증세를 막지 못한다',《행동 연구와 치료》48호(2010), 152~7쪽. 공정을 기하자면 일부 특정 자기계발서가 이로운 효과를 낸다는 결과를 보여준 연구도 있는데, 데이비드 번즈(David Burns)의《우울한 현대인에게 주는 번즈 박사의 충고(Feeling Good)》가 특히 주목할 만한 예로 꼽혔다. 에릭 스타이스 외, '단기 우울증 예방 프로그램의 무작위 비교 시험'《행동 연구와 치료》45호(2007), 863~76쪽)을 보라.

9 더 자세한 내용은 스티브 살레르노(Steve Salerno),《엉터리: 자기계발은 어떻게 미국을 속수무책으로 만들었나(Sham: How the Self-Help Movement Made America Helpless)》(뉴욕, 크라운, 2005)를 보라.

10 브래드 부시먼(Brad Bushman), '분노 표출은 분노의 불길에 기름일까, 물일까? 카타르시스, 반추, 주의분산, 분노 공격적 대응',《성격과 사회심리학 소식지》28호(2002), 724~31쪽

11 앨런 와츠,〈불안정함의 지혜〉(뉴욕, 빈티지, 1951), 9쪽

12 올더스 헉슬리,《에세이 전집 1939~1956》(메릴랜드주 랜햄, 이반 R. 디, 2002), 225쪽

13 피터 버네즈,《걱정하지 말고 스토아 철학자가 돼라(Don't Worry, Be Stoic)》(메릴랜드 주 랜햄, 유니버시티 프레스 오브 아메리카, 2005), XX

14 대니얼 웨그너, 《흰곰과 그 밖에 원치 않는 생각들(White Bears and Other Unwanted Thoughts)》(뉴욕, 길포드 프레스 1989), 3쪽
15 대니얼 웨그너, '어떤 상황에서든 최악의 것을 생각하거나 말하거나 행하는 방식', 《사이언스》325호(2009), 48쪽
16 웨그너, 《흰곰과 그 밖에 원치 않는 생각들》, 44쪽
17 위의 책, 54쪽
18 위의 책, 128~9쪽. 대니얼 웨그너 외의 '기분, 그리고 기분과 연관된 생각에 대한 정신적 통제에서 일어나는 반어적 과정', 《성격과 사회심리학 저널》65호 (1993), 1093~1104쪽도 보라.
19 크리스 애들러(Chris Adler) 외, '긴장 풀기를 유도한 공황: 휴식이 고통스럽지 않을 때', 《통합 정신의학》5호(1987), 94~100쪽
20 《흰곰과 그 밖에 원치 않는 생각들》, 9쪽에서 에릭 린드먼(Erich Lindeman)의 '통렬한 슬픔의 징후학과 관리'(《미국 정신의학저널》101호(1944), 141~8쪽)를 인용함.
21 웨그너, 《흰곰과 그 밖에 원치 않는 생각들》, 149쪽. 바클리 마틴(Barclay Martin)의 '남자 대학생들의 성적 동기 자극의 표현과 억압'(《이상심리학과 사회심리학 저널》68호(1964), 307~12쪽)을 인용함.
22 조앤 우드 외, '긍정적 자기 확언: 어떤 이에게는 힘이고 어떤 이에게는 위험이다', 《사이콜로지컬 사이언스》20호(2009), 860~6쪽
23 이디스 워튼, 〈마지막 지산〉, 《이디스 워튼 단편선집》(뉴욕: 캐롤 앤드 그래프, 2003), 65쪽
24 스티븐 헤이스, '어둠이여, 안녕: 두려움에 직면함으로써 발견하는 가치들', 《사이코테라피 네트워커》31호(2007), 46~52쪽

2장 비관적인 사람들이 행복을 찾는 방법

1 진 퍼그(Jeanne Pugh), '영원한 낙관주의자', 《세인트 피터스버그 타임스》, 1985.6.8.
2 '우울증 환자의 현실성'에 관한 표준적 연구는 로렌 얼로이(Lauren Alloy)와 린에이 브름슨(Lyn Abramson)의 '우울증 환자와 우울증 환자가 아닌 경우 일어날 상황에 대한 판단 연구: 더 슬프지만 더 지혜롭다', 《실험심리학 저널》108호(1979), 441~85쪽

3   헤더 배리 캡스(Heather Barry Kappes)와 가브리엘레 외팅엔, '이상적 미래에 대한 긍정적 환상이 에너지를 앗아간다', 《실험심리학과 사회심리학 저널》47호(2011), 719~29쪽
4   위와 동일
5   윌리엄 어빈, 《좋은 삶을 위한 지침: 고대 스토아적 기쁨의 방식(In A Guide to the Good Life: The Ancient Art of Stoic Joy)》(뉴욕: 옥스퍼드, 2008) 킨들판
6   마르쿠스 아우렐리우스, 《명상록》4권. http://classics.mit.edu/Antoninus/meditations.html
7   윌리엄 어빈, 《좋은 삶을 위한 지침》
8   세네카, 《루킬리우스에게 보낸 서간집》(케임브리지, 하버드대학출판부, 1919), 119쪽
9   마르쿠스 아우렐리우스, 《명상록》4권
10   세네카, 《헬비아에게 보낸 위로문》(뉴욕, 노튼, 1968), 111~12쪽
11   마르쿠스 아우렐리우스, 《명상록》4권
12   마르쿠스 아우렐리우스, 《명상록》8권(옥스퍼드: 클라렌던, 1944)
13   마이클 카우프만(Michael Kaufinan), '현대 심리학에 큰 영향을 미친 앨버트 엘리스 93세로 사망', 《뉴욕타임스》, 2007.7.24.
14   머틀 히어리(Myrtle Heery), '앨버트 엘리스 인터뷰'. www.psychotheraphy.net/interview/Albert_Ellis
15   위와 동일
16   앨버트 엘리스, 《자신을 행복하고 쉽게 마음 상하지 않는 사람으로 만드는 방법(How To Make Yourself Happy and Remarkably Less Disturbable)》(아타스카데로, 임팩트, 1999), 60쪽

3장 절대 긍정은 절대 안 돼

1   릭 필즈(Rick Fields), 《이야기 미국 불교사(A Narrative History of Buddhism in America)》(보스턴, 샴발라, 1992), 252쪽
2   잭 케루악, 《모든 크기의 사과(Pomes All Sizes)》(샌프란시스코: 시티라이츠, 1992), 96쪽
3   앤 차터스(Ann Charters), 《케루악 전기》(뉴욕: 맥밀란, 1994), 219쪽

4 J. 크리슈나무르티, '로스알라모스에서의 대화', 1984. 3. www.jkrishnamurti.org/krishnamurti-teachings/print.phptid=1588&chid=1285

5 실험의 자세한 내용과 파델 제이단의 설명은 노스캐롤라이나 샬롯대학의 보도자료 '단기 명상 훈련이 고통을 견디는 데 도움을 준다는 연구 결과'를 보라. www.sdencedaily.com/releases/2009/11/091110065909.htm 또 파델 제이단 외의 실험을 통해 유도한 단기 마음챙김 훈련이 통증에 미치는 영향', 《통증 저널》11호(2009), 199~209쪽도 보라.

6 파델 제이단 외, '마음챙김 명상을 통해 통증 조절을 돕는 뇌의 메커니즘', 《신경 과학 저널》31호(2011), 5540~8쪽

7 엔서니 로빈스의 테드 강연. www.ted.com/tdks/tony_robbins_asla_why_we_do_what_we_do.html

8 줄리 패스트, 《우울할 때 일을 처리하라(Get It Done When You're Depressed)》(뉴욕: 알파북스, 2008)

9 줄리 번스타인(Julie Bernstein)과 커트 앤더슨(Kurt Anderson)의 《스파크: 창조성은 어떻게 작동하는가(Spark: How Creativity Works)》(뉴욕: 하퍼콜린스, 2011), 13쪽에 인용됨

10 모리타 쇼마, 〈모리타 요법과 불안에서 파생된 장애의 본성(Morita Therapy and the True Nature of Anxiety-Based Disorders)》, 콘도 아키히사 번역(올버니: 뉴욕주립대학 출판부, 1998), 53쪽

11 제임스 힐, '모리타 요법'. www.moritaschool.com/content/moritatherapy

12 스티븐 미첼(Stephen Mitchell) 편, 《부처님께 재를 털면: 숭산스님의 가르침(Dropping Ashes on the Buddha: The Teaching of Zen Master Seung Sahn)》(뉴욕: 그로브, 1994), 51~2쪽

4장 목표에 미칠 때 생기는 일

1 크리스토퍼 케이스의 여행에 관한 내 묘사, 1996년 에베레스트 참사에 대한 그의 설명과 1963년 에베레스트 연구에 관한 그의 해석, 그리고 에드 비스터스와 제임스 레스터, 벡웨더스 외의 인용문은 모두 내가 케이스와 한 인터뷰와 케이스의 훌륭한 책 《파괴적인 목표 추구: 에베레스트 산 참사》(뉴욕: 팰그레이브 맥밀란, 2006)에서 인용한 것이다.

2   로렌스 타바크(Lawrence Tabak), '당신의 목표가 성공하는 것이라면 이 구루들의 말은 듣지 마라', 《패스트 컴퍼니》 2007.12.18.

3   토크빌, 《미국의 민주주의(Democracy in America)》 2권, 조지 로렌스 번역 (뉴욕: 하퍼 콜린스, 2007)

4   팀 로트(Tun Lott), '불확실함이 당신에게 유익한 이유', 《더 선데이 타임스》, 2009.5.24.

5   데이비드 케인, '모르면서 편안해지는 방법'. www.raptimde.com/2009/06/how-to-get-comfortable-not-knowing

6   콜린 캐머러 외, 〈뉴욕 시 택시기사들의 노동 공급: 하루에 한 번〉, 《계간 경제학》 112호(1997), 407~41쪽

7   리사 오르도네스 외, 〈고삐 풀린 목표: 과도한 목표 설정 처방이 낳는 체계적인 부작용들〉, 《아카데미 오브 매니지먼트 퍼스펙티브》 23호(2009), 6~16쪽

8   GM의 '29' 캠페인에 대한 이야기는 아메리칸 퍼블릭 미디어의 라디오 프로그램 '마켓플레이스'에서 숀 콜의 '목표를 만드는 것이 언제나 좋은 일은 아니다' 편(www.wjnarketplace.org/topicsAife/its-not-always-good-create-goals)과 드레이크 베넷의 '준비하고 조준하고…… 실패하다'(《보스딘 글로브》, 2009.3.15.)를 참고했다.

9   게리 레이섬과 에드윈 로크, '목표의 고삐가 풀린 건가 아니면 공격자들이 학자의 양식을 버린 건가', 《아카데미 오브 매니지먼트 퍼스펙티브》 23호 (2009), 17~23쪽

10 존 뮤어, 《시에라에서 내가 처음 보낸 여름(My First Summer in the Sierra)》 (뉴욕: 허프 턴 미플린, 1911), 211쪽

11 그레고리 베이트슨, 《마음의 생태학(Steps to an Ecology of Mind)》 (시카고: 시카고대학 출판부, 1972), 124쪽

12 스티브 샤피로, 《31% 인간형(Goal-free Living)》 (뉴저지 주 호보켄: 와일리, 2006), xii

13 위의 책, v

14 정보와 인용문은 주로 《Inc.》지 2011년 2월호에 실린 리 부캐넌(Leigh Buchanan)의 '기업가들은 얼마나 위대한 사고를 하는가'와 www.effectuation.org를 참고했다.

15 에리히 프롬, 《주체적 인간(Man for Himself)》 (뉴욕: 맥밀란, 1947), 45쪽

16 빌 모이어스(Bill Moyers), 《사상의 세계(A World of Ideas)》 (뉴욕: 더블데이,

1989), 448쪽

5장 행복이라는 감정에 앞서 '내'가 있었다

1. 에크하르트 톨레의 말을 인용한 것은 내가 그와 나눈 대화 내용, 그의 책 《지금 이 순간을 살아라》와 《새로운 지구》에서 가져온 것이다. 올리버 버크먼, '단칸 셋방에서의 깨달음', 《가디언》, 2009.4.11., 《지금 이 순간을 살아라》(캘리포니아 주 노바토: 뉴 월드 라이브러리, 1999), 《새로운 지구》(뉴욕: 더튼, 2005)
2. 르네 데카르트, 《성찰록(Meditations on First Philosophy)》, 마이클 모리아티 번역(옥스 퍼드: 옥스퍼드대학 출판부, 2008), 16쪽
3. 크리스토퍼 그라우 편, 《철학자들 매트릭스를 탐색하다(Philosophers Explore the Matrix)》(뉴욕: 옥스퍼드대학 출판부, 2005), 13쪽
4. 데이비드 흄, 《인간의 이해력에 관한 탐구/인간 본성에 관한 논고(An Enquiry Concerning Human Understanding and Selections from a Treatise of Human Nature)》 톰 치팀 편(뉴욕: 반스 앤드 노블, 2004), 200쪽
5. 줄리언 바지니, '인간이라는 흐릿한 실재', 《인디펜던트》, 2011.3.21.
6. 마이클 가자니가, 《윤리적 뇌 (The Ethical Brain)》(뉴욕: 하퍼콜린스, 2006년), 149쪽
7. 폴 호크, 《왜 남과 자신을 비교하는가(Overcoming the Rating Game: Beyond Self-love, Beyond Self-esteem)》(켄터키 주 루이스빌: 웨스트민스터 존 녹스 프레스, 1992), 46쪽
8. 앨런 와츠의 모든 인용문은 〈불안정함의 지혜〉를 참고했다.

6장 안전하고 평화로운 삶을 살면 행복할까

1. 브루스 슈나이어의 모든 인용문은 내가 그와 한 인터뷰와 그의 에세이 '안전의 심리학'에서 가져온 것이다. 올리버 버크먼, '머리는 구름 속에', 《가디언》, 2007. 12. 1. 브루스 슈나이어, '안전의 심리학'. www.schneier.com/essay-155.html
2. http://www.dni.gov/files/documents/Global%20Trends_Map-

ping%20the%20Global%20Future%202020%20Project.pdf
3   앨런 와츠, 〈불안정함의 지혜〉, 14쪽
4   위의 책, 15쪽
5   수전 슈워츠 센스태드(Susan Schwartz Senstad)의 '연약함의 지혜'에 인용됨. http:// voicedialogye.org/articles-b/Wisdom_Of_Vulnerability.pdf
6   브레네 브라운의 테드 강연. www.ted.com/talks/brene_brown_on_vulnerability.html
7   빈센트 제노베시(Vincent Genovesi)의 《사랑을 찾아서: 가톨릭의 윤리와 인간의 섹슈얼 리티(In Pursuit of Love: Catholic Morality and Human Sexuality)》(미네아폴리스 콜리 지빌, 리터지컬 프레스, 1996), 28쪽에 인용됨
8   토머스 머튼, 《칠층산》(뉴욕: 하코트, 1948), 91쪽
9   헬렌 트워코프(Helen Tworkov)의 '옳은 것도 그른 것도 없다: 페마 초드론 인터뷰', 《트라이시클》1993 가을호
10 위와 동일
11 장 피에르 라로크의 블로그 포스트, '범죄와 낙타들'. http://mediaforsocialchange.org/blog/of-crime-and-camels/
12 콜린, '가난한 사람들에게서 영감을 받다'. www.metro.co.uk/showbiz/22368-coleen-inspired-by-poor-people
13 세계가치조사의 모든 데이터는 www.worldvaluesurvey.org에서 찾아볼 수 있다. 2003. 10. 2. BBC 뉴스기사 '나이지리아 행복도 조사에서 1등 하다'도 보라. http://news.bbc.co.uk/2/hi/3157570.stm
14 캐롤 그래엄(Carol Graham)과 매튜 후버(Matthew Hoover)의 '아프리카의 가난과 낙관론: 적응인가 생존인가?'가 이 조사에 대해 잘 정리하고 있다. www.brookings.edu/views/papers/graham/2006l005.pdf
15 세계보건기구 세계정신 건강조사 컨소시엄이 실시한 'WHO 세계정신건강조사에서 나타난 정신질환 실태'
16 앨런 와츠, 〈불안정함의 지혜〉, 16쪽

7장 실패를 기억하고 인정할 것

1   닐 스타인버그, 《완전하고 철저한 실패(Complete and Utter Failure)》(뉴욕:

더블데이, 1994), 31쪽
2　올라 스벤슨(Ola Svenson), '우리는 모두 다른 운전자들보다 덜 위험하고 더 뛰어난 운전자일까?', 《악타 시콜로지카》47호(1981), 143~8쪽
3　《창조성의 백과사전》, 스티븐 프리츠커(Steven Pritzker)와 마크 런코(Mark Runco)편 (매사추세츠 주 월섬: 아카데믹 프레스, 1999) 1379~84쪽에 실린 케빈 던바의 '과학적 창조성'을 보라. www.utsc.utoronto.ca/~dunbar-lab/pubpdfs/DunbarCreWEncyc99.pdf
4　케빈 던바가 팝테크 컨퍼런스에서 한 이야기 중. '케빈 던바가 들려주는 예기치 못한 과학에 관한 이야기'. http://poptech.org/popcasts/kevin_dunbar_on_unexpected_scicncc
5　조나 레러, '패배를 받아들여라: 실패의 신경과학', 《와이어드》, 2010.1.
6　예르케르 덴렐의 모든 인용문은 내가 그와 나눈 인터뷰와 그의 글 '대리학습, 실패의 과소 표본 그리고 관리의 신화들'(《오거니제이션 사이언스》, 2003(14), 227~43쪽)과 '선택 편향과 벤치마킹의 위험성'(《하버드 비즈니스 리뷰》, 2005.4.)에서 가져온 것이다.
7　예르케르 덴렐과 크리스티나 팽, '다음 번 거물 예언하기: 잘못된 판단 신호로서의 성공', 《경영과학》56호(2010), 1653~67쪽. 조 코해인(Joe Kohane), '큰소리치는 저 남자 말 듣지 마시오', 《보스턴 글로브》, 2011.1.9.
8　로스 코워드 '경이롭고도 멍청한 돔', 《가디언》, 2001.3.12.
9　닐 스타인버그, 《완전하고 철저한 실패》, 3쪽
10　나탈리 골드버그, 《위대한 실패(The Great Faihirc)》(뉴욕: 하퍼콜린스 2005), 1~2쪽

8장 반드시 죽기에 반드시 죽음을 기억하라

1　지그문트 프로이트, 《전쟁과 죽음에 대한 고찰(Reflections on War and Death)》(뉴욕: 모펫 야드, 1918), 구글북스 디지털 버전, 41쪽
2　샘 킨, 어니스트 베커의 《죽음의 부정》서문(뉴욕: 프리 프레스, 1973)
3　럿거스대학의 실험들은 마크 랜도 외의 '우리를 악으로부터 구원하소서', 《성격과 사회심리학 소식지》30호(2004), 1136~50쪽을 보라.
4　제프 그린버그(Jeff Greenberg) 외, '공포관리 이론의 증거 II: 필멸성 부각이 문화적 세계관을 위협하거나 지지하는 이들에 대한 반응에 미치는 영

향', 《성격과 사회심리학 저널》 58호(1990), 308~18쪽
5   에이브럼 로젠블랏(Abram Rosenblatt), '공포관리 이론의 증거 I: 필멸성 부각이 문화적 가치를 위반하거나 옹호하는 이들에 대한 반응에 미치는 영향', 《성격과 사회심리학 저널》 57호(1989), 681~90쪽
6   제이미 골든버그(Jamie Goldenberg) 외, '나는 동물이 아니다: 필멸성 부각, 역겨움 그리고 인간의 피조물성 부인', 《실험심리학 저널》 130호(2001), 427~35쪽
7   위와 동일
8   제시카 트레이시(Jessica Tracy) 외, '죽음과 과학: 지적 설계에 대한 믿음과 진화에 대한 불편함의 실존적 토대', (PLoS ONE) 6호(2011), e17349
9   샘 킨, '어느 철학자가 죽는 법', http://samkeen.com/interviews-by-sam/interviews-by-sam/earnest-becker-how-a-philosopher-dies
10   샘 킨, 어니스트 베커의 《죽음의 부정》 서문
11   토머스 네이글의 모든 인용문은 《치명적 질문들(Mortal Questions)》 중 '죽음'(뉴욕: 케임브리지대학출판부, 1979년, 1~10쪽)에서 가져온 것이다.
12   어빈 얄롬, 《보다 냉정하게 보다 용기 있게》(샌프란시스코: 조시 베이스, 2008)에 인용됨
13   엘리자베스 풀러턴(Elizabeth Fullerton), '번성하는 죽음 숭배, 멕시코의 갱과 경찰을 끌어들이다'(로이터스, 2004.5.13.)에 인용됨

맺음말 아프지만 행복한 삶은 가능하다

1   스티븐 에드워드 존스(Steven Edward Jones), 《풍자와 낭만주의(Satire and Roman-ticism)》(뉴욕: 팰그레이드 맥밀란, 2000), 196쪽
2   위의 책 195~6쪽에 인용됨
3   제이콥 위고드(Jacob Wigod), '부정적 능력과 현명한 수동성', 《미국 현대어문학회》 67호(1952), 383~90쪽
4   폴 피어솔의 글은 모두 《경외: 우리의 열한 번째 감정이 지닌 기쁨과 위험(Awe: The Delights and Dangers of Our Eleventh Emotion)》(디어필드 비치: 헬스 커뮤니케이션, 2007)에서 인용함
5   올더스 헉슬리, 《에세이 전집 1939-1956》, 225쪽
6   노자, 《도덕경》, 스티븐 미첼 해제(뉴욕: 하퍼 콜린스, 1991), 27쪽

행복 감막

초판 1쇄 인쇄 2025년 6월 18일
초판 1쇄 발행 2025년 7월 2일

지은이 올리버 버크먼
책임편집 김다미
콘텐츠그룹 배상현, 김아영, 박화인, 기소미
디자인 이보람

펴낸이 전승환
펴낸곳 책읽어주는남자
신고번호 제2024-000099호
이메일 bookpleaser@thebookman.co.kr

ISBN 979-11-93937-77-8 (03190)
한국어판 출판권 ⓒ책읽어주는남자, 2025

- 북플레저는 '책읽어주는남자'의 출판 브랜드입니다
- 이 책의 저작권은 저자에게 있습니다.
- 저작권법에 의해 보호를 받는 저작물이므로 저자와 출판사의 허락 없이 무단 전재와 복제를 금합니다.
- 이 책의 일부 또는 전부를 재사용하려면 반드시 저작권자와 출판사 양측의 동의를 받아야 합니다.
- 책값은 뒤표지에 있습니다.